JN062491

取材・執筆・推敲

書く人の教科書

古賀史健

ダイヤモンド社

取材・執筆・推敲

書く人の教科書

本書は「ライターの教科書」というコンセプトの下、執筆された。より正確に言うなら「もしもぼくが『ライターの学校』をつくるとしたら、こんな教科書がほしい」を出発点とする本である。「取材」「執筆」「推敲（すいこう）」の全三部、ガイダンスまで含めると合計10章からなる本書が、現役のライターや編集者はもちろん、これからその道をめざす人、そして「書くこと」で自分と世界を変えようとするすべての人たちに届くことを願っている。

ガイダンス

ライターとはなにか

ライターは「書く人」なのか

ライターとはなにか。

なにを書く人のことを、ライターと呼ぶのか。

ガイダンスのはじまりは、この問いから考えていきたい。

字義どおりに考えるなら、write（書く）に行為者をあらわす接尾辞（-er）をつけたライターは、「書く人」である。しかし、職業としての「書く人」たちを挙げていけば、ほかにも大勢いる。小説家、詩人、エッセイスト、コラムニスト。いずれも等しく「書く人」だ。けれど、彼らをひとまとめにライターと呼ぶことには――少なくともカタカナ化した日本語でそう呼ぶことには――かなりの違和感が残る。詩人とライターの活動領域は、あきらかに違っている。

では、アウトプットの形式ごとに考えればいいのか。

つまり、「小説を書くのが小説家で、詩を書くのが詩人で、エッセイを書くのがエッセイストで」と考えていけば、ライターの正体もわかるのか。

残念ながら、わからない。詩人や小説家と違ってライターは、なにを書く人のことをそう呼ぶのか、対象がきわめてあいまいなのだ。無論、「小説のような創作物ではなく、取材に基づく記事全般を書くのがライターだ」とする考え方はあるだろう。しかしそれだと、新聞記者やジャーナリストとの違いがわからなくなる。ノンフィクション作家との境界線もまた、不鮮明になる。

こうしてしばしば語られるのが、「雑文家（ざつぶんか）」という肩書きだ。

雑貨や雑収入ということばからわかるように、「雑」には「その他」の意味がある。つまり雑文とは、小説でも詩でもエッセイでもない「その他の文章」とでも呼ぶべき、便利なことばだ。思えばぼくも、自分のことを「小説家でもエッセイストでもないし、記者というのも違うはずだから、とりあえずライターと名乗っておこう」くらいに考えていた時期が長かった。住所不定の雑文書きとして、自分をカテゴライズしていた。

しかし、ライターの仕事に就いてから10年、いや15年ほど経ったころだろうか。その思いに変化が生じてくる。

ライターの仕事は、おもしろい。おそらく自分は、この先ずっとライターの仕事を続け、ライターを名乗り続ける。ライターはそれだけ奥が深い仕事だし、社会的にもおおきな価値を持つ仕事だ。みずからを卑下し、自嘲するように「雑文家」などと呼ぶ必要はないし、誰かに呼ばせてもいけない。ライターはなにをする人なのか、その定義を、あるいは価値を、もっと根本から見つめなおして明確に言語化しよう。そんなふうに考えるようになった。

あらためて考える。ライターとは、「書く人」なのか?

字面にとらわれすぎて、なにか大切なことを見失っていないだろうか?

たとえば映画監督という職業。彼らは一般に、映画を「撮る人」だと考えられている。「あの監督が新作を撮ったらしい」「あの人はもう何年も映画を撮っていない」といった会話は、ふつうに交わされている。

しかし、実際に監督みずからがカメラを構えて「撮る」ことは、ほとんどない。撮影するのは当然、カメラマンだ。照明も、録音も、音楽も、編集も、特殊効果も、場合によっては脚本さえも、映画にまつわる大半は監督自身の仕事ではない。監督たちは映画を「撮って」いるのではなく、「つくって」いるのだ。

あるいは、写真家たち。彼らの仕事は「撮ること」だろうか？

それも違うだろう。彼らはカメラという道具を使って、自分の理想とする絵を「つくって」いる。レンズを選び、画角を決め、構図を定め、絞り値やシャッタースピードを選択する。色や光を自在にコントロール（現像）する。これらはすべて「つくる」行為だ。だからこそ作品なのだし、スマートフォンの誕生以降、「撮る」だけの人ならどこにでもいる。

画家にしても、ミュージシャンにしても同じである。「描くこと」や「演奏すること」よりも深いところには、「つくる」としか言えないなにかが確実にある。

じゃあライターの場合は、どうだろうか？

われわれは、「書くこと」を仕事としているのだろうか？

違うはずだ。映画監督が映画をつくるように、ミュージシャンが音楽と演奏空間をつくるように、小説家が物語世界をつくるように、ライターもなにかを「つくって」いる。書くことは、その手段でしかない。

ライターという肩書きにつきまとう「文章」や「原稿」のことばを一旦、きれいに取り払おう。書くことを通じて自分がなにをやろうとしているのか、もう一度考えてみよう。

われわれは、書く人（ライター）である以前に、つくる人（クリエイター）なのだ。

カタカナの「クリエイター」ということばは、あまり使いたくない。輪郭(りんかく)がぼやけてしまわないよう、「つくる人」だと強く念を押したい。ぼくは、この「つくる人」との自己認識が、書くものの姿を変えていくと思っている。

書くのではなく、コンテンツをつくる

それではいったい、ライターはなにをつくっているのか。

小説家が小説をつくり、詩人が詩をつくり、映画監督が映画をつくるのだとした場合、われわれライターはなにをつくっているのか。

いちばんおおきな括(くく)りでいえば、「コンテンツ」だ。

ライターは、ただ文章を書いているのではない。書くことを通じて、コンテンツをつくっている。同じ書くでも、現代詩や純文学のような形式をとらない、けれども「コンテンツ」としか名づけようのないなにかを、ライターはつくっている。ここから議論を進めていこう。

最初にやるべきは、コンテンツということばの定義づけである。

ぼくは「エンターテイン（お客さんをたのしませること）を目的につくられたもの」は、すべてコンテンツだと思っている。

お客さんの存在を前提にしていること。そして、お客さんの「たのしみ」や「よろこび」に主眼が置かれていること。つまりは、自分よりもお客さんを優先していること。この原則を守ってつくられたものは、すべてコンテンツだ。大衆文学、エッセイ、コラム、ハリウッド映画、ポピュラーミュージック、ゲームソフト、あるいはナイキの限定版スニーカーからビッグマックまで。ぼくにとってはいずれもコンテンツであり、ライターもまた同じ視点でサービスを提供している。

たとえば、事実だけを列挙した、新商品発売のプレスリリース。これは情報伝達を目的とした文書ではあっても、コンテンツではない。

しかしリリース文のなかに、開発担当者のコメントが添えられる。これで少し、コンテンツに近づく。そのコメントが、いきいきとした、喜びと興奮に満ちたものだったとする。新商品が生まれるまでの経緯、試作段階での苦労、突破口となった改善ポイントまで、紆余曲折の開発ストーリーが語られていたとする。開発担当者が喜々としてしゃべっている写真、試作品の写真、図やグラフ、さまざまなビジュアルが添えられていたとする。こうなるともう、完全にコンテンツだ。ひとりの読者（お客さん）として、十分にたのしめる読みものだ。

もっと極端な話をしよう。

ここに1枚のチューイングガムがあったとする。これはコンテンツではない。ただの駄菓子だ。しかしパッケージの表面に、ドラえもんの絵が描(えが)かれる。そうなると少し、コンテンツの要素が加わる。のび太が描かれたパッケージ、しずかちゃんが描かれたパッケージ、ジャイアンが描かれたパッケージ、スネ夫が描かれたパッケージ。5枚のガムを並べると、1枚の絵になる。この組み合わせはもう、完全にコンテンツだ。

コンテンツ化のポイントは、ストーリーやキャラクターの有無(うむ)ではない。

分岐点となるのは、その根底に「エンターテインの精神が流れているか」、それだけである。シリアスな内容であっても、社会的メッセージを含んだものであっても、エンターテインの精神は変わらない。いいものを読んだ、気持ちのいいものに触れた、いい出会いだった、と思ってもらえてこそコンテンツなのだ。

読者(お客さん)はコンテンツに、ただの情報を求めているのではない。続きを読まずにはいられない、あの興奮。ページをめくる手が止まらない、あの没頭。読み終えたあともしばらく「その世界」から抜け出せなくなる、あの余韻(よいん)。読む前の自分と読んだ後の自分とのあいだに、わずかながらの変化を感じる、あの清々(すがすが)しさ。こうした「読書体験」としか名づけようのないなにかを求め、読者はコンテンツを読んでいる。

じゃあ、どうすれば「文章を書く」だけのライターから、「コンテンツをつくる」ライターへのジャンプができるのか。

その鍵になるのが、「編集」という概念であり、プロセスである。

編集者はなにを「編集」するのか?

出版の世界には、「編集者」という職業がある。

きっとそのせいだろう、執筆と編集を切り離して考えるライターは多い。原稿を書くのはライターの仕事。もらった原稿を編集するのは――あるいは、どんな流れで書くのかあらかじめ指示を与えるのは――編集者の仕事。そう考えるライターたちだ。

しかし、この認識はまったく間違っている。

原稿を編集するのは、ライターの仕事だ。

編集者の役割を否定するのではなく、むしろ編集者の価値を十分すぎるほど認めるからこそ、断言する。原稿を編集するのは、あくまでもライターだ。そして編集者は、原稿の外側にあるものを、つまりコンテンツの「パッケージ」を編集する人間である。

では、コンテンツのパッケージとはなにか。

簡単に言えば、「人」と「テーマ」と「スタイル」の3つだ。

つまり、「誰が（人）」「なにを（テーマ）」「どう語るか（スタイル）」のパッケージを設計していくのが、編集者のもっとも大切な仕事なのである。順番に説明しよう。

①人……誰が語るか

編集者はいつも、オファーする側の人間だ。

そしてどんな人気作家や売れっ子ライターであれ、原則として書き手はオファーされる側の人間だ。

わたし（編集者）はいま、誰に書いてほしいのか。誰に飽き飽きしていて、誰の新作を読みたがっているのか。このテーマにいちばん適した書き手は誰か。どの人であれば、自分のめざすコンテンツをかたちにしてくれるのか。――これは、編集者だけに与えられた贅沢（ぜいたく）な悩みである。

たとえば、ある編集者が「これからの時代のマネジメント」をテーマにした本をつくりたがっているとしよう。

しかしそれも、大企業のトップが語るマネジメントと、人気ラーメン店オーナーが語るマネジメント、気鋭（きえい）の経営コンサルタントが語るマネジメント、またサッカー日本代表の監督が語るマネジメントとでは、コンテンツの姿はまったく異なってくる。書き手・語り手をチョイスする時点で、いちばんおおきな編集がはじまっているわけだ。

あるいは、もっと象徴的な事例を紹介しよう。アメリカでは、任期を終えて退任した元大統領による回顧録の出版が、半ば（なか）恒例化している。

第44代大統領バラク・オバマ氏の回顧録出版にあたっては、ミシェル夫人による回顧録との2冊セットで6000万ドル――1ドル110円換算で約66億円――という破格値での執筆契約が結ばれた。2019年に日本語版が刊行されたミシェル・オバマ氏の『マイ・ストーリー』と、2021年に日本語版の第一巻が刊行されたバラク・オバマ氏の『約束の地　大統領回顧録Ⅰ』である。もちろん契約時点では、ふたりともなにも書いていない。どれくらい踏み込んだ内容の本になるのか、おもしろいのか、おもしろくないのか、具体的な中身はいっさいわかっていない。

それでも、「あのオバマ夫妻が、それぞれに語る」というだけで、コンテンツとして何物にも代えがたい価値がある。何十億円を払ってでも、契約を勝ち取る価値がある。たとえ赤字が出たとしても「あのオバマ夫妻の本を出版した」という事実は残り、それは自分たちのブランディングにおおきく寄与する。出版社は、そう判断したのだろう。「誰が語るか」は、それほどにも重要な指標なのである。

ただし、編集者の仕事は「人気作家や有名人をつれてくること」ではない。

大切なのは、必然性と説得力だ。たとえばアメリカの歴代大統領には、在任当時の「世界」と「アメリカ」を振り返り、総括（そうかつ）する必然性と説得力が、誰よりもある。6000万ドルという回顧録の価値は、決して元大統領のネームバリューによるものではない。

同様に、たとえ人気作家や有名人とはいえない書き手であっても、そのテーマを語るに足るだけの必然性と説得力があれば、著者のネームバリューなど関係ない。実際、過去の日本でミリオンセラーとなった本を振り返ってみても、その多くが「無名の新人」による著作であることに気がつくだろう。逆に言うと、そのテーマを語るだけの必然性と説得力が著者の側になければ、読者（または市場）はかならず見抜くのである。

編集者にとって、編集の第一歩とは、ただ「人」を探すことではなく、「それを語るに足る必然性と説得力」の持ち主を探すことなのだ。

②テーマ……なにを語るか

平成の時代を代表するベストセラーのひとつに、『バカの壁』（養老孟司著／新潮社）という新書がある。２００３年、ぼくが雑誌の世界から離れ、本の仕事をするようになったころに大ベストセラーを記録していた――それをうらやましく眺めていた――本である。

解剖学を専門とし、「唯脳論」を唱える養老孟司さんは、当時すでに日本の知を代表する人物だった。そんな知の巨人に「知性とはなにか？」ではなく、あえて「バカ」を語ってもらう。あらゆる人間に潜む「バカの壁」の正体について語ってもらう。すばらしいパッケージングだと、あらためて唸らされる。

書き手の選定（誰が語るか）と同じくらいに大切なのが、テーマの選定（なにを語るか）である。この両者は、ほとんど不可分の関係にあるといっていい。知の巨人にそのまま「知とはなにか」を語ってもらっても、それはいいパッケージングとは言えないだろう。人とテーマの組み合わせは、遠すぎてもいけないし、近すぎてもつまらない。

そこで大切になるのが、テーマを「転がす」という考え方だ。

たとえば、ある編集者が「禁煙」をテーマにした企画を思い立ったとしよう。禁煙指導を専門とするカウンセラーにアポイントをとり、話を聞きに行ったら抜群におもしろかったとしよう。

「このメソッドなら、どんなヘビースモーカーでも禁煙できる、世のなかを変えられる」と興奮して帰ったとしよう。

しかし、そんなにすばらしい書き手との出会いがあったのなら、「禁煙」なんて古臭くて狭苦しいテーマのままでいいのだろうか？

もっと広く、「やめること」それ自体をテーマにできないだろうか？　禁煙に限定しないで、さまざまな悪習慣から抜け出すことをテーマにできないだろうか？

あるいは逆に、禁煙状態を継続するという視点に立って、「続けること」をテーマにした本にはできないだろうか？

さらにそこから仕事や勉強、ダイエットなど、さまざまな習慣化（続けること）への発展は考えられないだろうか？　もしかすると、禁煙から遠く離れた、まったくあたらしいコンテンツができあがるのではないだろうか？

……ここでおこなっている作業は、テーマ選びではない。

じつはこれ、半分以上が「人」を編集しているのである。自分が惚れ込んだ書き手に対し、いちばん合ったテーマを提案し、その人のあらたな魅力を引き出す。これは編集者にしかできない編集作業だ。

テーマ選びにあたっては、最初の思いつきにこだわってはいけない。自説（最初の思いつき）にこだわりすぎると、もっとおもしろいはずのテーマを見過ごし、もっと本質的なテーマにたどり着けなくなってしまう。テーマとの組み合わせを通じて、「人を編集する」のが編集者の仕事なのだと考えよう。

③スタイル……どう語るか

英語のstyleには、「文体」という意味がある。

誰が、なにを、どう語るのか。この最後にくる「どう語るのか」は、まさにパッケージにおける文体の話だ。しかし、日本語で文体というと、どうしても「です・ます調」や「だ・である調」、あるいは体言止め（たいげん）の頻度やタイミングなど、語り口レベルの話に矮小化（わいしょうか）されがちだ。なのでここでは「スタイル」の語で説明したい。

たとえばあなたが、自分の恋愛経験について語るとする。

このとき、語る相手が同性なのか異性なのかによって、語り口やその内容は変わってくるだろう。仮に同性だったとしても、仲のよい友だちなのか、ほとんど初対面のような相手なのか、先輩なのか、後輩なのかによっても、話の細部は違ってくる。「誰が、なにを語るか」は同じなのに、「誰に向けて語るか」によって、変化するもの——それがここでの「スタイル」だ。われわれは普段、相手に応じて語りのスタイルを変化させている。しっかりと伝わるように。あるいは失礼のないように。たのしんでもらえるように。

これをコンテンツに置き換えて考えるなら、スタイルを考えることは「誰に、どう読んでもらうのか」を考えることだと言える。あるいは「そのコンテンツのゴールを、どこに設定するのか」と言ってもかまわない。

専門知識を持たない一般読者に向けたコンテンツであれば、そのスタイルは入門書的なものになるだろう。たとえ語り手がその分野を代表する世界的な権威であったとしても、物ごとの説明にあたっては、なるべくていねいであることが求められる。場合によっては写真やイラスト、グラフや図版などを挿入したほうが伝わりやすいのかもしれない。いっそのこと、一人称で書かれる文章よりも、インタビュー形式や対談形式にしたほうがわかりやすいのかもしれない。

テレビや新聞は、スタイルの棲み分けが顕著だ。

たとえば消費税が増税されたとき。全国紙の社会面やワイドショーでは、商店街や町工場で取材をおこない、「庶民の生活はどう変わるのか」を解説する。一方、日本経済新聞や業界新聞では、経営者や経済学者に取材し、「日本経済はどう変わるのか」や「企業経営はどう変わるのか」

を解説する。

これは、全国紙の記者が庶民的で、経済紙の記者は専門知識が豊富で、というほど単純な話ではない。すべてはスタイルの違いであり、「誰に向けて語るのか」「顧客はどこにいるのか」の違いである。実際、全国紙の経済面では「日本経済」や「企業経営」に関する解説記事が載っているはずだ。

以上、「誰が、なにを、どう語るか」のトライアングル（図1）がうまくつながったとき、コンテンツの価値は最大化する。

わかりやすい例を挙げよう。

1988年、ひとりの天才物理学者が一般読者向けの、画期的な宇宙論の書を出版した。その本は、全世界で1000万部を超えるベストセラーとなり、日本だけでも100万部を突破した。著者の名は、スティーヴン・W・ホーキング。2018年に永眠した理論物理学者であり、日本語版のタイトルは『ホーキング、宇宙を語る　ビッグバンからブラックホールまで』（林一訳／早川書房）である。

ここでおもしろいのは、英語版の原題が『A Brief History of Time: From the Big Bang to Black Holes』という、ややそっけないものだった点だ。直訳すれば「時間の歴史：ビッグバンからブラックホールまで」。もしも日本語版をそんなタイトルにしていたら、間違いなくミリオンセラーには育たなかっただろう。

シンプルに見える日本語版のタイトルには、「天才物理学者のホーキング博士が」「宇宙のはじまり（ビッグバン）からおわり（ブラックホール）までについて」「会話体でわかりやすく説明する」という情報が、原題の意図を損なうことなく見事に詰まっている。ホーキング博士を入口として「この人、気になっていたんだよな」と手に取る読者、宇宙の始終（しじゅう）というテーマを入口に「それはおもしろそうだ」と読みはじめる読者、スタイルを入口にして「これなら自分にもわかるかもしれない」と感じる読者、さまざまな人びとが手に取っていくであろうパッケージである。英語版の原著がすぐれていたのはもちろん、日本語版への再編集もまた完ぺきだった。

ちなみに、一般読者向けの科学書をめざしたホーキング博士は、同書の執筆にあたって「本文中に数式がひとつ入るごとに、読者が半減するぞ」と知人から忠告を受けたという。一般読者は、本のなかに数式が入っているだけで怖じ気づき、読んでくれなくなる、と。そのためホーキング博士は、いっさいの数式を用いることなくこの本を書き上げようとした。けれども唯一、どうしても入れざるをえない数式が出てしまった。それがアインシュタインの有名な式、$E=mc^2$だっ

図1　パッケージングの三角形

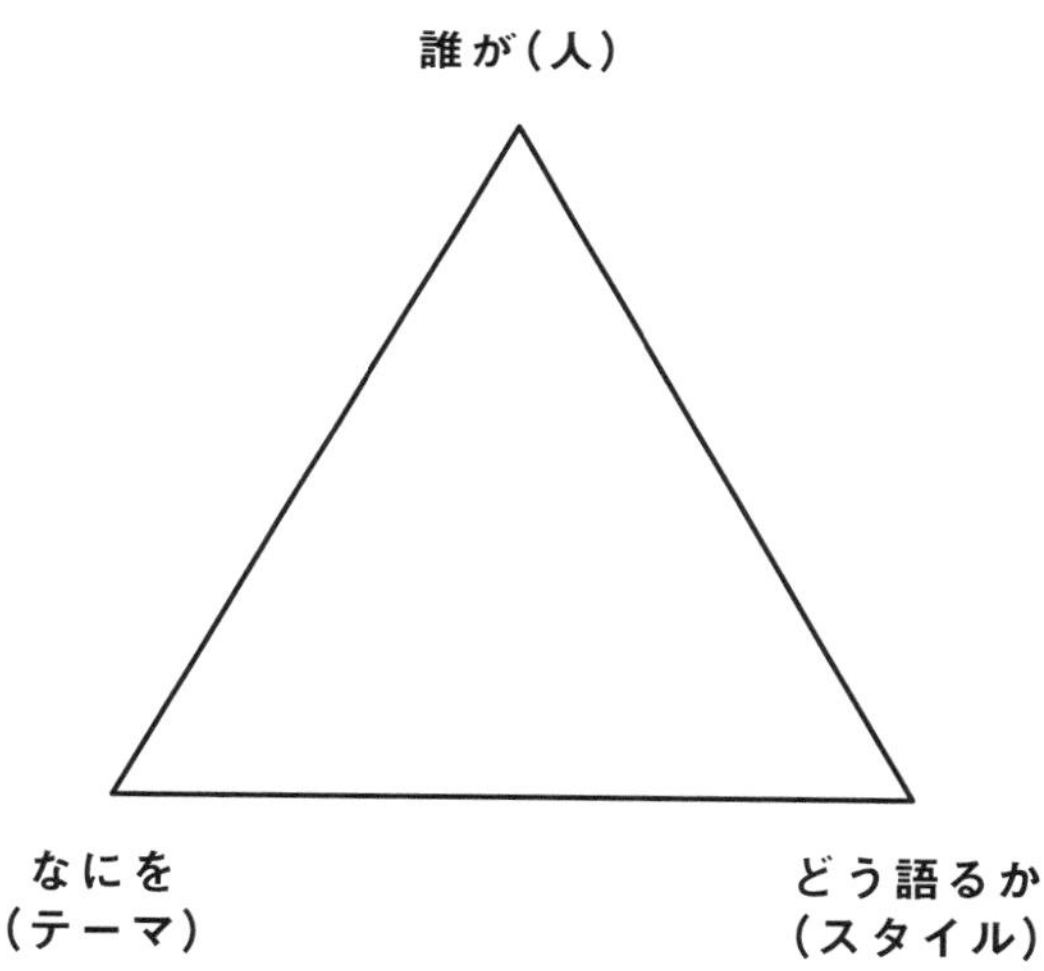

誰が、なにを、どう語るか。編集者にしか編集できない「パッケージ」の要点は、このひと言に尽きる

た。――これは、個人的にとても好きなエピソードである。

編集者の仕事は、多岐にわたる。企画を考えることも、作家に寄り添うことも、関連資料を集めてくることも、読後の率直な意見や感想を伝えることも、デザイナーと版面デザインを検討することも、プロモーションに奔走することも、すべて編集者の仕事だ。

しかし編集者にとっての「編集」とはなにかと問われれば、ぼくは「誰が、なにを、どう語るか」の設計だと答える。究極的に編集者は、「人」を編集しているのだと答える。

そこから先、コンテンツとしての原稿を編集していくのは、作家やライターの仕事なのだ。

ライターが「編集」するもの

編集者とは「誰が、なにを、どう語るか」を編集する人間だ。

一方、原稿そのものを編集していくのは作家であり、ライターである。なんの編集もなされないままに書かれた文章は、必要な情報は網羅されていてもエンターテインに欠けている。われわれライターは編集という武器を手に入れ、「書く人」から「つくる人」へと変わらなければならない。

以上がぼくの――つまりはこの本の――大前提だ。

それでは、ライターにとっての編集とはどのようなものなのか。ぼくは次の3つが揃ったとき、価値あるコンテンツが生まれると考えている（図2）。

①情報の希少性

いったんライターという立場を離れて、自分がお客さんになった前提で考えてほしい。たとえば画期的なダイエット法を謳う本があったとする。それを買って、読んでみたとする。しかしそこには「摂取カロリーを控えましょう、糖質を制限しましょう、適度に運動をしましょう」といったことしか書かれていないとする。きっとあなたは落胆するだろう。だまされた、買って損した、とさえ思うかもしれない。

別に、嘘の書かれた不誠実な本ではない。カロリー制限、糖質制限、適度な運動、いずれも科学的な根拠があり、統計的にも裏づけられたダイエット法であるはずだ。書いてあるとおりに実践すれば、おそらく痩せられる。

にもかかわらず、「だまされた」と思ってしまうのは、なぜなのか。

――それが「既知の情報」だからである。

コンテンツは、「ここでしか読めないなにか」が含まれたとき、はじめて本質的な価値を手にする。元大統領の回顧録や、著名人インタビューのように、「人」が強いコンテンツであってもその原則は変わらない。よその場所でも読めること。他の媒体でもしゃべっていたこと。言われるまでもない一般論。これら既知の情報だけで構成された原稿は、なんら本質的な価値を持ちえないと考えよう。読者はいつも「出会い」を求め、「発見」を求めているのだ。

だからこそライターは、常に「ここでしか読めないもの」を探しながら取材をし、執筆していく必要がある。裏を返すとライターは、「なにが既知の情報なのか」を知っておく必要があるし、調べあげておく必要がある。

漫画雑誌「週刊少年ジャンプ」の欄外には、「○○先生の作品が読めるのはジャンプだけ!」のコピーが掲げられている。情報の希少性を考える際、ぜひ思い出してもらいたいことばだ。

② 課題の鏡面性

ここでぼくが、きのう見た夢について語りはじめたとする。

「タクシー会社で面接を受けていたら、奥の扉から白いヤギが入ってきて、履歴書を食べはじめた。立ち上がってよく見ると、それはヤギのかたちをしたアイスクリームで、みるみるうちに溶けていった。面接官だと思っていたおじさんはうちの犬で、尻尾をぶんぶん振りつつアイスクリ

図2　価値の三角形

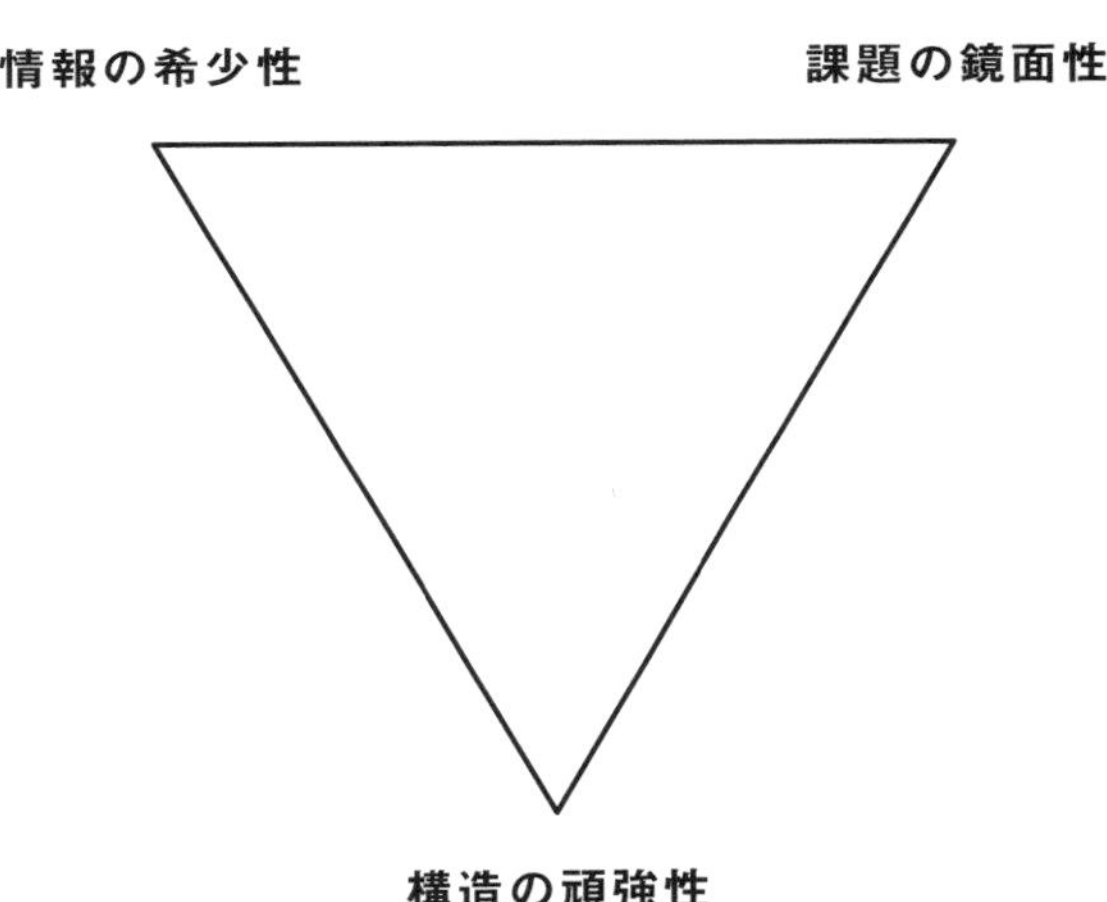

「情報の希少性」「課題の鏡面性」「構造の頑強性」の3つを兼ね備えたとき、ただの文章はコンテンツに変わる

ームを舐めはじめた」

そんな、よくわからない夢の話を、何十ページにもわたって語り続けたとする。情報の希少性という観点から見れば、これも十分に「ここでしか読めないもの」だ。おもしろく読めるはずの話だ。しかし、最後まで興味深く聞いてくれる人はほぼ皆無だろう。

誰だって、自分が見た夢についてはおもしろく感じる。脈絡のないひとつひとつのエピソードを思い返しては「あれはなんだったんだろう?」と笑ってしまう。しかし、ほかの誰かに「こんなおもしろい夢を見たんだよ」と話してみても、さほどよろこんでもらえない。こちらが熱弁を振るうほど、相手は冷めていく。

自分の夢がおもしろく感じるのは、それが「自分ごと」だからだ。

そして周囲の誰もおもしろがってくれないのは、それが「他人ごと」でしかないからだ。

われわれは自分が見た夢そのものをたのしんでいるのではなく、「そんな夢を見てしまった自分」を、おもしろがっているのである。

さて、これをコンテンツに置き換えて考えてみよう。

なにかの雑誌に、「今月の星座占い」が掲載されている。このとき上から順番に通読する人は、まずいないだろう。真っ先に自分の星座を探しあて、そこを読むと思われる。ぼくの場合は、乙女座だ。そして家族や恋人など、身近な人の星座を読むことはあっても、12星座すべてを読むことはしない。「他人ごと」と「自分ごと」のわかりやすい例である。

原稿をコンテンツとして成立させるためには、そこになんらかの「自分ごと化」できる要素が必要だ。ぼくにとって、乙女座を含まない「11星座占い」は、ほとんど無価値の読みものである。

たとえば、おもしろい小説を読んでいるとき。よくできた映画を観ているとき。われわれはその作品世界に没入する。手に汗を握り、心臓がバクバクして、ときに涙さえ流してしまう。そこに魅力的なストーリーがあるからではない。没入の鍵は、物語（ストーリー）の有無よりもむしろ、「人格（キャラクター）の付与」にある。魅力的なキャラクターがいるからこそわれわれは、そこに自分を重ね、作中の出来事を自分ごととして読み、手に汗を握る。自己を投影するキャラクターがいなければ、うまく感情移入することもできない。フィクションの世界で口を酸っぱくしてキャラクター造形の大切さが語られるのは、それが自分ごと化に欠かせない要素だからなのだ。

では、キャラクターの登場しない、非（ノン）フィクションの原稿に必要なものはなにか。

ブリッジだ。対象と読者とをつなぐブリッジを架けることだ。

たとえば、ノーベル賞につながるような学問上の大発見を紹介するとき。専門家たちが「向こう岸」で語り合っているうちは、対岸の火事に過ぎない。そこに橋が架けられてようやく、読者は「自分ごと」として、なんらかの興味や切実さをもって読むことができる。多くの専門家たちは、どうしても「向こう岸」での議論に終始し、橋を架けることに無頓着だ。読者の存在を忘れ、読者との対話をおろそかにしてしまう。対岸からの橋を架け、読者との対話を促すのは、非専門家であるライターの仕事だろう。「自分には関係ない」と思われたら、読んでももらえないのである。具体的にどうやって橋を架けるのかについては、第二部で詳述しよう。

コンテンツは、なんらかの意味で読者を映す鏡のような存在でなければならない。鏡面性を持たない曇ったコンテンツは他人ごとであり、おもしろく読んでもらえないのである。

③ 構造の頑強性

ぼくは、自分のことを特別に「文章がうまい」ライターだとは思っていない。どんなに下駄を履かせても、中の上くらいのものだ。謙遜しているのではなく、冷静に、客観的に見て、そう思う。ぼくよりも表現力のゆたかなライター、いわゆる「文章がうまい」ライターは、知り合いだけでも何人もいる。かなわないと思うし、尊敬もしている。あんなふうに書けたらいいなと、こころから思っている。

一方、自分のつくる本について「おもしろくない」とはまったく思わない。むしろ、最高の本に仕上げる自信を——たとえそれが過信だったとしても——いつも持っている。

いわばこれは、意匠（デザイン）と構造（ストラクチャー）の違いだ。

たとえばアップルの直営店、アップルストア。ガラス張りの店舗は無駄なノイズが極限まで排され、階段さえも強化ガラスによってつくられている。プロダクトに関する同社の思想を体現するような、すばらしい意匠だ。

しかし、これが地上30階建ての高層ビルだったら、どうだろう。そうなれば当然、意匠よりも構造が優先される。さすがに全面ガラス張りの建物では、安心して買いものもできないだろう。耐震性、耐久性、耐火性を考えるのはもちろん、1階から最上階までの動線をどう設計するのか、意匠と構造をどう両立させるのかなども、じっくり考えなければならない課題だ。

文章も同様で、たとえば囲み記事レベルの短いものであれば、構造のことなどほとんど意識しなくてかまわない。表現（意匠）を最優先に書いていけばいい。けれど、文量が多くなればなるほど、構造が重要になってくる。設計図も必要になるし、精緻なロジックが求められる。構造を設計する力（構成力）に乏しいライターは、たとえ文章そのものがうまかったとしても、長い文章が書けない。書いてもグラグラの、倒壊寸前のコンテンツになってしまう。コンテンツをつくることは、建造物を建てる作業によく似ている。論理の柱が危うい建物では、まっとうなコンテンツにはならないのである。

以上、編集者とライターのトライアングルが重なり合ったところで、ほんとうのコンテンツが完成する（図3）。「超」がつくほどのベストセラーやロングセラーとなっている本は、ほぼ例外なくこの図で説明できるはずだ。

ふたたびライターの定義について

ライターの主戦場が「出版」だった時代、ライターと編集者はきれいに分業できていた。出版社には編集を専業とするプロの編集者がいて、さまざまな知見（ちけん）が蓄積され、継承されていた。ライターは「書くこと」だけに専念していれば、それでよかった。

しかし、2010年代に突入したあたりからその図式が崩れていく。

いま、ライターを名乗る人のほとんどは「ウェブ」を主戦場としている。それ自体はまったく自然な流れだし、ウェブメディアだからこそできることも多い。問題は、オウンドメディアを筆頭に、専業の――あるいはプロと呼べる――編集者を持たないメディアが急増していることだ。

図3　コンテンツの基本構造

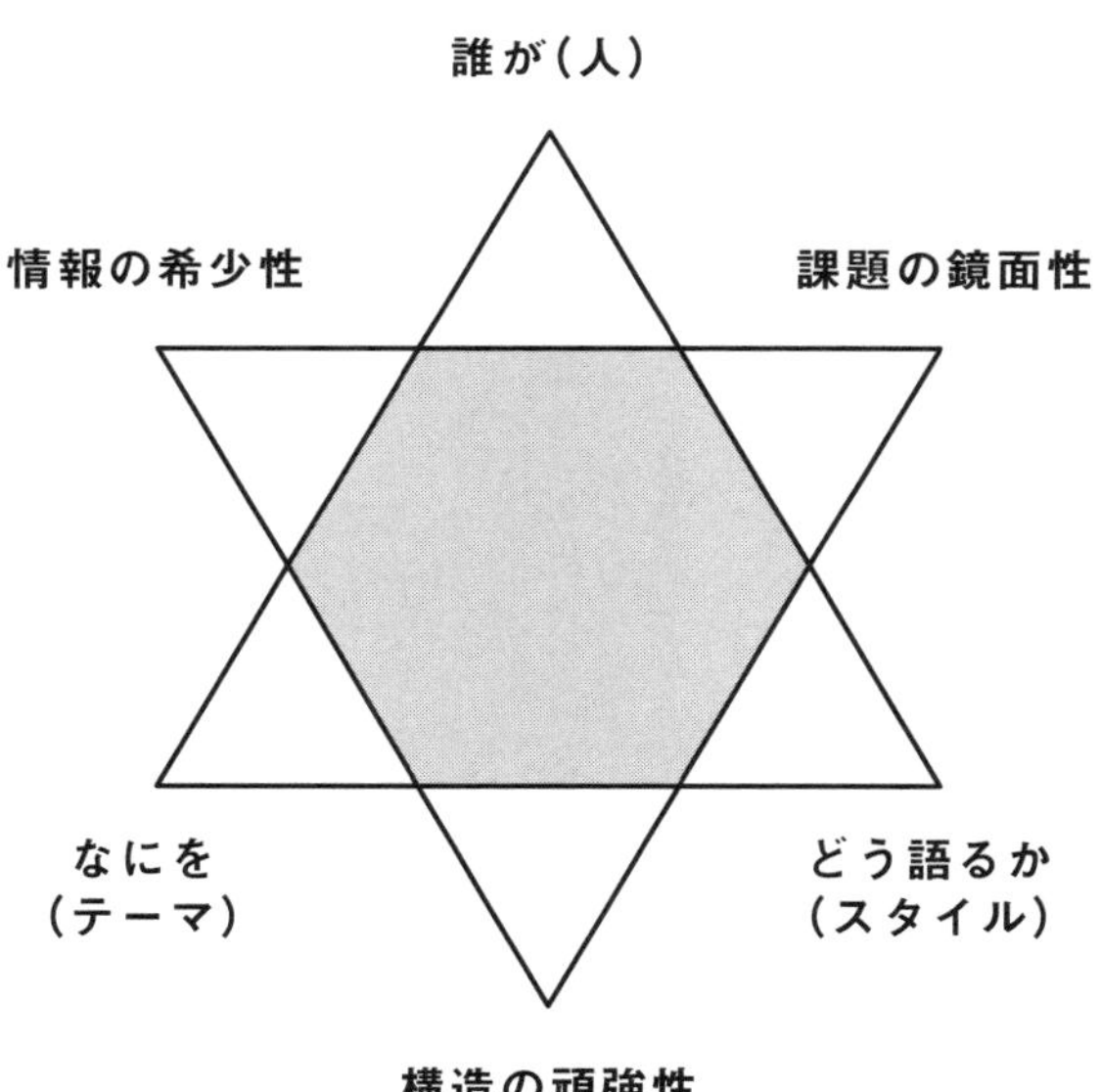

パッケージのおもしろさと、内容のおもしろさが重なったとき、コンテンツはその価値を最大化する

一般にウェブディレクターと呼ばれる彼らの多くは、アクセスデータを読むことはできても、編集ができない。進行管理はできても、編集ができない。そのため、つくられるコンテンツの多くは「いま流行(はや)っているもの」や「最近数字がとれたもの」の後追いになってしまう。残念ながら世のなかにあふれるコンテンツの質、その平均値は明らかに減退している。

では、どうすれば魅力的で、ほんとうに価値のある、長く愛されるコンテンツをつくることができるのか。

ライターが、これまで以上に「編集」に踏み込んでいくしかない。場合によっては編集者が担っていた「誰が、なにを、どう語るか」というパッケージの設計にまで、踏み込んでいくしかない。編集者の育成・養成は、われわれライターの関知できる範囲にない話だ。

おそらく、いまウェブを主戦場としながら人気を集めているライターたちは、文章力以上に「編集力」の確かさで支持を得ている。今後、ライターと編集者の境界線はますますあいまいになっていくだろう。

そのうえで、あえてライターの定義について考えたい。

ライターとはなにか。先に述べた「コンテンツをつくる人」は、小説家や詩人たちにも当てはまる定義だ。そうではなく、もう一歩踏み込んだ「なにを書く人のことを、ライターと呼ぶのか」

について考えてみたい。

そもそもライターとは、からっぽの存在である。

天才物理学者の知識も、合衆国大統領の経験も、シェイクスピアのひらめきも、なにひとつ持ち合わせていない、からっぽな人間だ。

だからこそライターは、取材する。

からっぽの自分を満たすべく、取材する。

自分と同じ場所に立つ読者に代わって、取材する。

誰かの書いたものを読み、誰かのつくったものに触れ、誰かの語ることばに耳を傾け、しつこく何度も問うていく。それはなにか。なぜそうなるのか。そのときなにが起こり、あなたはどう思ったのか。人に、書物に、その他のさまざまに、たくさんの問いをぶつけ、できうるかぎりの理解につとめていく。

問いの矛先(ほこさき)は、自分にも向けられる。お前はいまの話を、どう読んで、どう聞いたのか。ほんとうに理解したといえるのか。どこまでがわかっていて、どこから先がわからないままなのか。ジグソーパズルのピースは、あと何枚足りないのか。しつこく自分に問いかける。

そうして自分に理解できたことだけを、あるいはそこから立てた自分なりの仮説を、系統立ててまとめていく。ひとつのコンテンツとして、仕上げていく。たとえばソクラテスの弟子、プラトンがそうしたように。あるいは親鸞（しんらん）の弟子、唯円（ゆいえん）がそうしたように。

つまり、からっぽのライターは、本質的に「取材者」なのだ。取材なしでは、なにひとつとして価値あるものを生み出せない人間がライターなのだ。

だとした場合、ライターはなにを書いているのか？

小説家が小説を書き、詩人が詩を書き、エッセイストがエッセイを書くのだとした場合、ライターはなにを書いているのか？

取材したこと、調べたことをそのままに書くのがライターなのか？

違う。ぜったいに違う。

ぼくの答えは、「返事」である。

「わたしは、こう理解しました」

「わたしには、こう聞こえました」

「わたしはこの部分に、こころを動かされました」

「わたしだったらこんなことばで、こういうふうに書きます」

「なぜならあなたの思いを、ひとりでも多くの人に届けたいから」

それがライターの原稿なのだ。ライターは、取材に協力してくれた人、さまざまな作品や資料を残してくれた作者、その背後にある文化、あるいは河川（かせん）や森林などの自然に至るまで、つまりからっぽの自分を満たしてくれたすべての人や物ごとに宛てた、「ありがとうの返事」を書いているのである。

取材相手への敬意が深いほど、返事はていねいになるだろう。取材相手を軽んじているほど、返事は雑になるだろう。返事（原稿）には、取材者としての姿勢がかならず反映される。


ライターとは、「取材者」である。

そして取材者にとっての原稿とは、「返事」である。

取材者であるわれわれは、「返事としてのコンテンツ」をつくっている。

このことばを胸に、「取材・執筆・推敲」の具体を考えていこう。そう、まだまだガイダンスを終えたに過ぎない。本論はここからはじまるのである。

目次

ガイダンス
ライターとはなにか……4
ライターは「書く人」なのか……4
書くのではなく、コンテンツをつくる……8
編集者はなにを「編集」するのか？……11
ライターが「編集」するもの……22
ふたたびライターの定義について……30

取材

第1章
すべては「読む」からはじまる……49
一冊の本を読むように「世界」を読む……49
なぜ、あなたの文章はつまらないのか……52

情報をキャッチせず「ジャッジ」せよ 56
インタビューするように読む 60
多読よりも大切な乱読 67
ヒントは悪文のなかにある 71
わたしという人間を読むために 75
読書体力と自分を変える勇気 78

第2章

なにを訊き、どう聴くのか 82

なぜ取材はむずかしいのか 82
取材を「面接」にしてはいけない 85
「きく」ということばを分解する 87
聴くための土台はどうつくられるのか 91
ライターの自分を切り離す 95

相手の話を「評価」しない 99
質問の主語を切り替える 102
「いつもの話」のおそろしさ 105
本音と秘密を混同しない 108
質問力を鍛える「つなぎことば」 110
いかにして自分のこころを動かすか 114

第3章 調べること、考えること

調べること、考えること 118
取材には3つの段階がある 118
わかりにくい文章が生まれる理由 121
自分のことばで考える 125
自由の範囲を拡張するために 128
その人固有の文体をつかむ 131

憑依型の執筆はありえるのか 137
最後に残された取材相手とは 139
理解と感情の4ステップを追う 143
最良の反対意見を探す 149
取材という名の知的冒険 152

執筆

第4章 文章の基本構造

文章の基本構造 159
ライターの機能を考える 159
書くのではなく、翻訳する 165
言文一致の果たされていない世界で 168
ことばにとっての遠近法 173
論理をつくる「主張」「理由」「事実」 177
なにを論拠に語っていくか 183

説得から納得へ　186
人はなにが揃えば納得するのか　188
わかりにくい日本語と起承転結　191
起承転結から「起転承結」へ　198
ふたたび翻訳について　204

第5章
構成をどう考えるか　210

ことばを外気に触れさせる前に　210
なにを捨て、なにを残すか　213
構成力を鍛える絵本思考　217
桃太郎を10枚の絵で説明する　226
構造の頑強性を考える　233
情報の希少性を考える　242

課題の鏡面性を考える……247
構成を絵で考える理由……253
バスの行き先を提示せよ……258

第6章

原稿のスタイルを知る

……263
ビル・ゲイツの告白……263
最強のオウンドメディアとしての本……266
本の構成① いかにして「体験」を設計するか……269
本の構成② 各章は、どう設計されるべきか……273
本の構成③ 読後感を設計するために……283
インタビュー原稿① 情報よりも「人」を描く……288
インタビュー原稿② 話しことばの「わたし」を描く……292
対談原稿① 対談とインタビューの違いとは……296

対談原稿②　現場のなにを再現するのか……300
エッセイ①　コラムとエッセイはどう違うのか……308
エッセイ②　感情的文章から感覚的文章へ……312
コンテンツの賞味期限をどう考えるか……316
ジャンルよりもスタイルの確立を……320

第7章
原稿をつくる

……323
原稿に必要な3つの要素……323
リズム①　音読と筆写が必要な理由……328
リズム②　「ふたつのB」を意識せよ……337
リズム③　見た目の読みやすさをつくる……341
レトリック①　想像力に補助線を引く……347
レトリック②　比喩とはどうつくられるのか……352

レトリック③ ますます重要になる「類似を見てとる力」……358
レトリック④ 文章力の筋力トレーニング……360
ストーリー① 論文的ストーリーとはなにか……366
ストーリー② 時間の流れではなく「論の流れ」を描く……370
ストーリー③ 起伏より大切な「距離」……373
ストーリー④ 起承転結は「承」で決まる……378
自分の文体をつかむために……382

推敲

第8章
推敲という名の取材……391
推敲とは「自分への取材」である……391
自分の原稿をどう読むか……396
音読、異読、ペン読の3ステップを……401
書き手と読み手の優先順位……408

最強の読者を降臨させる 412
論理の矛盾をどう見つけるか 415
すべての原稿には過不足がある 420
「迷ったら捨てる」の原則 424
読まれたくない文章を書かないために 428
書き上げるとはどういうことか 431

第9章

原稿を「書き上げる」ために 434

プロフェッショナルの条件 434
編集者とは何者なのか 437
ライターに編集者が必要な理由 442
フィードバックもまた取材である 445
推敲に「if」はある 449

やる気が出ないほんとうの理由とは……453
推敲の最終段階でなにを見るか……456
よき自信家であれ……459
原稿はどこで書き上がるのか……465

あとがきにかえて……470

取材

第１章
すべては「読む」からはじまる

第２章
なにを訊き、どう聴くのか

第３章
調べること、考えること

取材ということばは通常、インタビューと同義のものとして語られる。しかし本書で扱う取材は、インタビューにかぎらない。誰かの話を聞くことはもちろん、本を読むことも、映画を観ることも、街を歩くことも、電車の車内アナウンスに耳を傾け中吊り広告を眺めることも、すべてが取材だ。家族や友人とのおしゃべり、はじめてのカフェで注文するブレンドコーヒー、なにかを「知ろうとすること」はすべて取材だ。この第一部では、取材のプロセスを「読む」「聞く」「考える」の三段階に分けて話を進めていく。

第1章

すべては「読む」からはじまる

一冊の本を読むように「世界」を読む

アイザック・ニュートンに、「木から落ちるリンゴを見て、万有引力（ばんゆういんりょく）の法則を思いついた」という有名な逸話（いつわ）がある。後世の創作ともいわれるこのエピソードは、大切な部分を端折（はしょ）ったまま語られることが多い。

ニュートンは、「なぜリンゴは落ちるのか？」との疑問から万有引力の法則にたどり着いたわけではない。彼はもう一歩踏み込んで、「なぜリンゴは落ちるのに、月は空から落ちてこないのか？」と考えた。そして「月が落ちてこない理由」を数学的に突き詰めていった結果、万有引力の法則にたどり着いた。リンゴはいわば、前フリなのである。

そんなニュートンの天才性について、アインシュタインはこう述べている。

「ニュートンにとって自然は、開かれた本で、（彼は）そこに記された文字を苦もなく読めた」★1

ニュートンにとっての自然とは、つまり宇宙のすべては、刺激に満ちた「読みもの」だった。ニュートンはその書物を、苦もなく読むことができた。天空に浮かぶ月も、頭上から落下してくるリンゴも、ニュートンにとっては極上のミステリであり、彼はその謎解きをおおいにたのしんでいた。――やや大袈裟にいえばそれがアインシュタインのニュートン評だ。ぼくは、取材者としてのライターがめざす先も、ここにあると思っている。

取材者にとっての「世界」とは、開かれた一冊の本である。

取材者は、一冊の本を読むように「人」を読み、そのことばを読まなければならない。

取材者は、一冊の本を読むように「コト」を読み、その奥底まで読まなければならない。

取材者は、一冊の本を読むように「世のなか」を読み、その流れを読まなければならない。

科学的、数学的、客観的な正解を求めて「解く」のではない。あくまでも取材者個人の主観で世界を「読む」。ひたすら読む。

活字を読み、映像を読み、広告を読み、音楽を読み、サービスを読み、街や季節の移り変わりを読み、人びとの声を読んでいく。並木道を歩きながら、電車に揺られながら、家族や友人と語らいながら、多くのことを感じ、問いを立て、自分のことばで答えを出していく。それが取材であり、読むということだ。取材者であるかぎりライターは、書いていない時間のすべてを「読むこと＝取材」に費やさなければならない。観察し、考えることに費やさなければならない。

ぼくはこれまで、さまざまな尊敬する書き手たちと出会い、ときに取材者として耳を傾け、多くのことを語り合ってきた。そこから確信を持って言えることが、ひとつある。

すぐれた書き手たちはひとりの例外もなく、すぐれた取材者である。日常のなかに取材が溶け込んでいる。いわゆる読書家も多いのだが、たとえ活字に触れていないときでも、なにかを読んでいる。「本ではないもの」への読書習慣を、持っている。小説家、映画監督、舞台作家、エッセイスト、コピーライター、そしてライターと、ジャンルは違えどその原則は変わらない。

たとえば清少納言（せいしょうなごん）の『枕草子（まくらのそうし）』。あるいは吉田兼好（よしだけんこう）の『徒然草（つれづれぐさ）』。日本の随筆（ずいひつ）を代表する両作を支えているのは、類（たぐ）い稀（まれ）なる観察者（取材者）としての目だ。オンライン書店もなく、図書館もなく、活版印刷さえなかった時代に彼や彼女は、われわれよりはるかに精緻な目で「世界」という書物を読んでいた。それだからこそ、１０００年の時を越える随筆が生まれた。彼らの残した随筆はある意味、「世界」という書物の読書感想文なのだ。

ぼくは本書を、「読むこと」の話からはじめたい。それが取材の第一歩であり、「書くこと」の大前提だからだ。よき書き手であるためにはまず、よき読者であらねばならない。この順番が入れ替わることはぜったいにないと、断言しておこう。

＊1　『オックスフォード　科学の肖像　ニュートン』（オーウェン・ギンガリッチ編集代表、ゲイル・E・クリスティアンソン著、林大訳／大月書店　カッコ内は筆者）

なぜ、あなたの文章はつまらないのか

読むということに関連して、黒澤明監督の告白を紹介しよう。

黒澤明――『七人の侍』『羅生門』『生きる』『用心棒』『天国と地獄』など、世界の映画史に燦然と輝く傑作群を残した映画監督である。

よく知られるように彼は、もともと絵描きをめざしていた人物だ。実際、彼の残した絵コンテ

は、画集として出版されるほど芸術性にすぐれている。絵コンテでこのクオリティなのだから、本気で絵を描いたらどうなるのかと、ぼくなどは思ってしまう。いったいなぜ、絵の道をあきらめたのか。晩年のインタビューで彼は、その理由を「描く技術」ではなく、対象を見る「目」に求めている。

おもしろい話しましょうか、絵ってねえ、たとえばセザンヌでも誰でも長いことかかって絵を描いてるでしょ？　下手な絵描きっていうのはすぐ絵ってできちゃうんだよ。あんなには描いてはいられないんですよ。ということはねえ、あの人達が見てるものを僕達は見てないわけ、あの人達が見えてるものは違うんですよ。だからあんだけ一生懸命描いてるんですよね。自分に本当に見えてるものを本当に出そうと思って。僕達にはじつに浅はかなものしか見えてないからすぐにできちゃうわけ。

『黒澤明、宮崎駿、北野武——日本の三人の演出家』（ロッキング・オン）

つまり、こういうことだ。

すぐれた画家たちは、画力以前に「目」がすぐれている。凡人には見えないものを、ありありと見ている。だからひとつのモチーフを長い時間かけて描き続けるし、それに飽きることがない。

一方、自分（黒澤）のような凡人は、すぐに描き上げてしまう。筆が速いのではない。一流の画家たちに見えているものが見えておらず、浅はかなレベルでしか対象を見ていないから、すぐに描き上げてしまうのだ。ほんとうはまだ、描き上げてはいけないのだ。見る（読む）べき対象は、もっとあるのだ。

この発言に触れたとき、ぼくはライターもまったく同じだと膝を打った。鍛えるべきは「書く力」ではない。まずは「読む力」を鍛えてこそ、すぐれたライターたりえるのだと。

支離滅裂な原稿を書いてしまうライター。

要領を得ない、ピントのずれた原稿を書くライター。

及第点以上の原稿を書けず、伸び悩んでいるライター。

ぼくに言わせると彼らは、等しく技術以前のところでつまずいている。

ひと言でいって、「読者としての自分」が甘すぎるのだ。

まず、取材対象を「読む」ことができていない。表面的な理解にとどまり、その根底にあるもの、奥にあるもの、あるいは裏側にあるものを、まるで見ようとしていない。なにもわかっていないのに、わかったつもりで書いている。

そして致命的なことに、自分の原稿を「読む」ことができていない。40点でしかない自分の原稿に、ぼんやり80点をつけている。40点のまま、筆を擱(お)いてしまっている。「読者としての自分」が厳しければ、40点の原稿を40点として、正確に評価することができるだろう。そして自分の現在地さえわかってしまえば、そこから80点や90点の原稿をめざして、まっとうな努力を続けられるだろう。けれども「読者としての自分」が甘すぎる結果、自分の原稿が読めない。これでいいやと思ってしまっている。

ひとつの原稿を書き終えたとき、ぼくにとって「古賀史健」という読者は、かなり厄介な存在だ。容赦(ようしゃ)なくダメ出しをして、書きなおしを要請してくる。それは「書き手としての自分」がそうさせているのではなく、「読者としての自分」がそうさせている。彼が目を光らせているかぎり、でたらめな原稿をそのまま世に出すことはない。「読者としての自分」が甘くなってしまったら、ぼくはあっという間にライターでいられなくなるだろう。

小手先の表現テクニックを学ぶよりも先に、まずは「読者としての自分」を鍛えていこう。本を、映画を、人を、世界を、常に読む人であろう。あなたの原稿がつまらないとしたら、それは「書き手としてのあなた」が悪いのではなく、「読者としてのあなた」が甘いのだ。

情報をキャッチせず「ジャッジ」せよ

いま、あなたは本を読んでいる。

それが紙の本なのか、電子書籍なのか、形式はわからない。ともかく「本」として書かれた、文字の連なりをじっと読んでいる。

ここでいったん、文字から目を離し、ページ全体を眺めてみてほしい。ページには、数百の文字が並んでいる。遠目に見ても、それが文字列であることは理解できる。意識せずとも、いくつかの単語を拾うこともまた、できるだろう。

しかし、その連なりがあらわすところの「意味」を拾おうとした途端、全体を見ることはかなわなくなる。任意の一点にピントを合わせ、そこから視線を移動し、ひとつずつ文字を追っていかなければならない。ページ全体をぼんやり眺めているだけでは、なにも読めない。自分の目で、自分の意志で読みに行ってようやく、文章を読むことができる。

このように、あなたがなにかを読んでいるとき、そこにはかならずあなた自身による働きかけ（能動）がある。あなたは身を乗り出して「読み」に行っている。本にかぎらず、なにかを読もうとするとき人は、決して受け身ではありえない。能動こそが、読むことの前提なのだ。

ならば、こう言い換えることもできるだろう。ぼんやり街を歩いていても、ぼんやりテレビ画面を眺めていても、なにひとつ読むことはできない。それは街並みやテレビ画面を「見て」いるだけで、能動的に「読んで」いないからだ。

たとえばあなたが、1本の映画を観に行ったとしよう。話題のハリウッド超大作を観に行ったとしよう。映画は基本的に——ましてやハリウッド超大作ならば——なにも考えなくてもたのしめるよう、つくられている。ジェットコースターのように、椅子(いす)に座ってしまえば最高のエンターテインを享受(きょうじゅ)できるよう、できている。上映終了後、椅子から立ち上がって「あー、おもしろかった」と背伸びしたとき、あなたはその映画を「読んだ」と言えるだろうか？

否(いな)である。

それは受動の鑑賞であって、どこにも能動がない。能動的に読む人は、映画を映画としてたのしみつつ、ジェットコースターから降りることも辞(じ)さない。そして自分のこころが揺さぶられた瞬間、なにによってこころが動いたのか、そのからくりを読み解く意志と落ち着きを持っている。つくり手の意図を、仕掛けを、その構造を考える。自分なりの仮説を立て、自分なりの解を出す。それが取材者に必要な能動的読書であり、鑑賞だ。また、真の傑作とはそうした観客たちの「読み」をはね返すだけの力を持っている。ことばや理屈では分析しきれない感動を提供するものが、アートだ。からくりが見え見えの感動は、たとえ1リットルの涙を誘ったとしても、その程度の作品でしかない。

あるいは、そば屋さんに入ったときのことを考えよう。

仮に天ぷらそばを注文したとする。できあがるまでに10分間かかるとする。このとき、多くの人はスマートフォンをいじるなどして時間をつぶす。新着メールを確認し、最新ニュースをチェックして、ソーシャルメディアを読み込んでいく。もしかしたらそれを「隙間時間を利用した情報収集」くらいに考えている人も、いるかもしれない。

しかし、スマートフォンをいじることなんて、お風呂のなかでもトイレのなかでもできることだ。取材者であるならば、「そば屋の待ち時間にしかできない取材」を考えたい。

たとえば、テーブルの上には七味唐辛子が置かれているだろう。「そういえば七味唐辛子の『七味』って、なんのことだろう？」と考える。瓶(びん)の成分表示を見ると、唐辛子、山椒(さんしょう)、陳皮(ちんぴ)、麻の実、けしの実、黒ごま、青のり、と書いてある。ここでようやくスマートフォンを取り出し、たとえば「陳皮」について調べる。それが乾燥させた蜜柑(みかん)の皮であることを知る。——これが「そば屋の待ち時間にしかできない取材」であり、取材者らしい日常の姿だ。

なお、もしも七味唐辛子について原稿を書くことになった場合は、陳皮や麻の実、けしの実など、味や香りの想像がつかないものについて、実際に食べてみることが必要になるだろう。そして「なぜ、うどんやそばの薬味として、この『七味』を組み合わせたのか」について、自分なりに考え、結論を出していく必要がある。ジャッジしていく必要がある。

おぼえておこう。ライターに必要なのは、情報を「キャッチ」する力ではない。そんなものは検索エンジンにでも任せておけばいい。能動的に読むとは、情報を「ジャッジ」することだ。自分なりの仮説を立てていくことだ。

まずは対象を、じっくりと「観察」すること。そして観察によって得られた情報から「推論」を重ねていくこと。直感で判断せず、かならず理を伴った推論を展開していくこと。さらに推論の結果として、自分なりの「仮説」を立てること。こうに違いない、と思えるところまで考えを進めること。

対象はスリッパでもケチャップでもゾンビ映画でも投げ込みチラシでも、なんでもいい。受動的にキャッチするだけの人から、能動的にジャッジしに行く人になろう。

ライターとは、みずからの立てた仮説を取材のなかで「検証」し、「考察」する仕事でもある。いい取材者であるためには、普段から「観察 - 推論 - 仮説」の習慣を身につけておかねばならない。

それでは具体的に、どうすれば能動的な――ジャッジを伴った――読み方を身につけられるのか。対象に触れたとき、どこを見て、なにを考えていけばいいのか。ここから、ぼく自身が心懸けている「より能動的な読み方」を、いくつか紹介していこう。

インタビューするように読む

一冊の本を読むように、人を読み、世界を読む。

日常のすべてに対して、取材者の姿勢で臨む。

このベースをつくってくれるのは、やはり読書だ。映画鑑賞や音楽鑑賞もいいけれど、本のほうが断然「読み」やすい。なぜか。

映画、音楽、そして演劇は、2時間なら2時間のなかでひとつの作品が完結する、「時間の芸術」である。ひとたび上映・上演されてしまえばもう、ノンストップで時間が流れ、作品世界が流れていく。観客に立ち止まって考える余裕は与えられず、当然劇場に「一時停止」ボタンはない。音や映像のシャワーを浴びっぱなしのまま時間が過ぎていく。

一方で本は、いくらでも立ち止まって考えることができるメディアだ。時間配分の主導権は、読者の側にある。おそらく本書も、幾度かの休憩を挟みながら、場合によっては何日かに分けながら、読んでいかれるだろう。どんな場所で、どのようなペースでどう読もうと、すべては読者の自由だ。まずは本を入口にして、「能動的な読み方」の基本を身につけよう。ただ読むだけ（鑑賞するだけ）ではなく、こちらから問いかけるようにして読んでいくのだ。その具体を紹介する。

①「この人に会ったらなにを聞くか」を考えながら読む

なにかの講演会に参加したときの冒頭、主催者からこんなアナウンスがあったとする。

「講演会の終了後、質疑応答の時間を設けたいと思います。みなさま全員にマイクを回しますので、ひとり3問程度の質問をご準備なさってください」

おそろしい講演会である。おそらくあなたは、普段以上の真剣さをもって講演を聞くだろう。登壇者のことばをひと言も聞き漏らさないよう、耳を澄ますだろう。間違っても居眠りなどできない。「終了後、質問しないといけない」というルールが課されるだけで、受動ではいられなくなるのだ。

日々の読書においても、これをやればいいのである。

作者が故人であろうと、ことばの通じない外国人であろうと、ぜったいに会えないような大作家であろうと、そんなことは関係ない。太宰治を読むときも、ヘミングウェイを読むときも、あるいは手塚治虫（てづかおさむ）の漫画を読むときでも、こころにとめておくことばは同じだ。

「この人に会ったら、なにを聞こう？」である。

あなたはなぜ、この本を書こうと思ったのか。冒頭の一文はなにを意味しているのか。どうしてこの表現を使ったのか。このエピソードは、あの事件をモチーフにしているのではないか。裁判シーンのリアリティがすばらしかったが、どんな取材をどれだけ重ねていったのか。……そんなふうに、読み終えたら「独占インタビュー」が待っているつもりで、たくさんの質問を考えながら読んでいくのだ。

読書とは、作者との対話である。対話だからこそ本は、100人いれば100通りの読み方が生まれる。質問を考えながら読むことは、自分だけの「読み」をおこなう手立てなのだ。

② 書かれたことではなく、書かれなかったことを考える

インタビューするように本を読んでいったとき、最初はシンプルな「なぜ？」ばかりが浮かぶはずだ。なぜ、このテーマを選んだのか。なぜ、こんなふうに書いたのか。なぜ、このエピソードが必要なのか。……これだけでも十分に能動的な読書である。

しかしここで、もう一歩踏み込んだ「なぜ？」を考えてみよう。「そこにあるもの」に目を奪われるのではなく、「そこにないもの」についても考えてみよう。

つまり、「なぜ、こう書いたのか？」のもう一歩先にある、「なぜ、こう書かなかったのか？」を考えていくのだ。

これ以上ないほど見事な一文に感激したとき、あるいは違和感の残る表現を見つけたとき。説明不足に感じたり、説明過多に感じたりしたとき。「なぜ、こう書いたのか？」だけではなく、「なぜ、こう書かなかったのか？」まで考えよう。

ある意味これは、ライターならではの読み方かもしれない。なぜならその背後には「自分ならきっと、こう書く」があるからだ。

自分だったらこんなふうに（凡庸に）書いてしまうだろう、という反省でもいい。こう書けばもっとおもしろく、わかりやすくなるのに、と提案するのでもいい。できるだけ「なぜ、こう書かなかったのか？」の対案までを考えていこう。

作者は、作者なりの試行錯誤を経て、その表現を選び、ことばを選んでいる。それが正解だと思っている。けれども当然、それが正解だとはかぎらない。もっと適切な表現はありえるし、いっそ「この一文は削除する」という選択肢もある。

「あなたはなぜ、こう書いたのですか？」

こんな問いなら、誰にだってできる。自分のあたまを使う必要のない、いちばん簡単で、ある意味いちばん失礼な質問だ。

「あなたはなぜ、こう書かなかったのですか？」

この質問をするためには、質問者自身による咀嚼(そしゃく)が必要だ。「自分だったらこう書く」の前提があってこそ、出てくる質問だからである。これを「あなたはこういう理由でこの表現を選んだのかもしれないが、自分だったらこう書く」にまで発展させられれば、なおいい。作者との対話をゆたかなものにするためにも、「そこに書かれなかったこと」や「書かれるべきこと」を考えていこう。

③第三者にどう紹介するかを考えながら読む

一冊の本を読み終えたあと、知り合いから「あの本どうだった？」と聞かれたとする。

ここで「おもしろかった」や「つまらなかった」といった感想しか出てこないようであれば、さみしい読書だったと言わざるをえない。ほんとうに能動的な読書ができていたなら、もっと別の感想が出てくるはずだ。

本を読むときぼくは、「あの人に、どう紹介しよう？」を考えながら読んでいる。

別に感想を求められているわけでもないのに、特定の「あの人」までイメージしつつ、「どんなふうに紹介しよう？」「どんな感想をことばにしよう？」を考えながら読んでいる。場合によっては――誰から求められたわけでもない――書評をイメージしながら読むことさえある。

たとえばドストエフスキーの『罪と罰』を紹介するとき。「ある特異な思想に取り憑かれた青年が、正義の実現と称して強欲な金貸しの老婆を殺害する。しかし不運なことに、老婆の妹が事件現場に居合わせてしまった。青年は思わず……」とストーリーに寄せて語っていくのか。

あるいは、「これは『自分は選ばれた人間なのか。それとも、とるに足らない凡人なのか』という青年期特有の苦悩、その理想と現実の乖離がモチーフになった作品で……」といった感じで、作品のテーマに寄せて語っていくのか。相手や状況に応じて、いろんな語り口があるはずだ。ある本の感想を述べることは、誰かの書いたことばを、自分のあたまで再編集・再構築し、言語化する行為である。あらすじレベルの理解はもちろんのこと、構造的な理解（抽象度の高い理解）がなければ、その内容を語ることもままならない。

たとえ紹介（アウトプット）する機会がなかったとしても、「あの本どうだった？」と聞かれたときに答えられる自分を意識しながら、その本を読もう。これもまた、おおきな能動である。

④主人公を入れ換えて読む

最後に、小説や映画をおもしろく再読・再見する方法を紹介したい。

自分の小遣いでレコード——当時はまだ、ＣＤではなかった——を買うようになった中学生時代、ぼくは音楽ファンのお兄さん・お姉さん方が口にするベーシスト評やドラマー評がよくわからなかった。ビートルズならビートルズを聴いていても、つい追いかけてしまうのはヴォーカルとそのメロディばかりだった。ギターの音ならまだしも、ベースやドラムの「よさ」を聴き分けるなんて、至難（しなん）の業（わざ）に思えた。

小説や映画でいうとこれは、主人公（ヴォーカル）とあらすじ（メロディ）ばかりを追いかけて、細部にまったく目が届いていない状態である。

そこであるとき、同じ曲を続けて5回聴く、という実験に着手した。

まずはヴォーカルを中心に、ふつうに聴く。次にギターの音だけに意識を集中して聴く。続いてベースの音だけを聴き、さらにはドラムの音だけを聴く。それぞれの音が、スピーカーのどのあたりから、どんなふうに鳴らされているのか、意識を集中させる。当然、その他の楽器はノイズとして処理されるわけだ。

こうして各楽器の音を理解したうえで、今度は「ぜんぶ」を聴く。ヴォーカル、ギター、ベース、ドラムのすべてに耳を開いて、聴く。

こんな――いわば能動的な――聴き方を何度か続けるうち、はじめて聴く曲であってもドラムやベースの音が、ヴォーカルと同じように耳に入ってくるようになった。聴いた瞬間、「このバンドは、ドラマーがすばらしい」「なんてかっこいいベースラインだ！」と気づけるようになった。

小説や映画、あるいは漫画やスポーツでも、同じことができるはずだ。

たとえば映画『ロッキー』を、ヒロインであるエイドリアンの成長物語として観る。映画『ゴッドファーザー』を、夫・マイケルに翻弄される女性、ケイの悲劇として観る。サッカーの日本代表戦を、相手国サポーターの目で観る。『カラマーゾフの兄弟』を、長兄ドミートリイを主人公とする物語として読む。おそらくどれも、むずかしい。少しでも気を抜くとロッキーを中心に観たり、日本代表を応援したりしてしまう。

しかしこれをくり返すことで、見落としていた細部に気がついたり、矛盾を発見したりと、多角的に、俯瞰的に読む訓練になるはずだ。

いい本は、何度読んでもおもしろい。だが、せっかく再読するのなら、以前とは違った読み方を心懸けよう。とくに古典として生き残っている作品群は、さまざまな読み方を受け入れるだけの懐の深さを持っている。いくつもの読まれ方を待っているのだ。

多読よりも大切な乱読

本を読むとき人は、なんらかの目的を持っていることが多い。

たとえば、ビジネススキルの向上をめざして、著名な経営者の書いた本を読む。あるいは就職活動の面接対策として、コミュニケーション術の本を読む。こころの悩みを解決するため、哲学や心理学の本を読む。おそらくは本書も、「文章力の向上」や「ライターになること」を目的に読まれる方が多いだろう。

これらの目的に沿って読まれた本は、その感想のほとんどが「役に立った」か「役に立たなかった」かのふたつに収斂(しゅうれん)されていく。読むことが、情報収集の作業となっているわけだ。ぼく自身のことを振り返ってみても、ひと月のうちに読む本の7割以上は仕事上の「参考文献」であり、つまりは情報収集の材料である。パラパラと流し読みをして、「役に立たない」と放り投げる本は、毎月何十冊となくある。

しかし、読書とは本来、もっと自由なものだ。

役に立つとか立たないとか、そんな実用とは無縁の領域でおこなわれるはずのものだ。

目的に沿った読書は、どうしても拾い読みに流れる。重要なところだけ、役に立ちそうなところだけを拾い、結論を急いでその他を素通りする。情報収集という意味では効率的だが、これではほとんど「検索」と変わりがない。

読むことと検索することは、まったく別の行為だ。

資料にあたるときのぼくを含め、多くの人たちは「検索型」の読書に傾いているが——そして検索に適したスタイルの本が量産されているが——どれほど膨大な数の検索をこなしたところで、「読者としての自分」を鍛えることにはつながらない。

では、どうすれば「検索型」ではない読書ができるのか？

乱読である。

自分の興味関心から離れた本、仕事やプライベートの実利と直結しているとは思えない本、特段話題になっているわけではないジャンルの本、顔も名前も知らない異国の作者の本を、ただ読んでいく。目的のないまま、いわば「読むために読む本」として読んでいく。

目的さえ取り払ってしまえば、読書は結論を急がない。

社会学の本を読んでいても、美術史の本を読んでいても、誰かの評伝を読んでいても、情報を求めているわけではないのだから、なにかを「お勉強」する態度にならない。眼前に広がる世界を純粋にたのしみ、作者と語り合うことができる。本の細部にまで目が届くし、表現の巧拙がよりくっきりと浮かび上がる。

ぼくは、すぐれたライターの条件に「多読家であること」を挙げようとは思わない（なんと言ってもぼく自身、まったくもって多読家ではない）。

しかし、目的を持たない読書ができること、つまり「乱読家であること」は、ライターの大切な素養だと思っている。多読と乱読は、似て非なるものだ。

本選びに迷うようなら、いくつかルールを設けるといいだろう。

ぼくが個人的に採用しているのは、ある編集者から教えられた「ふたり以上の『信頼する知人』からすすめられた本は、かならず読む」というルールだ。いま売れているとか、自分の興味関心に関係なく、ふたり以上の知人がすすめる本は読んでみる。このルールがあるだけでも、自分の守備範囲から遠く離れた本や作家との出会いを担保できる。

また、通読に値する本であるかどうかについては、目次を頼りに「自分にも土地勘のある話」「自分が何度も考えてきた話」についての記述を見てみるといい。

たとえば、その作者が「プロフェッショナルとは○○である」と語っているページ。あるいは「ビジネスの本質は○○にある」と断言しているページ。「恋愛とはけっきょく○○なのだ」と定義づけているページ。なんでもいいから、あなた自身にもなんらかの持論や土地勘のある話題を拾ってみよう。

もしもそこで月並みなことしか書かれていないようなら、それまでの本だ。わざわざ時間をつくって読む必要はない。どのみち本は、一生をかけても読みきれないほどたくさん存在する。そして再会すべき本には、人生のどこかできっと再会する。「積ん読」の本がどんなに増えてもかまわない。お勉強の意識を捨てて、片っぱしから手に取っていこう。

ヒントは悪文のなかにある

「いい文章を書きたければ、いい文章をたくさん読みなさい」

これは、さまざまな文章読本で語られるアドバイスだ。

ここから「自分がいいと思う文章を真似しなさい」と続ける人もいるし、「いいと思った文章を書き写しなさい」とすすめる人も多い。ぼく自身、気持ちのよい文章に出会ったときには、なるべく書き写すようにしている。「いい文章を書きたければ、いい文章をたくさん読みなさい、書き写しなさい」のアドバイスは、基本的に正しい。

しかしここには、意外な落とし穴がある。

これは小説よりもむしろ、インタビューや対談の原稿を思い出してもらうとわかりやすいだろう。

いいインタビュー原稿には、流れがあって理路整然としていながらも、「きっとこの人は、現場でこのとおりにしゃべっていたんだろうな」と思わせる、自然ななめらかさがある。淀みなく語られたことばを、なんの手も加えずそのまま書き起こしたようなスムーズさが、そこにはある。だからこそ読者は、自分もそこに居合わせているような錯覚（臨場感）を抱く。

苦労の跡がどこにも見当たらない文章。

最初からそのかたちで存在していたとしか思えない文章。

ゆたかなことばがするするあふれ、書きあぐねた様子がまるで窺（うかが）えない文章。

これはぼくの考える「いい文章」の大切な条件だ。

一方、よくないインタビュー原稿は、いかにも説明的で、書きことば的で、ぎこちなくて、「こんなふうにしゃべる人はいないよ」と思わせる不自然さが残っている。書くのに苦労したことが如実に伝わり、ライターの「介在」が悪目立ちしてしまう。

いい文章からなにかを学ぼうとするときのむずかしさは、ここにある。

なんといっても、いい文章は「最初からそのかたちで存在していたとしか思えない」のだ。どこを見ても、触っても、接ぎ目がわからない。分析や分解のしようがない。書き手の意図や技術を読み解こうにも、とっかかりがつかめない。

その点、いわゆる「悪文」にはたくさんの接ぎ目があり、手がかりがある。見た目にも不格好で、接ぎ目からは修正液や接着剤がはみ出している。書き手がどの部分に苦心し、どこで道を誤ったのか、かなり詳細に読み解くことができる。つまり、「自分ならどう書くか？」を考える材料としては、名文よりも悪文のほうが入りやすいのだ。

では具体的に、どんな目で悪文を読んでいけばいいのか？

悪文読解は、あら探しではない。重箱の隅をつつくように「ここの表現がよくない」「文法的にこれはおかしい」と指摘したところで、得られるものなどなにもない。重要なのは、書き手の隣に立って――書き手と同じ景色を眺められる場所から――なぜそのようなミスを犯してしまったのか、ともに考えようとする態度である。

たとえば、冒頭から前半まではおもしろいのに、中盤から後半にかけて一気に失速してしまう本。これは、本全体の構成に問題があったというより、書き手の「体力」に原因を求めるべき事例かもしれない。

長い時間をかけて何万、何十万という文字数の原稿を書いていると、どうしても途中で疲れが出る。書き手自身がその対象に飽きてしまうこともあるし、ひとつのテーマを考え続けるあまり、迷子になること――議論の現在地がわからなくなること――もある。「書きたい！」にあふれていたはずの気持ちが、「早く終わりたい！」に傾き、後半に行くにしたがって詰めが甘くなる。これは技術やキャリアに関係なく、多くの書き手がおちいる罠だ。

だとすれば、この書き手はどこで疲れ、どこから迷走をはじめ、どのあたりから結論を急ぎだしたのか、考えよう。そして書き手の気持ちが切れてしまうと、文章はなにを失い、どんなふうに崩れていくのか、どうすれば自分は同じ轍（てつ）を踏まずにいられるのか、考えよう。そんな視点から読んでいくと、自分ごととして悪文に寄り添うことができるだろう。

悪文とは、「技術的に未熟な文章」を指すのではない。

技術に関係なく、そこに投じられた時間も関係なく、ただただ「雑に書かれた文章」はすべて悪文なのだ。だからどれだけ技術にすぐれた作家でも、悪文に流れる可能性はある。悪文読解とは、書き手の「雑さ」を読んでいく作業と言っていい。

編集者や校閲（こうえつ）者のチェックを経て世に出る出版物の場合、あからさまに支離滅裂な文章など、なかなかお目にかかれない。誤字脱字や熟語の誤用、文法上の誤りなど、「正解のあるもの」に関しては、ほとんど正されている。しかし、一見成立しているようでありながら違和感の残る悪文は、山ほど存在する。

その違和感を、素通りしない読者になろう。

違和感の正体である「雑さ」を、どこまでもしつこく追いかける読者になろう。

書き手はなにを考えて、そう書いたのか。あるいはなにを考えなかった結果、そう書いてしまったのか。

悪文に厳しい読者であるからこそ、自分の書く文章に対しても厳しくあれるのだ。

わたしという人間を読むために

悪文とは別に、「嫌い」としか言えないような文章がある。

技術的にもすぐれ、手を抜いているわけでもなく、いいことさえ言っていたりするのに、なぜか好きになれない。どこか鼻についたり、寒気がしたり、反発したくなったりする。「いい／悪い」とは別の、「好き／嫌い」のフィルターによってはじかれた文章だ。乱読を続けていれば、こうした文章にもたくさん出会うだろう。

悪文と同じく、これら「嫌いな文章」もまた、大切に読んでほしい。

たとえば恋人と別れるとき、われわれはいくらでも「その人に幻滅した理由」や「その人の嫌いなところ」を挙げることができる。感情にまかせて饒舌(じょうぜつ)に、ときにお酒の力を借りながら、朝まで語り明かすことだってできる。

一方、誰かのことを好きになったとき、われわれはその理由をうまく説明することができない。「あの人の、こういうところが好き」「ここに惹かれた」と具体を語ろうとするほど、ほんとうの思いから離れていってしまう。具体的で個別的な「〇〇だから好きになった」は後づけの結果論でしかなく、「気がついたら好きになっていた」が本心だろう。恋に「落ちる」とは、そういうことである。

文章に対する好悪も、これとよく似ている。

自分はなぜ、この作家を愛し、この文章に惹かれるのか。このすばらしい文章にはどんな秘密が隠されているのか。……こうやって自分の「好き」を分析し、言語化していく取り組みは、かなりの確率で的外れに終わる。分析に走るほど主観から離れ、チェックリストを埋めるような作業に走り、自分の感情に嘘をついてしまう。

その点、「嫌い」は違う。

にんじんが嫌いな人も、しいたけが嫌いな人も、納豆が嫌いな人も、みずからの「嫌い」を分析的に、ことばゆたかに語る。たとえ直感的・生理的に思える嫌悪感であっても、そこにある「嫌い」は分解できるし、言語化可能なものだ。

はじまりはぼんやりした理由でかまわない。ある文章について、自分が抱いた嫌悪感をとりあえずことばにしていこう。

「上から目線で、なんか偉そう」
「下品な言いまわしが多くて、不愉快だ」
「きれいごとばかりで、偽善者っぽい」
「ナルシストっぽくて気持ち悪い」
「まわりくどくてわかりづらい」

そして、仮にあなたが「きれいごとばかりで、偽善者っぽい文章」を嫌っているとしたとき、なぜそういう文章（または書き手）が苦手なのか、もう一歩踏み込んで考えよう。

- **きれいごとばかりの文章は、どこかで嘘をついている**
- **嘘をついて、自分をかっこよく見せようとしている**
- **この作者は「こう書けば、読者をだませる」と思っている**
- **だからこそ自分は「だまされてたまるか」と反発している**
- **だまそうとするこの作者は、読者のことを馬鹿にしている**
- **おそらくわたしは「きれいごと」や「嘘」そのものが嫌いなのではない**

- 作者から馬鹿にされることが、許せないのだ
- わたしは読者を馬鹿にした文章が、嫌いなのだ

……こうして自分の「嫌い」に向き合い、深いところまで掘り進めていくと、底のあたりで「わたしという人間」が見えてくる。「わたし」がどうありたいのか、理解できてくる。右の例でいえば、あなたは「読者を馬鹿にしたくない」のだし、「読者への敬意を忘れたくない」のだ。そんな自分でありたいと、願っているはずなのだ。

嫌いな文章を読み進めるのは、誰にとっても苦しい作業だ。そんな本ばかりを何冊も選ぶ必要はない。しかし、そこで感じる「痛みの理由」を考え抜いた先に、自分の進むべき道が見えてくるのである。

読書体力と自分を変える勇気

「あなたの座右の書はなんですか?」

こう訊かれたときあなたは、どんな本を挙げるだろうか。

おもしろいもので「座右の書」や「人生を変えた一冊」を選ぶとき、ほとんどの人は若いころに読んだ本を挙げる。子ども時代、学生時代、せいぜい20代までのあいだに読んだ本を挙げてしまう。その後の人生でもたくさんの良書を読んできたにもかかわらず、だ。おそらくぼくも、座右の書を問われたなら、20代前半に読んだドストエフスキーの長編を挙げるだろう。迷いに迷った挙げ句、『カラマーゾフの兄弟』を挙げるだろう。

これと関連して思い出されるのが、「読書体力」ということばだ。

若いころは体力もあったし、時間もあった。だから難解な哲学書や、文豪たちの大長編を読むこともできた。しかし、40代や50代に差しかかった現在、自分はそんな時間も体力も持ち合わせていない。「読書体力」が低下したせいで、難解な大著の通読がかなわなくなった。——そんなふうに語る中高年は、かなり多い。

年齢を重ね、仕事に追われ、体力がなくなり、分厚い本に気後れする。いざ読もうとしても、あのころみたいに集中して向き合うことができず、すぐに挫折(ざせつ)してしまう。その気持ちは、痛いほどわかる。ぼくだって、自分の「読書体力」低下を実感する機会は何度となくある。

しかし、これはほんとうに「体力」の問題なのだろうか？

時間や体力がなくなったから、イージーな読書しかできないのだろうか？

それは違うと、ぼくは思う。

座右の書とは、その人にとっての「人生を変えた一冊」だ。たとえば20代前半のぼくが『カラマーゾフの兄弟』という座右の書に出会えたのは、同作が「世界でいちばんすばらしい小説」だったからではない。問題はどんな本を読んだかではなく、そのときの自分がどんな人間であったのか、なのだ。20代前半のぼくは「人生を変える準備」ができていた。いくらでも人生を——その価値観を——揺さぶり、更新してやろうと待ちかまえていた。それだからこそ、あの本が座右の書になった。人生を変える一冊に、なってくれた。いや、ほんとうに人生を、変えてくれた。ドストエフスキーを読むのがあと10年や20年遅かったら、『カラマーゾフの兄弟』も他の長編も、座右の書にはなっていなかったかもしれない。

一冊の本を通じて、人生を変える勇気があるか。

これまで自分が受け入れてきた常識や価値観を、ひっくり返す勇気があるか。

これまでの自分を全否定して、あたらしい自分に生まれ変わるつもりがあるのか。

読書体力の低下とは、体力の減退である以前に、「変わる気＝こころの可塑性(かそ)」の低下なのだ。こころのどこかで変わること(自分の価値観が揺さぶられること)を恐れているから、ラクな本にしか手が伸びないし、良書を読んでも「座右の書」になりえないのだ。

もしも読書を「知識のインプット」と捉えていたなら、何百・何千の名作を読んだところで座右の書には出会えない。一方、自分を変えるつもりさえあれば、たとえ何歳になってからでも座右の書を更新することができる。座右の書が更新されることは、すなわち自分という人間が更新されることだ。

これは読書人の心構えではなく、ライターに不可欠な心構えとして聞いてほしい。

自分を更新するつもりのない取材者は、どれほどおもしろい情報に触れても「へえー、なるほど」で終わってしまう。情報を、他人ごととして処理してしまう。自分のこころを動かさないまま、自分ごとにしないまま、情報としての原稿を書いてしまう。そんな原稿など、おもしろくなるはずがない。

いい取材者であるために、自分を変える勇気を持とう。

自分を守らず、対象に染まり、何度でも自分を更新していく勇気を持とう。

他人ごととして書かれた原稿など、「返事」にはなりえないのだ。

第2章

なにを訊き、どう聴くのか

なぜ取材はむずかしいのか

ライターの仕事をはじめて間もないころ、ぼくは原稿の書き方について、ベテラン編集者たちから多くのことを学んだ。短い雑誌記事を書いては、たっぷりの朱(あか)(添削(てんさく))を入れられた。文法的な誤り、語尾の重複、接続詞の重複、表記の不統一、冗長な表現、読者はなにを不快に思うのかなど、さまざまな指摘があった。基礎中の基礎ではあったものの、それらの指導はとても貴重なものだった。

当時お世話になった先輩方よりも年長になったいま、ぼくも若いライターさんたちの求めに応じて、多くの「朱」を入れている。そこからなにかを汲み取ってくれればうれしいと、こころから思っている。

このように「書くこと」は、多少なりとも学びの機会があるものだ。本を読んで学べることもあるし、先輩から直接アドバイスを受けることだってあるだろう。

一方、その対極にあるのがインタビュー（以下、本章ではインタビューのことを「取材」と呼ぶ）である。対面しての取材が必要になったとき、新人ライターはいきなり現場に放り出される。上司や先輩の取材に同行させてもらうことがあったとしても、せいぜい数回程度。なにかを手取り足取り教えてもらえるわけではない。お手本らしいお手本もないまま、やがてひとりで取材に臨むことになる。

そして困ったことに、取材にはフィードバックがない。

それがいい取材だったのか悪い取材だったのか、悪かったとすればどこをどう改めればいいのか、「朱」を入れて教えてくれる先輩はどこにもいない。できあがった原稿がつまらなかったとしても、その原因が筆力にあるのか、取材にあったのか、判別がつきづらい。おそらくどんなベテランも我流のまま、ほかにどんなやり方があるのかわからないまま、自分の信じるやり方で、取材を続けている。

ぼくだってそうだ。自分の書いた原稿と、ほかの誰かが書いた原稿を比べることならできる。なるほどこういう表現があるのかと唸ったり、もっとこうすべきだったと反省したり、比較対象があるおかげでさまざまな気づきを得る。

ところが、自分のおこなった取材と、ほかの誰かがおこなった取材を比べることは、原則的にできない。ほとんどの取材は密室のなかでおこなわれ、ブラックボックスに隠されたままだからだ。ライターは「取材者」であるにもかかわらず、肝心の取材については我流を余儀なくされているのである。

本章では取材、なかでもインタビューのあり方について考えていきたい。

ぼく自身これは、教わったこともないし、教えたこともない領域の話だ。そしてまた、ぼくは話術に長けた人間ではまったくない。とくにプライベートの場では、わかりやすく無口になってしまう。

でも、それだからこそ伝えられる基本原則があるだろう。ラジオパーソナリティーのような話術がなくとも、お笑い芸人のような切り返しのセンスがなくとも、たとえ物怖じする性格であっても、いい取材は実現可能なのだ。

取材を「面接」にしてはいけない

考えてみると取材の現場は、不思議な空間である。

ほぼ初対面のふたりが、「聞き手（インタビュアー）」と「語り手（インタビュイー）」に分かれ、正面から向き合う。記録され、公開されることを前提に、決められたテーマについて語り合う。レコーダーも回っているだろうし、多くの場合は編集者も同席しているだろう。カメラマンが写真を撮っていたりするのかもしれない。日常ではなかなかありえないシチュエーションだ。

いちばん身近で、これとよく似た空間としては、就職活動時の「面接」が挙げられるだろう。実際、面接のことを英語では interview という。面接される側、あるいは取材を受ける側に立って、それがどういう場なのか考えてほしい。

- 複数の人に囲まれ、自分の考えを述べることを求められる
- 訊かれたこと以外を語りだすのはマナー違反だとされる
- こちらから質問する機会は限定的で、常に質問をぶつけられる
- 質問にどう答えるのかによって、その後の評価が決まってしまう
- 次にどんな質問が飛んでくるのか、まったく予想がつかない

- **会話のように見えて、じつは尋問である**
- **向こうは自分のことを知っていても、こちらは相手のことをほとんど知らない**

以上は取材を受ける側と面接を受ける側、どちらにも当てはまる話だ。

おそらくあなたも、過去になんらかの面接を受けたことがあるだろう。ここでは就職活動の面接試験を想定してみたい。

面接試験の場で聞き手（インタビュアー）となるのは、面接官である。そして語り手（インタビュイー）は求職者、あなたである。あなたはきっと、場の空気に緊張しているだろう。面接官からどんな質問が飛んでくるのか、不安に思っているだろう。そして面接終了後、「あんなふうに言うんじゃなかった」「あの話をすればよかった」「こう答えればよかった」と後悔してしまうだろう。わかりやすい正解が存在しないぶん、面接終了後に「うまくいった」と実感することは、なかなかむずかしい。

じつはこれ、取材における語り手（インタビュイー）も同じなのである。

どれだけ取材慣れして、笑顔を絶やさず、気の利いたジョークで場を和ませてくれる人であっても、取材という空間で「まったくのいつも通り」でいられることなど、まずありえない。緊張していなくても、かまえてしまう。面接試験を受けるあなたのように、いいことを言おう、失言しないようにしよう、こんな自分を見せて高評価を得よう、と思ってしまう。それが語り手（インタビューイー）側の偽らざる心境だ。取材という非日常の空間に身構えているのは、相手も同じなのだ。

おぼえておこう。取材であれ、打ち合わせであれ、家族や友人とのおしゃべりであれ、場の空気をつくるのはいつも「聞き手」である。インタビュアーである。相手がどんな大物だったとしても、気むずかしいトラブルメイカーだったとしても、その原則は変わらない。あなたがよい聞き手であれば、相手は気持ちよく、いくらでもしゃべってくれる。そしてあなたが――まるで面接官のような――よくない聞き手であれば、相手は身構え、機嫌を損ね、口を閉ざしたり、ちぐはぐな応答になってしまう。会話の主導権は、いつも「聞き手」の側にあるのだ。

じゃあ、どうすればよい聞き手になれるのか？

そのためにはまず、「聞く」ということばの意味を考えなおさなければならない。

「きく」ということばを分解する

会話はしばしば、キャッチボールにたとえられる。

ことばをボールに見立て、その「投げる」「受ける」「投げ返す」のやりとりをキャッチボールにたとえているわけだ。互いのボールが届く距離、相手が受け止められるスピード、そしてもちろんコントロール。会話のなかで気をつけるべきポイントは、たしかにキャッチボールとよく似ている。

しかし、取材中のぼくはまったくもってキャッチボールをしていない。むしろキャッチボールなんて、意識しないほうがいいと思っている。

キャッチボールをするときのぼくらは、基本ピッチャーだ。つまり、「どう投げるか」ばかりを考える人間だ。どこに、どれくらいの速さの、どんな球を投げるのか。相手のグローブにビシッと収まれば気持ちがいいし、次はもっといいフォームで、もっと遠くからもっと速い球を投げてやろう、なんて余計な欲も出る。

会話に置き換えるとこれは、「次になにを言うか」ばかりを考える人の発想である。

そして「次になにを言うか」を考えている人は、相手の話をほとんど聞いていない。自分のことであたまがいっぱいで、早くおれに投げさせろ、とさえ思っている。キャッチボールでありながら、実際には相手のボール（ことば）を受けとっていないのだ。

だからぼくは取材を、キャッチボールの図式で考えない。

ひとりのキャッチャーとして、どっしりミットを構える。ピッチャーの投げる球を、ひたすら受け止める。もちろんボールは投げ返すが、自分がピッチャーにまわることはしない。

これは「きく」ということばの定義にも関わる話だ。オーラル・コミュニケーションの分野でしばしば言われるように、日本語の「きく」は、おおきく3つに分類される。

ひとつは、一般的な「聞く」。英語だとhearのニュアンスに近い。

続いて、相手の声にじっと耳を傾ける「聴く」。英語でいえばlistenである。

最後のひとつが、相手に問いかける「訊く」。こちらは英語でaskとなる。

たとえば窓の外から不意に物音が聞こえたとき、英語ではhearが使われる。そして好きな音楽を聴くとき、相手の話に耳を傾けるとき、英語ではlistenが使われる。

両者の違いは「能動性」だ。

積極的に、みずからの意思で、その音や声に耳を傾け、そこに込められた意味までもつかもうとしたとき、受動の「聞く」は能動の「聴く」に変わる。

ここまで理解できると、前章の話がつながってくるだろう。

そう、能動という意味において、「聴く」と「読む」はほとんど同義なのだ。誰かの話を「聴く」ことは、その人の話を「読む」ことなのである。

だからぼくは、取材の7割は「聴く力」で決まると思っている。

そして残りの3割が、「訊く力」だ。

仕事でもプライベートでも、われわれはほとんどの時間を「聞く／聞かれる」のなかで過ごしている。自分がなにをしゃべるかばかりを考えた、ぞんざいなキャッチボールを続けている。逆にいうとわれわれはみな、誠実な「聴き手＝キャッチャー」に飢えている。人は、話したいのではない。声を大にして訴えたいことを抱えているのでもない。わかってもらったり、感心してもらいたいのでもない。それよりもまず、「聴いてもらいたい」のだ。自分の声を、さえぎることなく聴いてもらえることが、他者から尊重され、承認されている、なによりの証なのだ。

家族や友人など、まずはプライベートの場で試してみるといいだろう。

返すことばは、「うん」とか「へえ」の相づちだけでもかまわない。あなたが能動的に「聴く」姿勢を見せさえすれば、相手はおのずとしゃべってくれる。以下、本書では「きく」の漢字を使い分けながら論を進めていく。

聴くための土台はどうつくられるのか

取材では、ぼんやりと「聞く」のではなく、能動的に「聴く」ことが求められる。

これはテクニックの話ではない。ライターが取材者であるための、心構えの話である。

しかし、心構えにまつわる話は、往々にして精神論に流れていくものだ。たとえばここで「ぼんやりと『聞く』のではなく、身を乗り出すようにして『聴き』ましょう」とアドバイスしたとしよう。言わんとすることの意味はわかるが、正直こんなアドバイス、精神論以外の何物でもない。どうすればいいのか、よくわからない。

ぼくは本書で、なるべく精神論を振りかざしたくないと思っている。精神論の多くは、対象を言語化・相対化できていない人間による、ある種の逃げ口上でしかないからだ。どうすれば能動的な「聴く取材」ができるのかについて、精神論ではない具体の話をしていこう。

いったん取材から離れ、友だちとおしゃべりしている場面を思い出してほしい。

おしゃべりにおいてわれわれは、「うわの空で聞いているとき」と「身を乗り出して聴いているとき」の両方がある。その境界線を、いくつか挙げてみよう。

①相手の話がおもしろい
②相手のことが大好きである
③自分にとって、ものすごく大切な話をしている

このいずれかの条件を、少なくともふたつ以上を満たしていれば、ほとんどの人が身を乗り出して聴こうとするだろう。相手の話が10分、20分と続いてもまったく苦にならないし、もっと聴きたいとさえ思うだろう。

逆にいうとわれわれは、「さほど好きでもない人」の語る、「つまらない話」を聞き流し、「自分に関係のない話」を聞き流してしまう。ぼくだって、そうだ。うわの空で聞き流す話は、どうしたってある。知人・友人とのおしゃべりはもちろん、取材中でも退屈してしまう話題は、正直ある。1時間なら1時間の取材すべてが「おもしろい話」で埋まることは、驚くほど少ない。

しかし、だ。そもそも取材相手に「おもしろい話」を求めること自体が間違いなのだ。「相手がおもしろい話をしてくれなかったから、いい原稿にできなかった」なんて、まったくプロ失格である。もう一度、3つの条件を見なおしてみよう。

①の「相手の話がおもしろい」は、こちらにコントロールできない要素だ。語り手の人柄、知

識、話術、人生経験、ユーモアセンス、その日の体調、または機嫌などに左右される、きわめて不確実性の高い要素だ。

一方、②の「相手のことが大好きである」と、③の「自分にとって、ものすごく大切な話をしている」は、自分次第でどうにでもコントロール可能な要素だ。好きになったり、興味関心を強く持つときの主体は、つねに「わたし」である。

だからぼくは取材前、入念に下調べする。

その人の著作、音源、映像、過去のインタビュー記事、ソーシャルメディア、ブログ、その人が身を置く業界を紹介した書籍や関連ウェブサイトなどに、できうるかぎり目を通し、読み込んでいく。取材用の「資料」として読むのではない。その人を「好き」になるため、「好き」になる手がかりをつかむため、手当たり次第に読みあさっていく。

調べていくうちに、その人に幻滅することもあるだろう。思いのほか古い価値観の持ち主だったり、差別的な発言をしていたり、いかにも薄っぺらい人生訓を述べていたり、「知らなきゃよかった」と思うことだってあるかもしれない。

それでも、どんな人にだって「いいところ」は、かならずある。

人間としては好きになれないけれど、一緒に働きたいとは思わないけれど、友だちになれる気はまったくしないけれど、「この一点に関しては、尊敬できる」。あるいは「この考えに関しては、心底共感できる」。そういう一点は、ぜったいにある。もしも見つけられないとすれば、それは探す側——つまりは取材者側——の怠慢だ。

そしてひとつでもいいから「いいところ」を見つけたら、その「いいところ」を自分のなかで思いっきり膨らませ、「好き」を育てていく。対面する前からもう、大好きになっておく。そうすれば自然と「聴く」態勢がつくられていくはずだ。

じゃあ、下調べができないタイプの相手の場合はどうするのか。

著作やインタビュー記事などがなく、ブログやソーシャルメディアなどの手がかりもない方々に取材するときにはどうするのか。

ぼくはいつも、何パターンもの想像を膨らませる。

きっとこういう人なんだろうな、もしかしたらこんな経歴の人かもしれないな、こういう理由で、いまの仕事に就いているのかもしれないな、などと勝手な想像を膨らませる。外れたってかまわない。大切なのは「その人のことを考える時間」だ。1時間でも、あるいは30分でもいいから、あらかじめその人のことを考える。肩書きを頼りに、年齢を頼りに、取材に応じてくれた経緯を頼りに、考える。「こんな人だったらいいな」「こんな話ができたらいいな」と期待を膨らませるだけでもかまわない。そのわずかな手間で、「好き」の土台はできていく。

聴くための準備は、対面する前からはじまっているのだ。

ライターの自分を切り離す

取材の現場で「聴き手」に徹するのは、意外とむずかしいものだ。

ライターや編集者としての経験を重ねていくほど、「聴く」ことができなくなる。取材が下手なのではない。ライターとして能力が低いのでも、取材をサボっているのでもない。むしろ逆で、いい原稿を書こうとするあまり、じっくり聴けなくなっていくのだ。

なぜ、聴けなくなるのか。

どんな取材にも、なにかしらのテーマがある。そのテーマに応じて「ぜったいに語ってもらいたいこと」がある。これを抜きには原稿が成立しない、というトピックは、かならず存在する。たとえばオリンピックの代表選手に「恩師」というテーマで取材する場合、「恩師との出会い」「こころに残るエピソード」「忘れられないことば」などは、ぜひとも語ってもらいたいところだろう。

しかし、取材時間はかぎられていて、多くの場合、相手の話は脱線していく。質問の意図を理解してもらえなかったり、はぐらかされたりもする。原稿を成立させるためには、場をコントロールするしかない。「聴くこと」を中断し、脱線したおしゃべりを本題に引き戻し、事前に用意していた質問をぶつけていく。ライターとしての経験を重ねるほど、その差配(さはい)に長けていく。むしろ、場をコントロールできてこそ一流の聴き手でありライターだと考える人も、多いのかもしれない。

だが、言っておこう。これらはすべて「ライター側の都合」だ。


「原稿を書くときに苦労したくない」

「原稿に必要な材料を、確実に集めておきたい」

「決められた時間のなかで、首尾よく取材を終わらせたい」

ただそれだけの理由で取材の流れを決め、脱線を許さず、つまりは相手の自由を奪いながら場をコントロールしているに過ぎない。職業ライターとして考えれば、それが近道なのかもしれない。しかし、インタビュアーとしてその態度は、正しいと言えるのだろうか?


ここは非常におおきな分岐点だ。違う意見の人がいてもかまわない。

ぼくは、ライターの自分とインタビュアーの自分を、切り離して考えている。

取材の現場にいるのは、ライターの古賀史健ではない。インタビュアーとしての古賀史健が、相手と向き合っている。もちろんインタビュアーの仕事は、原稿の素材集めではない。取材という一期一会の機会を、「お互いにとって」実りあるものとすること。それがインタビュアーの仕事だ。そこでおこなわれた取材をどう原稿にまとめていくかは、あとからライターの古賀史健が考えればいい。相手を原稿の素材と見るような――つまりモノとして見るような――取材は、厳に慎むべきである。

だからぼくは、取材中の脱線もおおいに歓迎する。

おしゃべりが思わぬ方向に転がっていくプロセスを、一緒にたのしむ。

話の腰を折らず、自分のプランにこだわらず、過度のコントロールを避けつつ、場の流れに身をまかせ、いい聴き手に徹する。テーマと関係のない雑談に流れてもかまわない。そもそも雑談とは、好意や信頼のなかからしか生まれないものだ。心的距離のある相手との会話は――天気や近況報告の話題にはなっても――なかなか雑談にまで発展しない。ほんとうの雑談ができているとしたら、それは親しさのあらわれなのである。

そして最終的に、聴き手と語り手の両方が「こんな話、するつもりじゃなかったのに」と思えるような場所にまでたどり着く取材が、ぼくの理想だ。あとはライターの自分が、うまくまとめてくれるだろう。

じつをいうと、「ライター」と「インタビュアー」を切り離して行う取材は、最終的にライターの自分を助けてくれる。

脱線を許さず、予定どおりの質問をして終わるだけの取材は、企画書を超えない取材だ。もっと言えば、自分（ライター）を超えない取材だ。

もう一度、「取材者」ということばの意味を考えよう。

ライターはなにも持ち合わせていない、からっぽの存在だ。たとえるなら、その土地のことをなにも知らない旅行者だ。

そんな一見（いちげん）の旅行者が事前に立てたプラン（企画書）など、おもしろい旅になるだろうか？ 観光名所や有名レストランをまわるだけの旅に、どれだけの魅力があるだろうか？ そうではなく、その土地に詳しい人（インタビュイー）の声に耳を傾け、素人まるだしの問いをぶつけ、まったく知らない場所を行き当たりばったりに訪ねることこそが、旅の醍醐味（だいごみ）ではないのか？ それこそが、取材ではないのか？

取材とは、あなたの立てたプランを答え合わせする場ではない。企画書をなぞり、質問表を読み上げる場でもない。

「気がついたら、こんなところにまできてしまった」

「おかげで、はじめてことばにすることができた」
お互いがそう思える取材が、最高の取材なのだ。

相手の話を「評価」しない

取材を「原稿の素材集め」と考えるライターは、自分でも気づかないうちに傲慢(ごうまん)になってしまう。相手の話に耳を傾けながら、ずっと「この話は使える」「この話は使えない」の評価・判断を下し、使えない話については文字どおりの馬耳東風(ばじとうふう)になってしまう。それが結果として、面接にも似た息苦しさを相手に覚えさせてしまう。

自分が面接を受けたときのことを思い出そう。

あなたはなぜ、面接の場で緊張してしまうのか？

どうして面接官の前に出ると、自由に振る舞えないのか？

答えは簡単だ。自分の一挙手一投足が「評価」の対象になっているからである。不用意な発言をしてはいけない、正解を言わなきゃいけない、優秀な人材だと思われなきゃいけない、と考えるから、緊張してしまうのだ。

取材も同様である。もしもあなたが「評価する人」として現場に臨み、素材の「獲れ高」ばかりを気にしていたら、コミュニケーションはうまくいかないだろう。

取材に臨むライターは、面接官ではないし、裁判官でもなければ取調室の警官でもない。あえてたとえるなら、接見中の弁護人だ。つまり、「世界中を敵に回してでも、わたしだけはあなたの味方につく」を前提としている人間だ。そうでなければ、相手はこころを開いてくれない。面接試験の就活生と同じように、模範回答をくり返すだけである。

ぼくはこれを、「敬意」に関わる問題だと思っている。

評価を下す、という言いまわしからもわかるように、評価とはいつも、「上から下」に向かってなされるものだ。不採用や不合格の評価にかぎらず、優秀だとか、有能だとか、業界の風雲児だとかいうポジティブな評価もじつは、すべて「上から下」への矢印が働いている。

メディアから「天才」と呼ばれることを嫌うアーティストやアスリートが多いのは、そのためだ。彼らは謙遜しているのではない。なにも知ろうとしないまま、なにひとつ考えようとしないまま、彼らの歩んできたプロセスを無視するように「天才」のひと言で上から評価（結論づけ）する非礼を、拒絶しているのだ。

取材中、原稿の「獲れ高」ばかりを考えているあなたは、取材者としていちばん大切な敬意を失っている。相手の話をまともに聴こうとせず、すべての発言を「使えるか／使えないか」の目で評価し、相手をモノのように見ている。このうえなく傲慢で、自分勝手な人間に成り下がっている。たとえそれで原稿が書けたとしても、できあがるのは「模範回答をまとめたコンテンツ」でしかない。そこに「その人」がいる必然のない、きわめて匿名的なコンテンツだ。さらに言うなら、そんな取材を続けていても、相手との——ほんとうの——信頼関係を築くことはむずかしいだろう。相手もあなたのことを「使えるか／使えないか」の目でしか判断しないからだ。

評価とは、自分の都合に従って導き出された、安直な結論である。他者を評価するときあなたは、その人の価値、能力、職業観、人生観、可能性を決めつけてしまっている。

相手を評価しないこと。

それは相手のことをどこまでも考え続け、もっと深く知ろうと耳を傾ける、「聴くこと」や「読むこと」の大前提なのである。

質問の主語を切り替える

続いて、「訊くこと」について考えてみよう。

いくら「聴くこと」が大切だとはいえ、質問なくして取材は動かない。取材の場でわれわれは、なにを訊き、どう訊いていくべきなのか。どんな質問が場をゆたかなものにし、どんな質問が場を台なしにしてしまうのか。

ひとつ、簡単な原則を紹介しておこう。

取材において大切なのは、「訊くべきこと」と「訊きたいこと」の両方を持ち、あらかじめそれぞれを切り分けておくことだ。「訊くべきこと」を訊かなければコンテンツが成立せず、「訊きたいこと」を持っていなければ取材がおもしろくならない。

先にも述べたように取材には、なにかしらのテーマが存在する。「誰が、なにを、どう語るか」の三角形でいえば、「なにを」に該当する部分だ。そして取材のテーマがあるかぎり、そこにはいくつもの「訊くべきこと」が存在する。

たとえば脳科学の専門家に、「記憶力を向上させる生活習慣」というテーマで取材するとしよう。第一に訊くべきことは、当然ながら「生活習慣」そのものである。また、それによって記憶力が向上する理由を理解するためには、「脳はどのようにして情報を記憶しているのか」「記憶したはずの情報は、なぜ消えてしまうのか」「記憶力がいい人と悪い人の違いはどこにあるのか」「そもそも記憶とはなにか」などの周辺情報についても訊いておくべきだろう。

いわばこれは、読者のための質問だ。

あなたは読者に代わって、読者の代表として、その人に質問している。それを読む読者が当然抱くであろう疑問について、質問している。言い換えるなら、取材する人間があなたであろうと、ほかのライターであろうと、読者代表としての「訊くべきこと」に違いはない。二階に上がるには階段が必要なように、その階段には手すりが必要なように、これらの質問は「ぜったいに必要なもの」として存在している。

一方、「訊きたいこと」は自分だけのものだ。

訊くべきことの主語が「読者」だとするなら、訊きたいことの主語は「わたし」である。読者とは関係なく、「わたし」が知りたいから、訊く。ほかのライターは訊かないかもしれないけれど、訊く。取材のテーマとは直接関係ないけれど、原稿には入らない話かもしれないけれど、この機会にどうしても訊いておきたいから、訊く。

こうした「訊きたいこと」がある取材は強いし、おもしろい。相手も身を乗り出してくれるし、話は深まっていく。

なぜなら、それが「好き」のあらわれだからだ。

わたしの「訊きたいこと」は、その人のことを調べ尽くし、たくさん考え、大好きになっているからこそ、生まれている。もちろんその思いは、取材相手にも即座に伝わる。ちゃんと「訊きたいこと」を持ち、それだけ自分のことを考えてきてくれたライターは、5分と経たずにそれとわかる（もちろん、なんの事前準備もせず手ぶらでやってきたライターもすぐにバレる）。

質問するにあたっては、主語をことばにしてしまってもかまわない。

つまり、「読者のひとりとして訊いておきたいのは、やはり○○なのですが……」「おそらく、いまの話を○○と感じる読者も多いと思うのですが……」と読者を前面に出した質問をしてみたり、「これは今回、わたしがどうしても訊きたかった話なのですが……」と自分を前面に出して質問したりするのもいい。大切なのは「訊くべきこと」と「訊きたいこと」を明確に切り分け、両方を準備しておくことである。

取材のなかで「訊くべきこと」を見極め、その流れや優先順位を整理する能力は、プロとしてぜったいに必要だ。しかしそれだけでは、ライターとしてどこかで天井にぶつかる。悪い意味で過不足のない、つまりはおもしろみのないコンテンツしかつくれなくなる。取材が広がり、また深まっていくきっかけには、かならず取材者サイドの「訊きたいこと」があるのだ。

「いつもの話」のおそろしさ

ここで一度、「取材される側」の立場になって考えてみよう。

仮にあなたが、本を出版したとする。どこかのメディアが、取材を申し込んできたとする。自分に興味を持ってくれたこともありがたいし、本を紹介してくれるというのなら、なおさらありがたい。あなたはよろこんで取材を承諾(しょうだく)する。

そして取材当日、若いライターさんがやってきた。さっそくインタビューがはじまるのだが、どうも要領を得ない。緊張しているのか、経験不足なのか、受け答えもちぐはぐで、事前に本を読んでくれたとは思えないような質問ばかりぶつけてくる。このままライターさんのペースで取材を続けていても、到底いい記事になりそうには思えない。

あなたならここで、どうするだろうか?

おそらくほとんどの人が、自分が場をリードする道を選ぶだろう。「記事に書いてほしい公式見解」「いつも語っている大事なエピソード」「どこで話してもウケる、自分にとっての鉄板ネタ」などをたくさん盛り込んで、饒舌に語りだすだろう。取材慣れした人であれば、ここに「記事のタイトルになりそうな決めゼリフ」まで付け加えるかもしれない。

たしかにそれだけの材料があれば、ライターの能力に関係なく、一定レベルのコンテンツはできる。むしろ、そこまでフォローしてあげないと、どんなコンテンツにされるかわからない。ライターの能力は未知数なのだし、最低限のリスクヘッジはしておくべきだろう。

さて。以上のプロセスを「取材する側」の立場から見てみよう。

事前の準備も満足にできず、ぶっつけ本番のように臨んだ著者インタビュー。最初は噛み合わない場面もあったものの、やがて著者の方が饒舌に語りだしてくれた。そこから取材はスムーズに進み、おもしろい話もたくさん聴けた。「獲れ高」十分の取材といえるし、いい原稿が書けそうだ。なるほど、自分も少しずつ取材がうまくなってきたのかもしれない。取材って、こうやればいいのかもしれない。

……そんなふうに勘違いしてしまう可能性はないだろうか？

実際、おもしろい話は聴けているし、現場が盛り上がったような気もする。うまくまとめれば、それなりのコンテンツにはなるだろう。

しかし、その盛り上がりはまったくの誤解だ。取材者としてのあなたに不安を感じ、その技量に不安を感じたからこそ、相手は「いつもの話」をはじめている。何度も実証済みの「すべらない話」で、凡記事になるリスクを回避している。あなたのことを信用していないからこそ、相手は饒舌になり、サービス精神を発揮してくれたのだ。

そして「いつもの話」で構成されたコンテンツに、情報の希少性は皆無である。読む人が読めば「ああ、またこの話か」で終わるだけだ。当然、取材者としてのあなたの成長もありえない。

予想を超えてスムーズに進んだ取材。

理路整然と、淀みなく語られたことば。

これらは、その人にとって「いつもの話」である可能性が高い。

ほんとうにおもしろく、価値あるコンテンツをつくりたいなら、相手の「いつもの話」に敏感であることだ。脱線や雑談を嫌うライターは多いものだが、それ以上に厄介なのは、語られ尽くした「いつもの話」なのである。

本音と秘密を混同しない

コンテンツの価値を高めるには、「情報の希少性」が必要だ。これよその場所でも語っている話、その人が語るまでもない一般論、うわべだけの模範回答。これら、既知の情報だけでつくられたコンテンツは、なんら本質的価値を持たない。読者はいつも「出会い」を求め、「発見」を求めている。平たく言えば「ここでしか読めないもの」を求めている。すぐれた映画や演劇、コンサート、アミューズメントパークなどを支えているのは、すべて「ここでしか体験できないなにか」だ。取材の現場においても、その人がはじめて語るなにかを訊き出すのが、理想である。

しかし、ここを誤解して、致命的な過ちをおかすライターは少なくない。


「これまでどこでも語っていないようなことを訊こう」

「ほかの取材者がぜったいに訊かないような、思いきった質問をぶつけよう」

「建前なんかいらない。鋭く切り込んで、本音を引き出そう」

「取材中に遠慮なんかしてたら、いつまでも本音には迫れないんだ」

そう意気込むあまり、ただ非常識な質問をぶつけるだけの、失礼で不愉快な取材者になってしまうのである。

たしかに、本音で語ってもらうことは大切だ。建前なんかいらないのも、そのとおりだ。過度な遠慮や緊張もよくないし、思いきって核心を突く質問だって必要だろう。けれど、「本音」と「秘密」を混同してはならない。われわれライターは、その人の「秘密」を暴きたくて取材しているのではない。「言いたくないこと」まで言わせるような取材は――百歩譲ってそれが必要だとしても――ジャーナリストの仕事である。ライターが訊きたいのは「本音」であって、間違っても「秘密」ではない。

ここを誤解していると、得意顔で失礼な質問をくり出し、「こんな質問、されたことがないだろう」「おれは凡百のライターとは違う。こんなギリギリのところまで踏み込んでみせるぞ」と悦に入るような取材者になってしまう。なかには、相手をわざと怒らせ、本音を引き出そうとする――しかもそれを高等テクニックだと信じている――取材者までいるくらいだ。

ぼくはライターとして、その人が「言いたくないこと」まで訊き出そうとは思わない。プライバシーに関わるような秘密を暴いて、手柄を誇ろうとは思わない。テクニックの一環として相手を怒らせたり、威圧するような質問をぶつけたり、誘導尋問しようとも思わない。ぼくは相手への敬意を失いたくないし、そもそもそんなアプローチから「本音」に迫れるとは思えないのだ。

言わされたわけでもないのに、思わずこぼれてしまったひと言。

雑談のなかで交わされた、なにげない相づち。

訊かれてはじめてことばにした、こころのどこかでずっと思っていたこと。

本音とは本来、そういうものであるはずだ。つまり、策を弄(ろう)して「引き出す」ものではなく、リラックスした会話のなかでこぼれ落ち、それを「拾う」ものであるはずだ。

ぼくが取材中の脱線を歓迎する理由が、わかってもらえただろうか。

その人の本音とは多くの場合、話が脱線していった先の、取材と雑談が溶け合ったゆるやかな時間のなかでこぼれ落ちるものだ。緊張状態から本音は、生まれないのである。

質問力を鍛える「つなぎことば」

くり返しになるがぼくは、話術に長けた取材者ではない。当意即妙(とういそくみょう)や丁々発止(ちょうちょうはっし)のやりとりからは縁遠く、取材中に沈黙が流れることもあるし、基本的には「へぇ」「なるほど」「すごいなあ」「おもしろいですね」などの相づちを打つばかりの、「聴くこと」に集中した取材者だ。そして、もっと話術を磨いていこうという気持ちも、正直持っていない。しゃべることを仕事にしているわけでもなく、自分はこのままでいいと思っている。

しかし、「訊くこと」に関しては別だ。

話術を鍛えるつもりはないものの、取材における「質問する力」については、もっともっと磨いていくつもりだ。テレビを見ているとき、本やネット記事を読んでいるとき、広告に触れたとき、記者会見の中継を見ているとき、誰かの話を聴いているとき。もはや習慣のように、投げかけるべき質問を考えている。

どうやって質問を考えているのか？　どうすれば質問が浮かぶのか？

ぼくの答えは、接続詞である。

人間の脳はありがたい設計になっていて、冒頭に接続詞を置いてしまえば、その続きを考えざるをえなくなるのだ。

いちばんわかりやすいのは、接続詞の「でも」である。

上司や先輩の忠告に対して、なんでも「でも、○○じゃないですか」「でも、わたしは○○だから」と返す人がいる。冒頭に「でも」を付けると——たとえでっちあげであっても——なんらかの反論が浮かぶのだ。我の強さなのか、向こうっ気のあらわれなのか、弱さの裏返しなのか、その人は「でも」を付け、否定から入る癖がついている。

これを応用して、冒頭に「つまり」を置いてみたらどうなるだろう？

たとえば、友人が仕事の愚痴をこぼしている場面。それを聴き、返すことばの冒頭に「つまり」を置いてみる。すると「つまり、○○ということ？」「つまり、お前は○○がしたいの？」などの質問が浮かんでくるだろう。愚痴に共感してみせるでもなく、意見したり、説教したりするでもなく、純粋に相手の思いを訊き出す質問が浮かんでくるはずだ。

実際の取材においては、要約や決めつけのニュアンスが混じる「つまり」よりも、「ということは」を考えるほうがいいだろう。

相手の話を受けて、瞬時に「ということは」に続く問いを考える。

「ということは、○○でもあるわけですか？」

「ということは、今後○○をめざしていくのですか？」

「ということは、もともと○○じゃなかったのですね？」

「ということは、○○さんは仲間でもあり、ライバルでもあったのですね？」

「ということは、本心は違うのですね？」

いずれも相手の話を引き継ぎ、発展させていく質問だ。

ほかにも、「そうすると」「だとしたら」「とはいえ」「それにしても」「言い換えれば」「一方」「そうは言っても」「逆に言うと」など、いい質問につながっていく接続語はたくさんある。自分のなかに接続語（主に接続詞）のストックをたくさん持ち、それぞれに続く問いを考え、瞬時に言語化できる訓練を重ねていこう。ここはもう、意識せずともそうなるまで、日々の習慣にしていくしかない。

英語話者が論理的思考を得意とするのは、話のなかに接続詞の because（なぜならば）を入れる習慣ができているからだと言われる。「なぜならば」に続くことばを考え、その因果律を言語化する癖が、幼いころからの教育で身についているわけだ。話を and（そして／それで）でつなぎがちな日本語話者とは決定的に異なる部分である。

質問する力も同じだ。どんなときに、どんな質問をすればいいかなんて、考えたところでわかるものではないし、ここで一般化することもできない。ただ言えるのは、相手の話を――いくつもの接続詞によって――うまく引き継ぎ、それを深掘り・発展させていくこと。その習慣づけだけだ。

接続詞のことを、和語（わご）では「つなぎことば」や「つづきことば」と言い、「続言」と書く。

相手のことばを遮（さえぎ）って――事前に用意した――次の質問に移るような取材からは、なにも生まれない。相手の話をつなぐこと。続けること。もっと先まで転がすこと。そんな対話がやがて、お互いを「気がついたら、こんなところにまできてしまった」と思える場所に連れて行ってくれるのだ。

いかにして自分のこころを動かすか

この章の最後に、質問についていちばん大事な話をして締めくくりたい。

次章で述べることにもつながっているし、またその次の章にもつながっていて、本書全体にさえ通底する大事な話だ。取材をおもしろくして、原稿（コンテンツ）をおもしろくする、質問のあり方である。

ミステリやサスペンス映画の醍醐味のひとつに、「どんでん返し」がある。ぜったいこいつが犯人だと思っていたのに、真犯人はまさかの人物だった。物語の終盤、主人公の出生にまつわる驚愕（きょうがく）の事実が明らかになった。恋に落ちた相手が、敵の組織から送り込まれたスパイだった――。これらのどんでん返しは、「裏切りと納得」によってつくられている。

事前の予想、物語の前提だったはずの認識が、見事に裏切られること。

そして裏切られた先に広がるあたらしい風景に、「そういうことだったのか！」と、こころから納得できること。

この両者があるからこそ、どんでん返しは成立する。裏切りの振れ幅がおおきいほどカタルシスは増し、納得の深度(しんど)が深いほど読後の感動が持続する。どんでん返しに代表される「驚き」は、エンターテインメントの基本条件だ。

ぼくはこの「驚き」を、取材のなかに持ち込むようにしている。ひとつでも多くの「驚き」を持って取材できるよう、自分自身をコントロールしている。どういうことか、具体的なシーンを挙げつつ説明しよう。


たとえば、「学生時代、いちばん夢中になったことはなんですか？」と質問する。

相手が「大学のときは、アルバイトばっかりやっていましたね」と答える。

ふつうに聴けば「へぇー」以外に感想の持ちようがない答えだ。せいぜい「どんなアルバイトをされていたんですか？」と話を継ぐ程度だろう。

しかし、最初の質問を投げかける際、「この人は学生のころ、読書や映画鑑賞に明け暮れていたに違いない。その時代があったからこそ、これだけの知識や教養が身についたのだ」という仮説を立てていたなら、どうだろうか？

相手の「アルバイトばかりやっていた」という答えに対して、「ええっ!! そうだったんですか⁉」と驚くはずだ。少なくとも多少は、こころが動くはずだ。そして感情が揺れ動けば、「じゃあ、本を読んだり映画を観たりする機会は？」といった質問が続いたり、あるいは小学校時代にまでさかのぼるような質問が浮かんだり、その人のことをもっと深く知りたくなるはずだ。取材は、もっとおもしろくなるはずだ。

あるいは、自分の立てた仮説――「この人は、こう答えるだろう」の考え――とぴったり符合する答えが返ってきたときも、「やっぱりそうだったのか！」と感情が動き、「だったら、こういう理由で本を読んでいたはずだ」など、新たな仮説が浮かぶだろう。

ぼくは仮説を持たずに投げかける質問のことを、「投げっぱなしの質問」と呼んでいる。なにもかも相手にまかせっきりで、自分のあたまは1ミリも動かしていない、お手軽にもほどがある質問だ。もちろんそうした質問に対して、見事な答えを返してくださる方は大勢いる。しかしそれでは、自分のこころが動かない。こころが受動モードになっているせいで、「なるほどなあ」「いいことばだなあ」くらいの感動で終わってしまう。取材者はもっと能動の質問を投げかけ、能動的にこころを動かさなければならない。そうしないと取材も盛り上がらず、コンテンツもおもしろくなってくれないのだ。

ここは次章で詳しく語る話だが、原稿（コンテンツ）がおもしろくなる鍵は、「自分のこころがどれだけ動いたか」にかかっている。なにを聴いても「へぇー」で終わり、なにに触れても感動できない人は、「与えられること」に慣れすぎている。与えられ、動かされるのを待っていてはいけない。自分のこころを動かすのは、あなた自身なのだ。

第3章
調べること、考えること

取材には3つの段階がある

ぼくは、取材を3つの段階に分けて考えている。

おそらく3つとも、多くのライターが無意識のうちにやっていることだ。それをステップごとに分け、名前をつけて、それぞれのなかでやるべきことを意識するようにしている。

ひとつめは、取材相手に会ったり、作品や商品などに触れたりする前——つまり直接的な接触を図る前——におこなう「前取材（まえ）」だ。

これは取材相手に関する資料を読み込んだり、その業界について調べてみたり、インタビューの流れを考えていったり、といった事前の下調べである。ときおり「余計な先入観を持たないよう、あえて事前の下調べはしない」と語るライターがいるが、それは対談者の態度ではあっても、取材者の態度ではない。われわれは対談をしに行くのではなく、取材をしに行くのだ。「わたしとあなた」が向き合う対談と違って、取材に臨むライターはその背中に読者を背負っている。ライターは「わたし」でありながら、読者代表の「わたしたち」でもあるのだ。「わたし」ひとりの不勉強によって、読者の知る機会を奪ってはならない。無知（からっぽ）であることと、不勉強であることは違うのである。

ふたつめが、インタビューをはじめとする「本取材（ほん）」だ。

対面してのインタビューはもちろんのこと、講演を聴講したり、記者会見やトークイベントに参加するのも、本取材だ。また、直接誰かに接しない本取材もある。書評のために本を読むこと、映画評のために試写会へと足を運ぶこと、新製品のレビュー記事を書くために該当製品を使ってみることなども、本取材にあたる。取材の本丸と言ってもいい。

このときイメージしたいのは「バトン」だ。

取材する相手は、リレー走の第一走者。あなたはその人からバトンを受けとり、前を向いて全力で走り、最終走者である読者へとそれをつなぐ。残念ながら最終走者（読者）は、第一走者に会うことがかなわない。直接バトンを受けとることができない。第一走者と最終走者のあいだには、かならず中継走者としてのあなたがいる。「本取材」とは、ライターだけに与えられた第一走者との接点であり、バトンを受けとる最初で最後の機会だ。バトン（メッセージ）を落とすようなことは、あってはならない。

そして最後にくるのが「後取材（あと）」である。

インタビューならインタビューを終えたあと、その場では理解できなかったことを追加で調べる。そして自分のなかで「わかった」と思えるまで、考える。構成を練ったり、原稿を書こうとして浮かんできた疑問を、また調べる。自分なりの「わかった」に至るまで、ひたすら調べて、ひたすら考える。その自問自答が「後取材」だ。

もちろん実際に原稿を書きはじめてからも、調べものは出てくるし、考えることは増えていく。少なくとも執筆中のぼくは、ずっと調べ、ずっと考えている。「書くこと」のなかには、調べることと考えること、みずからに問いかけることが溶け込んでいる。

しかし、書くことと一体化しているからこそ「後取材」は、単体で語られる機会が少ない。結果、その重要性も見過ごされがちになっている。

いったい「後取材」とはなにか。

なんのために、それが必要なのか。

インタビューが終わったあと、最初にやるべきことはなにか。

――これらの問いに対する答えは、おそらく次のひと言に集約される。

すなわち、「わからないことを洗い出す」だ。

どういうことなのか、一緒に見ていこう。

わかりにくい文章が生まれる理由

ライターは、「自分のあたまでわかったこと」しか書いてはいけない。

これは、どんなに声をおおきくして訴えても足りないくらいに大切な、基本原則(プリンシプル)だ。

世のなかには、たくさんの「わかりにくい文章」がある。

書くことを生業(なりわい)とし、一定の技術を持っているはずのライターが書いているにもかかわらず、わかりにくい。ことばは十分尽くされ、専門用語やレトリックも使いこなせているのに、けっきょくなにを言いたいのかわからない。筆が乗ったときにはおもしろい文章を書ける人なのに、乗らないときの原稿はどうにもわかりづらい。周囲を見回すだけでも、思い当たる人や文章はたくさんあるはずだ。いったいなぜ、こんなことが起きてしまうのだろうか？

結論から言おう。

わかりにくい文章とは、書き手自身が「わかっていない」文章なのだ。

テクニックの問題ではない。語られている内容のむずかしさも関係ない。わからないことを、わからないままに書いたから、わかりにくい文章になっている。取材者（ライター）の文章にかぎって言えば、それだけの話だ。


たとえば、「わたしの好きな映画」をテーマにしたインタビューがあったとする。無類（むるい）の映画通として有名な俳優さんに、生涯のベスト3を挙げてもらったとする。さすがにマニアックなセレクトで、3本とも知らない映画だったとする。取材が終わったあと、映画のタイトルで検索をかける。ウィキペディアあたりで、監督、主演、あらすじなどを調べていく。それらを踏まえたうえで、俳優さんのことばをまとめた原稿をつくっていく。


おそらくその原稿は、つかみどころのない、わかりにくいものになるだろう。どんな映画なのか、わかっていないままに書いたからだ。自分の目で観ることもしないで、自分の理解以上のことを、伝聞のままに書いたからだ。

まっとうなライターだったら、挙げてもらった3作品を観ることはもちろん、各監督の他作品も観るだろう。たとえ過去に観たことのある映画だったとしても、もう一度観なおすだろう。取材の目をもって観なおせば、かならず発見がある。インタビューのなかで聞いたことばが、より立体的に浮かび上がってくる

ぼくの場合はこれに加え、監督や俳優の評伝などにも目を通す。手に入るのなら、公開当時の映画雑誌も取り寄せる。その当時どんな映画が人気を博し、映画界にどんな流れが生まれていたのか理解につとめる。それだけ考えればきっと、「この3作品を選んだということは、この俳優さんは、こんな人生観、こんな家族観、こんな職業観を持っているんじゃないか」といった仮説だって浮かんでくるだろう。仮説があれば、相手を別の角度から眺め、語られたことばを別の視点から読み返すことができるだろう。読み返せばまた、あらたな発見があるだろう。

これはしばしば誤解されるところなのだが、「わかりやすい文章」とは、「レベルを落として書かれた文章」を指すのではない。

書き手自身が、わかっている。対象をわかったうえで、書いている。対象をとらえるレンズに、いっさいの曇りがない。「わかりやすい文章」とは、そうした「曇りのない文章」のことを指すのだ。

だとすれば、「後取材」の重要性も理解できるだろう。

ぼくも、あなたも、まわりにいる大勢の人も、あきれるほど多くのことを知っている。たとえば第一次世界大戦。たとえば千利休。たとえばリオのカーニバル。あるいはエルビス・プレスリー。ぼくはどれも知っているし、あなたもきっと知っている。簡単な解説を添えて語ることだって、できるかもしれない。

では、これらを「わかっている」と明言できる人が、どれだけいるだろうか。

少なくとも、ぼくにはできない。それぞれについてぼくは、自分のあたまを使って考えたことがない。深く調べ、深く考え、そこから自分なりの結論を導き出したおぼえが一度もない。与えられた情報を無批判にインプットしただけ、つまりは「知っている」だけなのだ。知識としては知っていながら、わかっていないのだ。

じつは取材も、まったく同じである。

取材を通じてライターは、たくさんの情報をインプットしていく。資料を読み、足を運んで、話に耳を傾け、問いをぶつける。からっぽだった「わたし」という容器が、あたらしい情報で満たされていく。

しかし、その情報のほとんどは「知っている」範疇だと思ったほうがいい。自分のあたまで考えきれておらず、わかりきれていない。もっと調べて、もっと考えていかないと、ことばにできない。文章から「曇り」がとれてくれないのだ。

じゃあ、なにをどう考えていけばいいのか。

そもそも「考える」とは、どういう行為なのか。

抽象的で、おおきな議論になってきた。大事なところだ、このまま続けよう。

自分のことばで考える

「自分のあたまで考えろ」

これは、ビジネスシーンから教育現場、さらにはクリエイティブの最前線まで、さまざまな場所で語られるアドバイスだ。与えられた情報を鵜呑(うの)みにせず、常識に縛られず、マスメディアに流されることなく、検索エンジンに頼りすぎることもなく、自分のあたまで考える。おそらく、そういう意味で使われているアドバイスである。

しかし、だ。

なにかを考えるときのわれわれは、かならず「自分のあたま」を使っている。おへそや足の裏で考える人はおらず、考えている場所は、かならず自分のあたまだ。

さらに人は、「他人のあたま」で考えることもできない。他人のあたまを拝借して、遠隔操作でなにかを考えてもらったり、そこで出された答えを自分のあたまに転送してもらったりできるとすれば、それは荒唐無稽なSF小説の住人である。

結果、「自分のあたまで考えろ」のアドバイスには、わかったようなわからないような、モヤモヤがつきまとう。なにをどうすれば自分のあたまで考えたと言えるのか、「自分のあたまで考える」ことと、「ふつうに考える」ことはどう違うのか、判然としないのだ。

そこでぼくは、こう言い換えることにしている。

自分のあたまで考えるとは、「自分のことば」で考えることだ。

われわれは、他人のことばで考え、借りもののことばで考えているかぎり、ほんとうの理解には近づけない。考えているつもりでいても、空回りに終わってしまう。

たとえば、イノベーションということば。

さすがにもう、一般名詞だ。翻訳しなくても、おおよその意味はわかる。世間的には「技術革新」や「刷新」、「新機軸」などのことばで訳されている。しかし、ぼくの感じている「イノベーション」と、「技術革新」という四文字のあいだには、かなりの隔たりがある。イノベーションということばには、もっと別のニュアンスまで含まれているような気がする。

言うならば、常識をひっくり返すようなもの。しかもそれによって、社会全体を前に推し進めるようなもの。もう一段上の、別のステージへと押し上げるようなもの。ひとつの出来事に終わらず、そこから無限の可能性をつくり出すようなもの。革新というよりも、革命に近いもの。イノベーションのひと言に含まれるこれらのイメージを、どんなことばで言い表せば、もっとも腑に落ちるのだろう。

考えに考えた結果、将棋の「と金」を思い出したとする。

それまで一歩ずつの直進しかできなかった「歩兵」の駒が、敵陣三段目に入った途端、身をひるがえして「と金」に成る。金将と同じ強さを備え、形勢が一気に逆転する。あれこそが、自分の考えるイノベーションの姿だと思い至ったとする。

人に「イノベーションとはなにか?」と問われて「技術革新だ」と答えても、それは他人のことばだ。自分の考えがひとつも含まれない、インプットしただけの知識だ。

他方、「イノベーションとは、『と金』の創出である」と答えることができれば、それは自分のことばだ。自分のあたまで考えたことだと言える。無論、「と金」が正解とはかぎらない。もっと的確な表現があるのかもしれず、「技術革新」のほうがふさわしいのかもしれない。それでも自分のことばを使い、自分のあたまを使って考え、ジャッジした答えであることは確かだ。「自分のあたまで考える」とは、対象を「自分のことば」でつかまえる格闘なのである。

取材とは、「読む」や「聴く」で終わるものではない。

そこで仕入れたさまざまな情報を、自分のあたま（ことば）で考え尽くす。職場、寝室、トイレ、移動中の電車、その他のあらゆる場所で考え抜く。そうして対象の「曇り」を拭い去っていくところまで含めて、取材なのである。

自由の範囲を拡張するために

「後取材」にあたってぼくは、かなり大量の資料に目を通していく。

本、新聞、雑誌、ウェブサイト、ソーシャルメディア、ＣＤやＤＶＤなど、その種類はさまざまだ。少しでも理解の助けになりそうなものがあれば、片っ端から入手する。１冊の本を書き上げるのに――新聞や雑誌を除いて――１００冊以上の本に目を通すこともめずらしくない。

いったいなぜ、それだけたくさんの資料を読み込んでいくのか。

たとえば、ある経営者の本を書くにあたって、50冊の資料を読む。

当然50冊ぶんの情報を、すべて原稿に詰め込むことはできない。なかには重複する話も多いだろうし、あの本とこの本とで矛盾する記述もあるだろう。読むに堪えないような本、買って損したとしか思えない本だって、何冊もある。50冊のうち、ほんとうに参考となる本――巻末に参考文献として記載すべき本――は、4~5冊もあれば御の字かもしれない。

それでも資料は、10冊読んで終わるよりも、50冊読んだほうがいい。50冊よりも、１００冊読んだほうがいい。たとえ経営者本人に、すばらしいインタビュー（本取材）ができていたとしても、である。

もし1冊の資料も読まずに書きはじめたなら、原稿には「聴いたこと」しか書けない。せいぜいことばを揃え、いらない小骨を抜き、話の順番を整理整頓する程度だ。

しかし、50冊の資料を読んでいれば、「聴いたこと」が自由に動き出す。

それがどんな文脈で語られたことばなのか。そのエピソードの歴史的、文化的、社会的な背景にはなにがあるのか。企業経営の世界において、それはどれくらい斬新な（または凡庸な）発言なのか。ほかの経営者や経営学者たちはこれからの経営をどう語り、経営学のメインストリームは現在どこにあるのか。あの発言は、ちゃんと裏の取れている話なのか。誇張であったり、記憶違いである可能性はないのか。その他のさまざまを踏まえたうえで、「聴いたこと」を文章にしていけるのだ。

もっと具体的に語ろう。仮にインタビューのなかで、「経営でいちばん大切なのは『利他（りた）』の精神なんです」ということばが出てきたとする。それが、コンテンツ全体を包括（ほうかつ）する大切なキーワードだったとする。

ここで「利他」ということばについて、何冊もの資料にあたる。直接「利他」を説いた本はもちろんのこと、たとえばブッダの慈悲や、キリストの隣人愛を紹介した本。あるいは「ノブレス・オブリージュ」の精神やその由来を解説した本。贈与や交換を論じた、社会学の専門書。シェアリング・エコノミーの現在を論じた本。取材中に突き当たった最大のキーワード「利他」について、できうるかぎりの理解を深めていく。

原稿の中核をなすのは、やはり「聴いたこと」だ。「経営でいちばん大切なのは『利他』の精神なんです」のひと言だ。

しかし、周辺知識が増えれば増えるほど、「ここまでは、言える」の範囲が広がり、その境界線が明らかになる。逆にいうと「ここからは、言えない」や「これはもう、ほかの本にも書かれている」の境界線もわかってくる。そして「言えること」については堂々と、自由に、自信を持って書けるようになる。同じ「聴いたこと」を書くにしても、ことばの強度が違ってくるのだ。

ぼくはたくさんの資料にあたるとき、架空の牧場をイメージする。ちいさな牧場のなかで、何頭かの羊が身を寄せ合うようにして、草を食んでいる。資料を10冊読めば、牧場が10冊ぶん広くなる。50冊読めば、50冊ぶん広くなる。１００冊読めば、１００冊ぶん広くなり、もはや大牧場になる。羊の頭数（聴いたことの内実）は変わらない。しかし、知れば知るほど、読めば読むほど牧場が拡張し、羊たちの活動範囲が広がっていくのだ。羊たちが、つまりはことばが、自由にダンスしはじめるのだ。

ことばの自由を手に入れ、ことばの強度を高めていくために、できうるかぎりの資料に目を通そう。

その人固有の文体をつかむ

インタビューを基につくられた原稿を読んでいて、違和感をおぼえることがある。とくに対談原稿に顕著なのだが、語り合っているふたりの口調、語尾、リズムなどがほとんど同じで、流し読みしているとそれがAさんとBさんどちらの発言だか、わからなくなる原稿だ。おそらくはきれいに、教科書的に、フラットで間違いのない日本語に正して書いていった結果、そうなっているのだろう。しかし、せっかく取材や対談に応じてもらったにもかかわらず、その人の個性を消してしまった、きわめて匿名的な文章に落ち着いている。

こうした文章のことを、ぼくは「声が聞こえない文章」と呼んでいる。

比喩として、そう呼んでいるのではない。

文章における「声」とは、文体だ。声が聞こえない文章には、その人固有の文体（声）が備わっておらず、人格が備わっていない。だから匿名的で、無味無臭の、のっぺらぼうな原稿になっている。声が聞こえない文章からは、「情報」を読み取ることはできても、「人」を読み取ることができない。「人」が読みとれない原稿には、どうしても入り込むことができない。

それではどうすれば、原稿に「声」を吹き込むことができるのか。

自分とは違う他者の文体（声）を、どのようにつかみとればいいのか。

①「なにが語られたか」より大切な「どう語られたか」

インタビューするときのライターは、よほどの事情がないかぎり、レコーダーを回している。語られたことばを録音し、持ち帰るためだ。レコーダーがあれば、ことばを保存することができる。あとから聴き返し、現場でなにが語られたのか確かめ、ことばの真意を読み解いていくことができる。

しかし、取材の現場そのものが保存可能だと思ったら大間違いだ。現場にあふれる情報は「ことば」だけではない。

たとえば、その人の表情、視線、しぐさ。腕組みしたり、足を組み替えたりする頻度。さらにはその人のファッション。どんな服を着て、どんな靴を履き、どんな柄（がら）のネクタイを締め、どんなアクセサリーをつけているのか。あるいは使っている文房具、身につけている腕時計、爪の長さ。これらもまた、現場でしか得られない貴重な情報だ。むしろ、そうした非言語（ノンバーバル）的な情報にこそ、「その人」があらわれることも多い。

だから取材者は「なにが語られたか」と同じくらい、あるいはそれ以上の真剣さで、「どう語られたか」に意識を振り向けなければならない。なんといってもこれは、機械に頼ることのできない、録音することのかなわない情報なのだ。

緊張しても、目を逸（そ）らしてはいけない。メモをとるばかりに追われず、しっかりと相手を見る。表情を目に焼きつけ、身振り手振りにも意識を向ける。その際、写真の力を借りてもいい。インタビューの現場にカメラマンが同席していたなら、カメラマンに頼んで、あらかじめ何枚かの写真を送ってもらおう。そしてプリントアウトした顔写真を机の上に飾るなどして、その人の顔を見ながら原稿を書くのだ。「この人が、この顔で、語っているんだ」と意識しながら書くのだ。ちいさなことのようだが、これだけでかなり「声＝文体」の再現につながる。

取材した相手の、服装を思い出せるか。髪型はどうだったか。テーブルに置かれていたのは、水か、お茶か、コーヒーか。その人はしゃべるとき、どこを触る癖があるのか。これらを忘れてしまっているようでは、「どう語られたか」の記憶もあいまいだろう。取材とは、耳だけではなく、目も使っておこなうものなのである。

② 音源はかならず自分で起こす

録音された取材音源を、文字に起こす。一般に「文字起こし」や「テープ起こし」と呼ばれる作業だ（正式には「音声反訳（はんやく）」という）。かつての新聞社や雑誌社では、取材の勉強と称して新入社員に任されることも多かった作業だが、最近では専門の業者に外注することが一般的になっている。

しかし、音源はぜったいに自分で起こしたほうがいい。少なくとも、音源を自分の耳で聴き返すことは、したほうがいい。理由はおおきく、ふたつ挙げられる。

まずひとつ。

音源には、テキスト化しえない情報がたくさん詰まっている。たとえば、声色（こわいろ）、語調、質問を受けてから語りはじめるまでの間（ま）。どこで早口になり、どこをゆっくり語ったのか。どんな質問に対して、言い淀んだのか。ほかの誰かが起こしてくれたテキストを読んでも、これらはほとんど読みとれない。自分で書き起こすか、何度も音源を聴き返すかによってつかんでいく以外にない情報だ。「声」にはかならず、感情が表出する。「声」を聴かずして感情を理解するのは、至難の業だと考えよう。

そしてもうひとつ。

音源を聴き返しているあいだ、ぼくは赤の他人として、取材現場に同席している。聴き手をつとめる自分の背後から、取材の様子を見守っているようなイメージだ。そして聴いているとかならず、「ああ、ここでこの質問をすればいいのに！」とか、「いまのことば、スルーしちゃだめだろ！　もっと深掘りできる話じゃないか！」とツッコミを入れたくなる。

ここはまさに、インタビュー中の自分が訊きそびれてしまった「読者が知りたいところ」である。訊けなかったことはもう、仕方がない。周辺情報を入念に調べ、考え、自分なりの解を出していこう。そして次回、誰かに取材するときには、そういう部分を訊き逃さない自分になろう。

③目を閉じてその人の声が聞こえるか

ここであなたの知人・友人、仕事仲間を思い浮かべてほしい。毎日のように会っている人、何年も会えていない人、かろうじて名前だけは憶えている人、ぼんやりした印象だけで顔も名前も思い出せない人。

ぼくは、それぞれの人たちとの心的距離を測るモノサシとして、「声の記憶」を大切にしている。その人の声を、思い出すことができるか。顔や名前や肩書きだけではなく、肉声を思い出すことができるか。たとえば、中学を卒業して以来会えていない押井君について、ぼくはその声を克明に憶えている。つまり彼はぼくのなかで、いまも大切な友だちなのだろう。逆に言うと、何度も会って、先月にも会ったばかりなのに、その声をうまく思い出せない人もいる。知り合いではあっても残念ながら、こころの距離が遠いのだ。

取材相手も同じである。しっかり音源を聴き込んで、その声をあたまに焼きつけよう。目を閉じればいつでもその人の声が耳元に聞こえてくるくらい、音源に触れよう。もちろんこれは、口調や口ぐせまで含んだ話だ。そして原稿を書くときには、あたまのなかで「再生」ボタンを押し、その人の声を聴きながら思いを巡らすのである。声の記憶は原稿に、文体の再現にきっと役立ってくれる。

以上の要素を押さえていけば、「声の聞こえる文章」に近づいていけるはずだ。声の再現は、テクニックよりも「その声に触れた回数」にかかっている。取材の音源を粗末に扱うライターは多いが、こんなに大切な宝の山はないとぼくは思っている。

憑依型の執筆はありえるのか

ぼくは「憑依型」のライターと呼ばれることが多い。

イタコのように、まるでその人（取材相手）がのりうつったかのように書く、という意味だろう。ありがたい評価だとよろこぶべきかもしれないが、当然ながらぼくにそのような特殊能力はない。誰かを憑依させようなんて、考えたこともない（ちなみに言うと、ぼくは心霊現象全般を怖く思う人間である）。

ぼくはただ、「その人固有の文体」を読み解き、再現しているだけだ。憑依させる（その人を「降ろして」くる）のではなく、その人の脳内に自分が飛び込んでいく感覚に近い。受動ではなく、能動なのである。

ここで参考にしたいのは、ものまねタレントの姿だ。

ものまねは非常に興味深い芸で、ただ誰かをコピーすれば成立するわけではない（完ぺきなコピーで終わるものまねは、感心はするものの、感動や爆笑には至らないものだ）。すぐれたものまねタレントたちは、「いかにもその人が言いそうなこと」「いかにもその人がやりそうなこと」を演じてみせる。つまり、声や表情をコピーするだけではなく、性格や思考、さらには行動原理までも汲み取り、（芸として誇張しつつも）再現しているのだ。

ライターも同じである。語られたことばをそのまま再現するだけではなく、「このとき、この人なら、どんなロジックに基づいて、どのようなことばを発するか」を考える。川のなかから金の斧と銀の斧を持った神さまが出てきたとき、この人ならなんと言って、どちらの斧を選ぶのか。この人にとっての真・善・美とはなにか。世情のなにに興味をもち、なにに興味をもっていないのか。仕事において、人生において、なにを行動原理としているのか――。文章を模倣するのではなく、人柄を、価値観を、思考とその道筋を見定め、「この人ならきっと、こうするはずだ」「この人ならきっと、こう言うはずだ」と思えるところまで理解を深めていく。それが結果的に、その人固有の文体をつかむことにつながると、ぼくは思っている。

憑依型のライティングなんてありえない。そして言葉尻を真似ることが文体の再現ではない。文体とはことばではなく、その人の人格を含めた「すべて」だ。それを取材のなかで読み解いていくのである。

最後に残された取材相手とは

デビュー作には、その作家のすべてが詰まっている。

これは、文学（とくに純文学）の世界でしばしば語られることばだ。デビュー作には、作家の「いちばん書きたかったこと」が凝縮されている。たとえ技術的に稚拙（ちせつ）なところがあったとしても、その初期衝動はデビュー作のなかに結実している。おそらく、そういう理解で語られていることばだろう。

しかしぼくは、別の観点から考えてみたい。

デビュー前の作家には、執筆を依頼する編集者がついていない。つまり、ほかの誰かから「こういう題材で書いてみませんか？」と提案される環境にない。みずからの興味関心に従って、みずからの経験のなかからテーマを選び、物語を書いていく。それゆえ、多くのデビュー作はほとんど「取材」しないまま、書かれる。あえて取材対象を挙げるなら、それは過去の自分であり、あのときの経験であり、そこで見た風景だ。

そうやって自分自身を取材するようにして綴（つづ）られたデビュー作には当然、「わたし」が色濃く反映される。舞台設定から登場人物まで、自伝的要素が盛り込まれることも多くなる。２作目以降の、なんらかの取材をともなった作品とのあいだにおおきな差が生まれるのは、きわめて自然なことだろう。

さて、この「自分自身に取材する」という発想は、いかにも作家的な、自分という井戸の底に降りていくような、純文学的行為に映るはずだ。しかしこれは、取材者たるライターにこそ、必要なステップなのである。

ここでもう一度、ライターの存在意義について考えよう。

ライターはなにも持ち合わせていないからっぽの存在だと、ぼくは言った。からっぽな人間だからこそ、入念に取材を重ね、返事を書くようにコンテンツをつくっていく。つまりは「取材者」であることこそが、ライターの本質だとくり返し説明してきた。

しかし、ライターは水源と読者をつなぐ水道管ではない。

ただの空洞（水道管）ではなく、水源で得られた水を、「わたし」というフィルターを通して読者に届けるのが、ライターだ。たとえ水源が同じであっても、「わたし」の書く原稿と、ほかの誰かの書く原稿とでは、できあがるものがまったく違っている。それは技術の違いである以前に、フィルターの違いだ。

取材のなかで「わたし」はなにを感じ、なにを思い、そこからなにを考えたのか。なにをおもしろいと思い、なにをノイズだと判断したのか。本を読むとき、人によって付箋（ふせん）を貼る場所が違うように、主体としての「わたし」が違えば、つくられる原稿の姿も変わってくるのである。

それゆえライターは原稿を書くにあたって、もうひとりのキーパーソンに取材しなければならない。つまり、取材を終えた「わたし」にマイクを向けるのだ。「それで今回の取材、あなたはどう思ったんですか？」と。


「今回の取材、どうだった？」

「なぜ、そう思ったの？」

「具体的には？」

「ほかにおもしろかったところは？」

「どうして、それをおもしろく感じたんだろう？」

「いちばん印象に残ったことばはなに？」

「それって、別のことばに言い換えるとしたら、なんになる？」

「取材前と取材後で、印象はどう変わった？　それとも変わらなかった？」

「どうしてそんな先入観があったんだろう？」

「まだ腑に落ちていない話があるとしたら、それはどこ？」

「もう一度会えるとしたら、なにを訊きたい？」

「自分と一緒だな、と思ったところはある？」
「どうしても伝えたいことは、なに？」

問いかけることばは、さしあたってなんでもいい。本取材が終わったら、自分に向けてありったけの質問をぶつけていこう。記憶が薄れないうちに、マイクをぐいぐい押しつけて、無理やりにでも語らせよう。あたまのなかで語らせてもかまわないし、出てきた答えをメモしていくのでもかまわない。

自分に問いをぶつけ、自分に答える。それが自問自答だ。つまり、自問自答の本質は「ひとりインタビュー」であり、「わたしへの取材」なのだ。

自分のことばで考える。

自分自身に、取材する。

後取材において大切なのは、自分だ。原稿とは、顔の見えないライターが書くものではない。意思を持ち、感情を持ち、自分のことばを持った「わたし」が書くものなのである。

理解と感情の4ステップを追う

そもそもライターとは、無口な人間である。

中学生のころからずっと、ぼくは映画監督になりたかった。大学時代には、その夢に小説家が加わった。そして自主制作映画を撮り、習作（しゅうさく）レベルの小説を何本か書いたあと、自分が映画と小説、いずれの道にも向いていないことを悟った。

ひと言でいってぼくは「ほんとうに言いたいことなど、なにもない」人間だったのだ。声を大にして言いたいこと、つくりあげたい世界、描きたい瞬間、世に問いたいテーマなどを、なにも持っていなかった。映画や小説の形式をなぞることはできても、中身がなにも伴っていない。これは実際に書いて（撮って）みてわかった、大発見だった。

そして現在、ぼくの周辺にいる幾人かの優秀なライターたちも、口を揃えて「ほんとうに言いたいことなど、なにもない」と語る。なにかを書くことは、好きかもしれない。しかし、自己表現欲や創作欲、自己顕示欲らしきものはほとんど持ち合わせていない。一流のライターであるほど、その傾向が強い。

それではなぜ、ライターは書くのか。

取材である。「言いたいこと」を持たなかったはずのライターは、取材を通じて「どうしても伝えたいこと」を手にしてしまう。あの人に、届けたい。5年前の自分に、10年前の自分に、教えてあげたい。ひとりでも多くの人たちとシェアしたい。みんなでうなずき、みんなで驚き、みんなで語り合いたい。そんな欲求に駆られ、ライターたちは原稿に向かう。言いたいことなど、なにもない。ただ伝えたいのだし、みずからの感動をシェアしたいだけなのだ。

だからこそぼくは、ライターを「取材者」と呼んでいる。ライターは、みずから光り輝く恒星ではない。恒星への取材を経てようやく「書く人＝writer」になる、惑星のような存在なのだ。

取材を終えたあなたはいま、どれくらいの「伝えたい！」を抱えているのだろうか？

どうすればそれを伝えきれるのだろうか？

あなたの「伝えたいこと」と、読者の「知りたいこと」は、一致するのだろうか？

そもそもあなたは、対象の核心をつかみきれているのだろうか？

原稿に臨む前、取材を振り返ってぼくは、自分の感情の流れを丹念に追っていく。対象についてなにも知らなかった自分が、そこに飛びつき、「伝えたい！」と思うまでに至った、理解と感情のステップを追っていくのだ。具体的には、次の4項目である。

①「おもしろそう!」……動機

取材をはじめる前、その対象についてなにも知らないながらもあなたは、「おもしろそう」と思ったはずだ。たとえ編集者からオファーされてはじまった企画であっても、「おもしろそう」と思ったから引き受け、取材に出たはずだ。人なのか、事業なのか、思想なのか、プロダクトなのか、研究や学説なのか、あるいは組織なのか。自分がなにに対して「おもしろそう」と感じたのか、その対象を思い返そう。

さらにここから、「おもしろそう」と思った理由を、考えていこう。ぜひとも会ってみたい人だったのかもしれないし、個人的な関心分野だったのかもしれない。最近話題のキーワードで、勉強するいい機会だと思ったのかもしれない。仕事人としての自分、趣味人としての自分、生活者としての自分、食いしんぼうな自分、あたらしいもの好きの自分。いったいどの自分が「おもしろそう」と思ったのか、思い返そう。これは届けるべき読者像を考える際、おおきなヒントになる要素だ。

②「知らなかった!」……驚き

取材がはじまるとライターは、かならず「知らなかったこと」に遭遇する。
こんな人がいたのか。こんな考え方があるのか。こんな研究データが出ているのか。こんな史実があったのか。あの国には、この都市には、こんな制度があるのか。最新の医療技術は、こんなところまで進んでいるのか。てっきりAだと思っていたけれど、ほんとうはBだったのか。

あなたが「知らなかったこと」は、多くの読者にとっても「知らないこと」である可能性が高い。少なくとも、「周知の事実」としてそれを語ると、なにも伝わらないと考えたほうがいい。取材をはじめる前、自分はどこまでを知っていて、どこから先を知らなかったのか。どこまでが一般常識で、どこから先が専門領域なのか。冷静に考え、冷静に思い出そう。

そしてまた、「知らなかったこと」との遭遇には、驚きがともなう。

その驚きの強度（感情の振れ幅）を、忘れないようにしよう。あなたが驚いた情報は、読者にとっても驚きをもたらすものになるだろう。なんでも知っていて、なにに対しても驚かない専門家の書いた文章は、読者のこころに寄り添いにくい。浅学非才で、からっぽのライターだからこそ、おおいに驚き、おおいに感動することができるのだ。さらにその感動が、読者にも伝わっていくのだ。わかったような顔をせず、醒めた——あるいは舐めた——取材者にならず、いつでも驚くことのできる自分をキープしよう。

③「わかった！」……理解

インタビューを終え、音源を聴き返し、追加の資料を調べ、深く考えていく。すると、どこかの段階で「わかった！」と思える瞬間が訪れる。この人の言っていることが、やっとわかった。インタビュー中には理解できなかったことばの意味が、ようやく理解できた。この資料に出会ったおかげで、わかった。あの人のことばをきっかけに、わかった。

わかった瞬間には、目の前が急に開けたような、数学の図形問題が解けたときのような、えも言われぬ快感がある。そして数学の図形問題と同じく、一度解けてしまえばもう、「なぜ、あのときわからなかったのか」がわからない。問題用紙を前に悶々と思い悩んでいた自分が、遠い他人のように感じられてしまう。

自分はなぜ、わからなかったのか。自分はどうして、わかったのか。わからなかった自分は、どこでつまずいていたのか。どんな誤解や先入観のおかげで、回り道をしたのか。いつ、どんな扉を開け、何段くらいの階段をのぼって、どんなふうに理解へとたどり着いたのか。途中、どんな道しるべがあれば助かったのか。あのとき、どんなことばで説明してほしかったのか。

自分なりの理解に至った道筋を丹念にたどり、地図をつくるようにその道を再現しよう。「自分のような浅学非才の人間でさえ、この道を歩けば理解できる」。そう思える道（ロジック）をつくることができれば、きっと読者も同じように理解してくれるはずだ。

④「もったいない！」……衝動

対象について一定の理解が得られたからといって、そのまま原稿に取りかかるのは気が早い。対象を好きになり、対象への理解が深まるほどあなたは、もどかしさをおぼえるはずだ。こんなにすばらしい人が、ほとんど誰にも知られていない。こんなにすばらしい活動が、誤解のなかで過小評価されている。こんなにすばらしい思想が、傍流（ぼうりゅう）に追いやられている。こんなにすばらしいプロダクトに、粗悪品が出回っている。

もどかしさの正体をひと言であらわすなら、「もったいない！」だ。

その人は、組織は、お店は、活動は、いったいなにが「もったいない！」のか。なにが足りなくて、なにが過剰で、なにを理由に誤解を受けているのか。自分ならどうやって誤解を解き、どうやって真意を伝えていくのか。

長い取材を通じて見つけた「もったいない！」にこそ、コンテンツの核心があるのだと考えよう。そして「もったいない！」の衝動があるからこそ、雄弁（ゆうべん）になり、気持ちのこもった原稿が書けるのだ。

いい取材は、「動機」にはじまり、「驚き」があり、「理解」に至って、やがて「衝動」をもたらす。動機のない原稿、ライター自身が驚いていない原稿、わからないままに書いた原稿、そして衝動に乏しい原稿、これらはすべてコンテンツの強度を欠いている。動機・驚き・理解・衝動までのストーリーラインをすべて読者と共有できたとき、そのコンテンツは抜群におもしろいものとなるのだ。

最良の反対意見を探す

取材者（ライター）はある意味、「好きになる仕事」だ。

対象にひたすら寄り添い、ひたすら好きになっていく。先に述べたことばをくり返すなら、「世界中を敵に回してでも、わたしだけはあなたの味方につく」を前提としている人間が、ライターだ。そこまで好きになるからこそ、「もったいない！」の思いだって出てくる。

しかし、恋愛を思い出してもらえばわかるように、「好き」には危うさがともなう。対象のことを好きになりすぎるあまり、周囲が見えなくなってしまうのだ。「好き」が先走った結果、ひとりよがりなコンテンツになる可能性も出てくる。

具体的に語ろう。

対象を好きになりすぎると、自説に都合のいい資料ばかり集めがちになる。「自分と同じ立場の意見」や「自分を援護射撃してくれる意見」には真摯に耳を傾け、おおいに頷き、よりよいものを探そうとする。あの大学の先生もこう言っている、あの経営者も同じことを言っている、あの偉大な哲学者もこう述べている、もっとほかにも強力な援軍はいないものかと、論拠を探しまくる。

一方、自説に都合の悪い意見はどうだろうか。耳の痛い反論はどうだろうか。

恋愛状態におちいったライターは、これを無視してしまう。しかも困ったことに、敵陣で語られる「いちばん支離滅裂な反対意見」に飛びついてしまう。

つまり、「この考えに反対する人たちはいる」「しかし彼らは、こんなにもデタラメな主張をする、デタラメな人たちだ」「ゆえに聞く耳など持たなくていいのだ」として、すべての反論を「デタラメな暴論」に押し込めてしまう。もっと鋭く、もっと的確で核心を突いた、理路整然とした反対意見を探そうとする人は、なかなかいない。一般に「チェリー・ピッキング」と呼ばれる誤謬だ。

対象を好きになりすぎることは、まったくかまわない。寝ても覚めてもその人のことを思うようになってこそ、取材者だ。

しかし、対象のことが大好きだからこそ、「最良の反対意見」を探そう。

こちらがひるんでしまうくらい鋭く、自説を覆(くつがえ)されそうになるくらいにすぐれた、とびきりの反対意見を探そう。自説の落とし穴を、直視しよう。この人を嫌う人たちは、この人のどんな物言いを嫌っているのか。この説に異を唱える人たちは、なにを論拠に「ＮＯ」を突きつけているのか。この人の主張がスタンダードになりえていない背景には、どんな理由があるのか。なにを事例に説明すれば、その誤解を解くことができるのか。

ぼくの言う「わかったうえで、書く」には、反論も含まれている。

どんな批判があり、どんな反論があり、どんな誤解があるのか、わかったうえで書く。対象を深く理解するだけではなく、対象に向けられるまなざしもまた、理解しておかなければならないのだ。

そしてもし、「最良の反対意見」を説き伏(ふ)せる材料を見つけることができたなら、もうなにも心配する必要はない。まさに「わかったうえで、書く」ことができるわけだ。

最良の反対意見とは、真摯に向き合うべき「最良の読者」なのである。

取材という名の知的冒険

ここまで、第一部では「取材」について考えてきた。即効的な「文章の書き方」を期待して手に取った方々からすると、やや意外なはじまりだったかもしれない。各章のポイントを簡単に振り返っておこう。

取材とは、「読むこと」である。

ライターが取材者であるかぎり、その基礎は「読むこと」にある。ライターにとっての世界とは「開かれた本」であり、ライターは日常のすべてを読み、常に「読者としての自分」を鍛えていかなければならない（第1章）。

取材とは、「聴くこと」であり、「訊くこと」である。

聞くこと（hear）と聴くこと（listen）、そして訊くこと（ask）は、まったく異なる。受動的に「聞く」のではなく、能動的な「聴く」取材者になり、相手への敬意を忘れない「訊く」取材者になろう（第2章）。

取材とは、「調べること」であり、「考えること」である。

ライターは、「自分のあたまでわかったこと」しか書いてはいけない。だからこそ対象を「わかった！」と思えるまで、しつこく調べ、しつこく考え抜かなければならない（第3章）。

取材ということばは、どうしても「資料にあたること」や「インタビューすること」に矮小化され、結果的に「素材集め」のように誤解されることが多い。しかし、ここまでの3章を読めばわかるように、ぼくの考える取材はまったく違う。

ライターが原稿を書くとき、ぜったいにやってはならないのが「嘘をつくこと」だ。

黒を白と言うような、あからさまな嘘にかぎった話ではない。対象への理解が甘いまま、ぼんやりと書いたとき。なんとなくの雰囲気で書いたとき。調べることや考えることをサボったままに書いたとき。そこにはかならず「嘘」が混入する。「ごまかし」と言ってもいいし、「詭弁（きべん）」と言ってもかまわない。読者に不誠実な嘘が、入り込んでしまう。

ぼくにとっての取材とは、対象を「知る」ところから出発して、「わかる」にたどり着くまでの、知的冒険だ。

冒険の名が示すように、こんなにスリリングな時間はない。ライターにとって、最大のよろこびである。単純な話、参考資料を1冊追加するごとにダンジョンがひとつ増え、冒険の領域が広がり、対象への理解が深まっていく。そして「わかった！」と思えたときの快感は、他では得がたいものがある。ダンジョンの出口を見つけて地上に抜け出たような、そこに未踏（みとう）の新大陸が広がっていたような快感がある。

取材について述べたこの第一部は、「わかる」にたどり着くための第一部である。

嘘を書かないため、不誠実なごまかしをしないため、そしてわかりにくい文章を書かないため、「わかった！」と思えるところまで調べ、考え続けよう。わかったうえで、書こう。

続く第二部では、いよいよ「執筆」に突入していく。

執筆

第４章
文章の基本構造

第５章
構成をどう考えるか

第６章
原稿のスタイルを知る

第７章
原稿をつくる

不思議なことに文章読本の多くは、国語の教科書というよりもむしろ、即席英会話の参考書に似たスタイルをとっている。つまり、読んで考えるための本ではなく、知識や技術、構文を暗記するための本になっている。たしかにそれで身につくテクニックはあるだろう。しかし、暗記されただけの技術は柔軟性を欠き、応用が利かない。この第二部では、暗記科目的なテクニック集に終始することを避け、ひたすら考えることに集中したい。「書くということ」や「コンテンツをつくるということ」の意味と実際を、考えていきたい。

第4章 文章の基本構造

ライターの機能を考える

文章を書くとは、どういうことか。

文章とは、なにを目的に書かれるものなのか。

書くときにはどこに意識をおいて、どこから書きはじめればいいのか。

——ふつうに考えたら途方に暮れてしまうようなこれらの問いも、「取材者」ということばを入口に考えると、進むべき道も見えてくる。

取材者（ライター）たちはみな、なにかしらの職業的役割を期待され、それぞれの原稿を書いている。その役割は、「機能」と言い換えてもかまわない。ライターはなにを書くことを求められ、なにを書くために存在しているのか。すなわちライターの機能とはなにか。まずはそこから見ていこう（図4）。

①録音機

ひとつめは「録音機」である。

ことばとは、口から放たれた端から消えてなくなる、一陣の風のようなものだ。昨日あなたが誰かと交わしたことばはもう、時間の彼方に吹き流されている。明日の朝にはきっと、記憶のなかからも消えていく。

そんなことばを、そこに込められた思いを、大切な情報を、どうやって残していくのか。この難問をクリアすべく人類は――記憶にとどめやすいよう――詩歌をつくり、文字をつくり、各言語ごとに独自の表記ルールを整え、それを紙や木簡に書き記していった。意外なところでいうと、エジソンの蓄音機だって、その延長線上にあるものだ。彼は音楽を聴くために蓄音機を発明したのではない。音声を記録すること、そして音声の記録された円筒型レコードを手紙のようにやりとりすることを想定して、蓄音機を発明した。

ライターの機能もここにある。

図4　ライターの機能とは

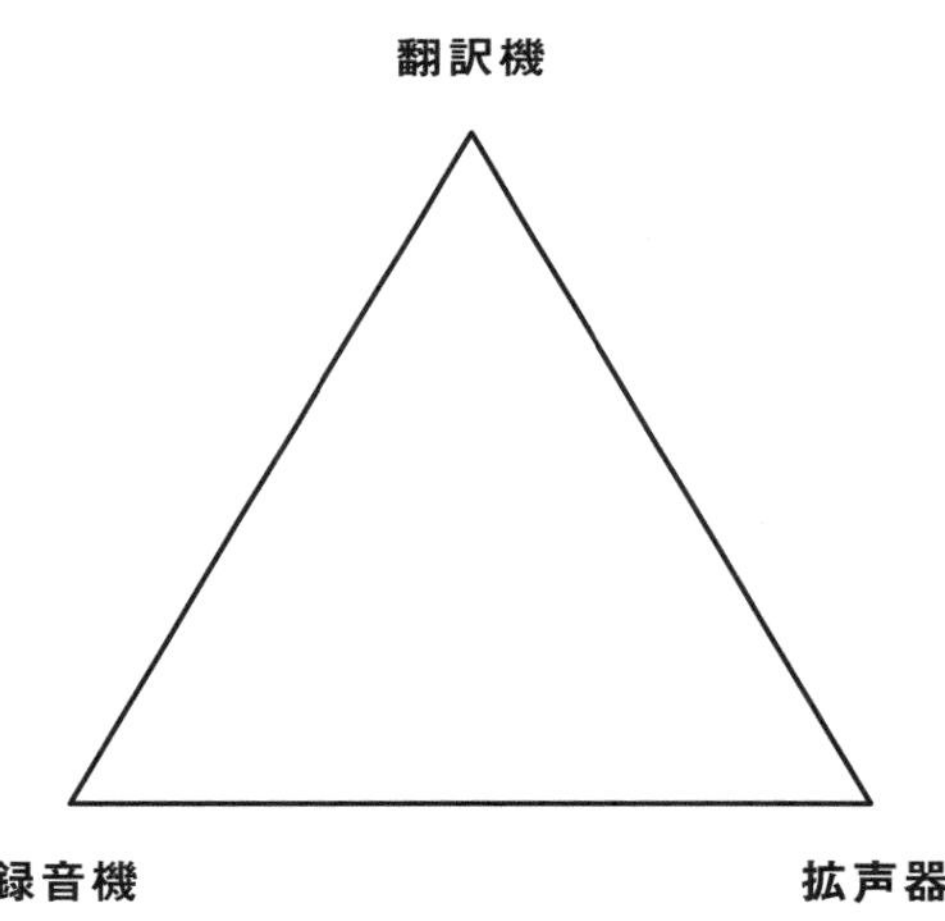

ライターはことばの録音機となり、語りの拡声器となり、
思いの翻訳機となることが求められている

ライターは、語られた声を記録する「録音機」だ。

実際の録音機（レコーダー）のように、ただ「そのまま」を録音するのではない。雑情報を除去し、読みやすく、理解しやすい文章に整えながら、書きとめていく。記録のためというよりむしろ、伝達のために書きとめていく。風に消えゆくことばを文字情報として録音すること。これは、ライターに与えられた大切な役割である。

②拡声器

ふたつめの機能は「拡声器」だ。

世のなかには、声のおおきな人と、声のちいさな人がいる。研究者、経営者、社会活動家、アスリート、政治家、アーティスト、そして市井（しせい）の人びと。それぞれの専門領域ではすばらしい活動を続けながらも、ただ「声がちいさい＝発信力に乏しい」というだけで世間に知られていなかったり、誤解されていたりする人びとがいる。もしも遠くにまで届けられれば、世界を変えるかもしれない大事な声が、そこにとどまっている。

ライターは、そんな声に寄り添う「拡声器」だ。

ちいさな声をアンプに通し、文脈をつくり、表現を磨くことによって音圧を増幅させ、その人の思いやことばをより遠くへと届けていくこと。ちいさな声で語られた、大切なことばを、おおきな声に変換して届けること。それが拡声器としてのライターに与えられた役割だ。

ただし、人工的に増幅された声にはひずみが生じる。場合によっては、聞きとりづらく、本人の声とはかけ離れた、ただの騒音になってしまうことさえあるだろう。拡声器としてのライターは、「より遠くに届けること」と同時に、「できるだけそのままの声を届けること」もまた、意識しなければならない。その人が本来持っている声、その魅力が損なわれてしまうようでは意味がないのだ。

③ 翻訳機

以上のふたつ、録音と拡声という機能を踏まえて考えていけば、もうひとつの答えも見えてくるかもしれない。

ライターが持つ、「翻訳機」としての機能だ。

たとえば、誰かの語った話しことば（音声言語）を、書きことば（文字言語）に変換して記録すること。あるいは、専門家の語るむずかしい話を、より多くの人に伝わるようやさしいことばに置き換えながら伝えていくこと。これらはいずれも、「翻訳」である。

もっといえば、自分のあたまに渦巻く漠（ばく）とした感情に、的確なことばを与えていくこと。自分の思いを、ことばにして誰かに伝えること。これだって立派な「翻訳」だろう。日記であれ、メールであれ、読書感想文であれ、友だちとのおしゃべりであれ、言語化や文章化のプロセスには、すべて「翻訳」のフィルターが介在している。

ライターは、正しさとわかりやすさの両方をかなえる「翻訳機」だ。

正しい翻訳がなければ、語られた声を記録することもできない。そしてわかりやすい翻訳なしでは、ちいさな声を遠くに届けることもできない。

書くこととは翻訳することであり、翻訳はライターの中核機能なのである。

率直に言って今後、職業としてのライターがどのようにその姿を変えていくのか、ぼくはよくわからない。たとえばインターネット誕生の以前と以後で、職業ライターのあり方はおおきく変わった。ソーシャルメディアの誕生以前と以後でも、かなりの変化があった。どちらの変化についてもぼくは、予測できた部分とできなかった部分とがある。おそらく今後も、それに類する大変化が待っているのだろう。

しかし、ライターが持つ「機能」については、これから先も変わらない。

ライターとは録音機であり、拡声器であり、なによりもまず翻訳機である。

この章では、「翻訳」ということばを手がかりに、書くことの基礎を考えていきたい。

書くのではなく、翻訳する

翻訳とは一般に、「ある言語で表現された文章を、別の言語に置き換えること」を意味することばだ。もっと簡単にいえば、「外国語の文章を、日本語の文章に置き換えること」やその逆（和文の英訳など）を指す。

しかしぼくは、もう少し広い意味で「翻訳」の語を使いたい。

たとえば、生まれたばかりの赤ちゃんは、泣くことによって意思を伝達する。おなかが空いたときも、おむつが濡れて気持ちが悪いときも、不安を感じたときも、泣き声によってその気持ちを伝達する。しかしこれでは、あまりにもコミュニケーション効率が悪い。大人たちからすれば、なにをしてほしくて泣いているのかわからないし、おそらくは赤ちゃん本人も泣きながらもどかしいばかりだろう。

やがて赤ちゃんは単語をおぼえ、まとまりを持ったことばをおぼえ、より正確にみずからの意思を伝達できるようになっていく。

コミュニケーション（意思の相互伝達）の文脈で語るなら、これは「ことばをおぼえた」というよりも、「翻訳手段を手に入れた」と考えるほうがふさわしい。自分の気持ちを、泣き声や表情よりも何十倍も正確に伝える――つまりは「翻訳」する――手段を手に入れた。自分の置かれた状況を、分かち合いたい情報を、翻訳する手段を手に入れた。そう考えるほうが、より事実に即している。ことばを使ってコミュニケーションしている時点でもう、われわれは「わたしという人間」の翻訳者なのである。

しかも翻訳は、他者とのコミュニケーションにとどまらない。

こんな場面を想像してみよう。

あなたが狭い歩道を歩いているとき、後ろから自転車のベルが聞こえてきたとする。振り向くと、自転車に乗ったおじさんが、ベルを鳴らしながらこちらに向かって走ってくる。自転車は歩道のまんなかを堂々と走っていて、車道に出る気はなさそうだ。あなたはやむなく道を譲り、自転車を通してやる。おじさんはお礼やお詫びのことばもないまま、さも当然のように歩道を走り去っていく。

想像しただけでも腹の立つシチュエーションだろう。おおきく舌打ちして、腹のなかで「このクソオヤジ！」と罵ってしまうかもしれない。

でも、落ち着いて考えよう。このときあなたは、なにに腹を立てたのだろうか？

怒りの対象は、当然「おじさん」である。

おじさんは、自転車では走行してはいけないはずの歩道を、走ってきた。そしておじさんは、道を譲れとばかりにベルを鳴らしてきた（厳密にはこれも違法行為だ）。

じゃあ、あなたは法令遵守（じゅんしゅ）という観点から、おじさんに腹を立てたのだろうか？

それだけではないだろう。違法や合法という以前に、おじさんの見せた図々しい態度に、腹が立った。耳障りなベルの金属音に腹が立ち、おじさんの顔つきにさえ、腹が立った。あるいは、思わず道を譲ってしまった自分に、腹が立ったのかもしれない。その場でおじさんを呼び止め、注意できなかった臆病（おくびょう）な自分に、腹が立ったのかもしれない。怒りの対象はおじさんではなく、自分だったのかもしれない。

――こうして内省することは、いわば「感情の翻訳」だ。怒りや悲しみ、喜びなど、ことばを伴わない感情を、ことばにして考える。美術館でゴッホやセザンヌの絵画を観て、こころが震える。それ自体、すばらしい体験だ。でも、せっかくこころが震えたのなら、その震えを「翻訳」したほうがいい。書かなくてもかまわない。誰かに伝えなくてもかまわない。感情の揺れ、震えを、ことばにする（翻訳する）ことを、習慣化したほうがいい。それは自分という人間を知ることでもあり、ことばの有限性を知ることでもあり、翻訳機としての能力を高めていく格闘でもある。

ぼくは、文章の書き方を学ぶことは、ひとえに「翻訳のしかた」を学ぶことだと思っている。

文章とは、ゼロからつくるものではない。すでにある素材（思考や感情、あるいは外部の情報）を、ていねいに翻訳・翻案していったものが、文章なのだ。

われわれはみな、自分自身の翻訳者でなければならない。

そしてライターはみな、「取材したこと」の翻訳者でなければならない。

すべての文章は翻訳の産物（さんぶつ）であり、すぐれた書き手はみな、すぐれた翻訳者なのである。

言文一致の果たされていない世界で

ライターとは取材者であり、執筆とは「取材の翻訳」である。

ぼくの考えるライター像は、この一文に要約することができる。

文章の書き方、そして文章術と呼ばれるものはすべて、「翻訳のしかた」のことであり、すなわち「翻訳術」なのだ。とくに日本語の場合、「話しことばから書きことばへ」の翻訳こそが、文章術の鍵だといえる。


もともと日本人は、「書きことば」と「話しことば」を使い分けて生きてきた。

平安後期から明治初期にかけて「文語」と「口語」は、あきらかに分離していた。しかも時代を経るごとに、その乖離は深まっていった。時代に合わせて自在に変化する「口語」に対し、「文語」は保守的で、変化を嫌う性格を持っていたからである。

そんな状況に風穴を開けるべく明治期に巻き起こったのが、言文一致運動だ。

坪内逍遥、二葉亭四迷、山田美妙、尾崎紅葉らの文学者たちがリードし、明治政府も後押しした、「書きことば」と「話しことば」を一致させようとする国民運動である。若き文学者たちは、海外小説や落語の速記文を参考に、あらたな文体を生み出すべく試行錯誤した。彼らの奮闘を後押しするように、明治33年には帝国教育会（全国規模の教育者団体）のなかに「言文一致会」がつくられ、言文一致はひとつの国民運動として盛り上がっていった。そして明治37年、日本初の国定国語教科書『尋常小学読本』において、ついに口語文（言文一致体による文章）が採用され、言文一致運動は完成をみた。——以上が日本史の授業で学ぶ、言文一致運動である。

もっとも、その後も法曹界や軍部などに文語体は残ったものの、それも終戦をもって口語体に改められた。おそらく現在、ほとんどの日本人は、自分たちが言文一致の果たされた世界に住んでいると思っている。

しかし、だ。

新聞であれ、書店に並ぶさまざまな本であれ、あるいは中高生の書く作文・読書感想文であれ、そこに「話しことばのまま」書かれた文章は、ほとんど存在しない。どんな文章も、なんらかの「書きことば」として書かれている。

たとえば、多くの文章に頻出する「〇〇である」や「〇〇なのだ」という語尾。これを話しことばのなかで使う人は、ほぼいない。文章のなかでのみ使われている以上、これはあきらかに書きことばだ。あるいは、いかにもやわらかな話体のように見える「〇〇なのです」という言いまわしも、実際の会話では「〇〇なんです」と発音されることが多い。さらに日常会話のなかでは、「〇〇なんですよ」と、終助詞の「よ」をつける場面も多いだろう。挙げていけばキリがないが、このようにわれわれはいまなお、言文一致の果たされていない二重の言語空間に生きているのである。

一方、英語は「書きことば」と「話しことば」の距離がかなり近い言語だとされている。たとえば英文学者の外山滋比古は、日本語の言文不一致を示す好例として講演の速記録を挙げ、次のように述べている。

外国では、講演したものが、ほとんどそのままの形で書物になり、それが専門家の検討にもたえるものであるのが普通であるが、わが国では講演速記をまとめた本は、はじめから書かれた原稿による本とは文体が違うのはもちろん、まるで別種の調子をもっている。外国語にくらべると日本語がいかに言文不一致であるかがまざまざとわかる。

『日本語の論理』（外山滋比古著／中公文庫）

個人的にこれは、とてもよくわかる話だ。

ぼくは以前、アルフレッド・アドラーの思想を紹介した『嫌われる勇気』（岸見一郎共著／ダイヤモンド社）という本を執筆するにあたって、アドラーの著作を手当たり次第に読みあさった。日本語訳の出ているものをすべて読んだのはもちろん、未邦訳の英語版についても（辞典と睨めっこしながら）目を通していった。彼は多くの論文を残しているが、一般読者向けに刊行された著作には、講演録を再編集したものも少なくない。しかし、アドラーはそれでよしとしていたし、いまもなお——講演録をもとにした——彼の著作は広く読み継がれている。

もっと身近で、おもしろい例を挙げよう。

一部の日本映画やテレビドラマを観ていて、セリフまわしの白々しさにうんざりすることはないだろうか？

説明的で、わざとらしく、いかにも芝居めいたセリフを、脚本家たちは語らせる。ぼくに言わせればこれも、「書きことば」と「話しことば」の乖離だ。

脚本は、それが文章として書かれるかぎり、どうしても「書きことば」に流れる。セリフであっても、「書きことば」になる。それ以外の書き方を、われわれは持ち合わせていないからだ。仮に「純粋な話しことば」のまま書かれたセリフがあったとしたら、その多くは意味不明な文言になってしまうだろう。登場人物の感情を描き、置かれた状況を描こうとすれば、どうしても「書きことば」に踏み込まざるをえない。

そして役者たちは脚本に従い、日常のおしゃべりとは違った「書きことばとしてのセリフ」を発話する。自然な振る舞いからはかけ離れ、自分のなかの「お芝居像＝書きことばを話す役者の像」をなぞりながら、カメラの前に立つ。しかも滑舌（かつぜつ）のいい、観客や視聴者に聴き間違いのないことばづかいが求められる。不自然なセリフになってしまうのも当然のことだ。

これは脚本の拙（つたな）さというよりも、言文一致の幻想、または「書きことば」と「話しことば」の乖離についての無自覚が引き起こすものだと、ぼくは考えている。

その意味でいうと、時代劇は強い。

とくに侍（さむらい）たちの語るセリフは、いわば「くだけた候文（そうろうぶん）」である。彼らが文語的な――当時の書きことば（候文）的な――セリフを語ることについて、われわれはいっさいの違和感を抱かない。これは歌舞伎も同じだ。言文一致が、文語の側で果たされているのだ。

文章の書き方を指南する本を読んでいると、一定の割合で「話すように書きなさい」とのアドバイスに遭遇する。学校教育の現場でも「思ったとおりに書きなさい」「感じたままに書きなさい」と語られる。人それぞれに違う考え方があり、違う指導法があって、別にいい。けれどもぼくは、言文一致の幻想を取り払う「翻訳」の意識が必要だと思っているし、その技術を考えていきたいのだ。

ことばにとっての遠近法

翻訳の必要性についてもうひとつ、根源的な理由を述べておこう。

われわれは普段、言語的(バーバル)コミュニケーションと、非言語的(ノンバーバル)コミュニケーションの両方を組み合わせて、意思疎通を図っている。言語的コミュニケーションとは、「ことば」だ。そして非言語的コミュニケーションとは、「ことば以外のすべて」だ。具体的には、声のおおきさ、声のトーン、身振り、手振り、視線、表情、身体の姿勢、その他「ことば以外のすべて」である。

たとえば文中に、〝なんだって〟という5文字があったとする。われわれはその5文字がカギカッコでくくられることによって、誰かの発したセリフなのだと理解する。また、「なんだって」の末尾に疑問符がつけられ、「なんだって？」となれば、それが聞き返しているセリフなのだと理解できる。

しかし、「なんだって？」だけでは、そこに込められた感情まではわからない。もしかすると話者は、怒っているのかもしれない。「ふざけるな、もう一度言ってみろ！」のニュアンスを込めて、「なんだって？」と聞き返しているのかもしれない。あるいはまた、予期せぬ報せ（しらせ）によろこんでいるのかもしれない。吉報（きっぽう）に触れ、「信じられない」という意味で、思わず聞き返しているのかもしれない。感情のベクトルは正反対でありながら、ことばとしては同じ「なんだって？」だ。この5文字——もしくはカギカッコと疑問符を加えた8文字——だけでは、判断に迷ってしまうだろう。もちろんこれが声や表情を伴った、目の前にいる誰かの発する「なんだって？」であれば、そこに込められた感情を即座に理解することができる。

つまり音声言語は、声や表情などによって補完されることを前提とした、はじまりにおいてすでに不完全な情報なのだ。実際、日常会話を録音し、それを文字に書き起こしてみればよくわかるはずだ。声や表情を伴わない「文字としてのことば」は、かなり冗長で支離滅裂な断片の集まりでしかない。

それでは、「話しことばから書きことばへ」の翻訳に必要なものとはなにか？

文字そのものに感情は宿らない。感情をあらわす記号といえばせいぜい、疑問符（？）と感嘆符（！）くらいのものである。音もなく、匂いもなく、手触りや映像もくっついていない、無機質で扁平なツールが、文字というものだ。

じゃあ、声や表情が担っていたゆたかな情報を、どのように補完すればいいのか？

エモーショナルな表現を多用するのか。ポエティックな、あるいは情緒的な描写を増やすのか。疑問符や感嘆符、また（笑）などの記号を多用するのか。

ぼくの答えは違う。

書きことばへの翻訳に必要なのは「論理」であり、論理に基づいた前後の文脈である。

こんなふうにイメージしてほしい。

話しことばを書きことばに翻訳すること。たとえるならこれは、眼前に広がる風景を、ちいさなキャンバスに落とし込むような作業だ。そこにある音、風、香りが再現できないのはもちろん、三次元情報を二次元のキャンバスに置き換えること自体、原理的に無理がある。

そこで絵描きたちはどうしたか。

遠近法を発明した。近くのものをおおきく描き、遠くのものをちいさく描く、線遠近法。近くのものを濃くはっきりと描き、遠くのものを薄くぼんやり描く、空気遠近法。両者を（またはいずれかを）駆使しながら絵描きたちは、三次元の世界を二次元に再構築することに成功した。これはきわめて論理的で、科学的で、数学的なアプローチだ。

書きことばへの翻訳も、まったく同様である。

声や表情まで加わった三次元的な情報（対面での話しことば）を、二次元のキャンバス（書きことば）に落とし込む。そこに必要なのは画力――ゆたかな表現力――ではなく、遠近法であり、論理だ。見たまま、聞いたまま、感じたままに書くのではなく、まずはパース（透視図）を、つまりは論理の構造を考える。おもしろい文章が書きたいとか、ゆたかな表現力を身につけたいとかいった願望は、論理の基礎ができてからの話だと考えよう。論理の軸が通っていてこそ、読者は迷わず、深い納得とともに、ゴールまでたどり着くことができるのである。

論理をつくる「主張」「理由」「事実」

論理的であるとは、どういうことか。

ひと言でいえば、「論が理にかなっている」ことである。

ここでの「論」とは、みずからの主観に基づく考えの総体だ。系統立てて述べ語られたみずからの考え、主張や思いのことを、ひとまず「論」と呼んでおこう。仕事論、恋愛論、人生論、ポップミュージック論、石川啄木（いしかわたくぼく）論。その他さまざまな「○○論」は、要するに「わたしはこう思う」の話であり、語り手の主観だ。本書で語られる「文章論」や「ライター論」もまた、ぼくの主観に過ぎない。

一方の「理」とは、客観である。誰の目にも明らかな客観的事実、実例、史実、またそれらの積み上げである。

つまり、みずからの主観に基づく論が、なんらかの客観（理）によって裏打ちされたとき、その言説は「論理的」な文章となる。

論理的ということばには、ひたすら理屈をこねくりまわすような印象があるかもしれない。しかしその認識は、間違っている。論理的な文章の基本構造は、主観と客観の組み合わせ、それだけだ。コインの表側に主観があり、裏側に客観がある。主観だけで語らず、客観（ファクト）の羅（ら）

列に終始せず、主観と客観が分かちがたいものとして結びついている。それが論理的な文章の正体だ。

このあたり、もう少し具体的に見ていこう。

主観と客観の組み合わせは、次の三層構造（図5）で考えるといい。

①主張

論理的文章の三角形、その頂点にくるのは、あなたの「主張」だ。

言いたいこと、伝えたいこと、知ってほしいこと、そして賛同してほしいことだ。その文章を通じて、自分はなにを言いたいのか。読者になにを伝えたいのか。むしろ自分はなにがしたくて、なにをめざして、その文章を書いているのか。ここがあいまいなまま語ったところで論理的な文章たりえず、読者にはなにひとつ伝わらない。

また、ここで述べる主張とは、道徳的・倫理的に「正しいもの」である必要はない。「日本でも拳銃の所持を認めるべきだ」とか「子どもへの体罰を認めるべきだ」といったあからさまな暴論だって、論理的に語ることはできる（だからこそディベートが成立する）。倫理的な正しさと、論理的な正しさは、まったく別物なのである。

図5　論理的文章の基本構造

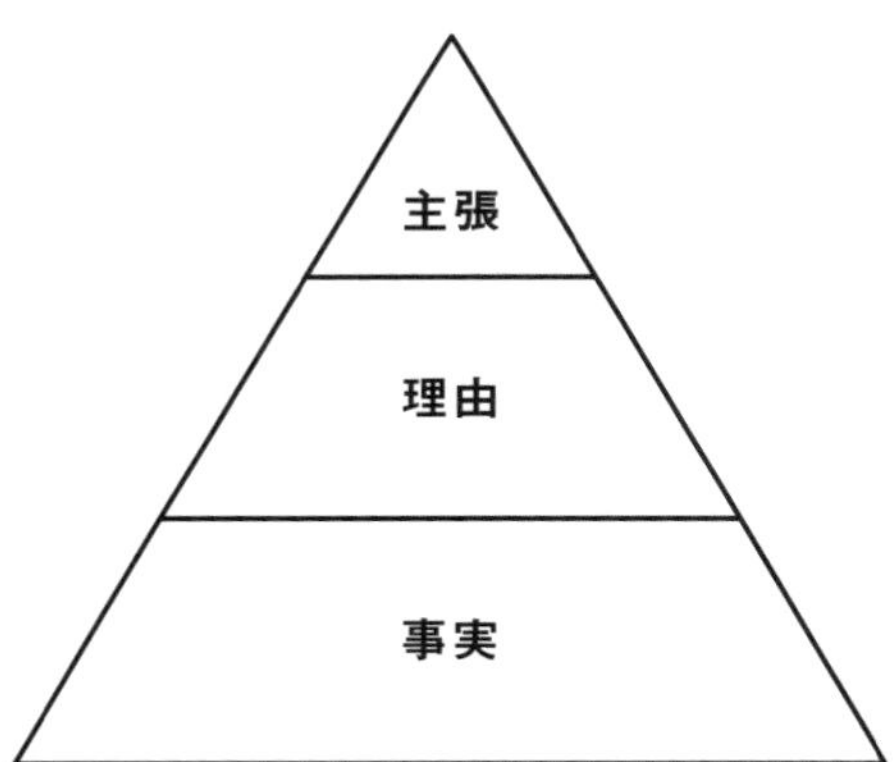

論理的文章は「主張」と、そう訴える「理由」、さらに理由を下支え（裏づけ）する「事実」とで構成される

②理由

論理的文章の三角形、二層目にくるのは「理由」である。

たとえば、あなたが「すべての会社は週休三日制を導入するべきだ」と訴えたとする。おもしろい意見ではあるが、おそらく周囲は「なぜ？」と訊いてくるだろう。

なにかを訴えるとき、同意を求めようとするとき、そこにはかならず「そう訴える理由」が必要になる。端的にいえば、「すべての会社は週休三日制を導入するべきだ。なぜなら……」と引き継ぐことが求められる。自分はなぜ、そう思うのか。どんな理由があって、そう訴えているのか。理由のない主張は、ただの思いつきだ。「なぜなら」の先まで語られてはじめて、その主張は「論」となる。論じることとは、主張の背後にある理由を指し示すことなのだ。

③事実

論理的文章の三角形で、主張と理由を下支えするもの。それが「事実」だ。

みずからの思いを述べ、そう訴える理由を説明したところで、それはあなたの主観を述べただけに過ぎない。「すべての会社は週休三日制を導入するべきだ。なぜなら日本人は働きすぎているからだ」では、独善的(どくぜん)な訴えに過ぎない。その主張がひとりよがりな訴えでないことを示すには、なんらかの客観（たとえば主要先進国との労働時間や有給休暇消化率の比較データなど）を差し挟む必要がある。ここでの客観とは、ひとえに「事実」だ。一例を挙げるなら、次のような流れである。

国会は、ナイター制度の導入を検討するべきだ（主張）。平日の昼間に国会中継をおこなっても、仕事や学校のある現役世代は視聴できず、政治に関心を持ちえない（理由）。実際、プロ野球やプロサッカーも、平日はナイター開催を基本としている（事実）。常に国民の目に晒（さら）された状態であれば、国会審議にも熱がこもるだろう（結論）。

主張から理由までは、ただの主観的意見だ。読者からすれば、「お前がそう思っているだけ」とも言える。しかし、そこに客観的事実が加わってくれば、ただの主観的意見ではなくなる。なんらかの論拠を持った、一考に値（あたい）する意見となる。理由や事実の提示を受けて、主張を発展させた「結論」を述べるのもいい。

応用編として、もっと実践的な例を挙げてみよう。ぼくがライティングを担当した、堀江貴文（ほりえたかふみ）さんの『ゼロ』（ダイヤモンド社）からの一節だ。

> 貯金という行為は、頭を使う必要がない。定期預金のように自動化することも可能だ。一方、投資となれば頭を使わざるをえない。株式投資だろうとスキルアップの自己投資だろう

と、目標や戦略があってこそ成立するものだ。

だから、僕はこう考えることにしている。

貯金に励み、わが子や教え子たちにまで貯金を推奨する人たちは、面倒なことを考えたくないだけなのである。

『ゼロ』（堀江貴文）

ここでの主張は、最後の「貯金を推奨する人たちは、面倒なことを考えたくないだけなのである」だ。その理由として「貯金という行為は、頭を使う必要がない」の一文があり、理由を支える事実として「（貯金は）定期預金のように自動化することも可能だ」とのフォローが、（自分の頭を使う）投資との対比のなかで語られている。

このように、主張、理由、事実の順番は入れ替わってもかまわない。主張を支える理由があり、理由を支える事実（論拠）がある。主観による「論」が、客観の「理」によって支えられている。

以上の三層構造を「遠近法」のベースとしつつ、もう一歩先まで踏み込んでいこう。

なにを論拠に語っていくか

ライター講座に登壇して、受講生の方々に「主張＋理由＋事実」の雛型を説明する。説明したうえで、雛型に沿った例文を書いてもらう。

このとき、受講生の方々がいちばん苦心するのは「事実」のパートであるようだ。おそらく「事実」ということばを、四角四面に受け止めてしまうのだろう。そこになんらかの「データ」を挿入しようとあたまを悩ませるのだ。たとえば、次のような文章である。

> カレーはもはや、日本人の国民食である（主張）。西洋に起源を持つ食事のなかで、これほど多くの日本人に愛されている食べものもない（理由）。その証拠に、全日本カレー工業協同組合の調べ[*2]によると、日本人は年に約73回、つまり週に1回以上、カレーを食べている（事実）。さすがにこれは、国民食と呼ぶべきだろう（結論）。

＊2　２０１６年・全日本カレー工業協同組合調べ

たしかにデータとしての「事実」は示されている。一応のロジックは成立している（ように見える）。でも、どこか強引で、おもしろみのない文章にとどまっている。

これは「事実」の選択ミスだ。「事実」という言いまわしがよくないのかもしれないが、主張と理由を支える論拠は、データや数値でなくともかまわない。「実例」や「類例」を論拠とすることによっても、論理性は担保されるのだ。先の文章を、次のように修正してみよう。

カレーはもはや、日本人の国民食である（主張）。西洋に起源を持つ食事のなかで、これほど多くの日本人に愛されている食べものもない（理由）。たとえばおそば屋さんを思い出してほしい。カレーうどんやカレー南蛮はもちろんのこと、カレーライスそのものを提供する店も多いはずだ。高級天ぷら店でカレー粉が添えられることも、もはや一般的である（実例）。さすがにこれは、国民食と呼ぶべきだろう（結論）。

こちらのほうが自然でおもしろく、納得度も高くなるのではないだろうか。あるいはここに「類例」を加えて論じてみるのもいい。

カレーはもはや、日本人の国民食である（主張）。西洋に起源を持つ食事のなかで、これほど多くの日本人に愛されている食べものもない（理由）。たとえばおそば屋さんを思い出してほしい。カレーうどんやカレー南蛮はもちろんのこと、カレーライスそのものを提供する店も多いはずだ。高級天ぷら店でカレー粉が添えられることも、もはや一般的である（実例）。中国から持ち込まれた漢字がひらがな・カタカナに変化したように、そしてアメリカから輸入されたベースボールが野球になっていったように、異国から持ち込まれた文化がローカライズされ、土着（どちゃく）化していく事例は枚挙（まいきょ）に暇（いとま）がない（類例）。日本で独自の発展を遂げたカレーは、すでに和食なのである（結論）。

データを挙げるのでもなく、食の枠内で収めるのでもなく、「異国文化のローカライズ」という議論にまで話を広げていく。カレーライス論から飛び出して、日本文化論として、カレーを語っていく。読者のエンターテインという意味では、こちらのほうがよりおもしろいだろう。

調べ上げたデータを指し示すのもいい。データが必要となる場合も、多々ある。

しかしそれだけでは、出来損ないのプレゼン資料と変わらない。そうではなく、誰もが膝を打つような類例——見事な「たとえ」——を論拠にできてこそ、ライターだ。カレーとひらがなを結びつけるような大胆さ、驚き、類例までの飛距離が、文章をおもしろくしてくれるのだ（前節で挙げた「国会のナイター制度」もまた、類例を論拠として語っている）。

事実ということばに身を硬（かた）くしないでほしい。

論拠とは、図書館や資料室から引っぱってくるだけではなく、「自分のあたま」のなかからも持ち出すことができるのだ。

説得から納得へ

もしも一冊の本が「論理」でガチガチに固められていたなら、読者は疲れ果ててしまうだろう。疲れるだけならまだしも、通読してくれないかもしれない。「書いてあることは正しいけれど、理屈っぽくて辟易する」「情報が並んでいるだけで、おもしろみがない」「お説教をされているようで、不愉快だ」などの感想さえ、出てくるかもしれない。

論理的な文章は、ときとして「鎧で身を固めた文章」になってしまう。

たしかに頑強で、付け入る隙がないのだが、その隙のなさが逆に欠点となる。「理詰め」ということばが、ときにネガティブな文脈で語られるように、ロジックに傾きすぎた原稿は息苦しい読みものになってしまうのだ。読者のエンターテインを志向する本書において、鎧で身を固めた理詰めの文章を推奨しようとは思わない。

ここは「説得」と「納得」の違いだと考えてほしい。

文章を論理的に組み立てる効用について、「説得力が増すこと」を挙げる人は多い。説得力のある文章を書きなさい、ことばに説得力を持たせなさい、といったアドバイスをよく耳にする。しかし、辞書的な意味はともかく説得とは「違った意見の持ち主を、ことばで説き伏せること」だ。そして説得力のある文章は、主に「有無を言わさぬ論理」を武器にして、読者を説き伏せんとする。論理という名のダンプカーで、強引に押し切ろうとしているのである。

当然、読者は反発する。ここでの読者は、書き手の主張に反発しているのではない。論理の力を使って強引に押し切ろうとするその態度に、反発しているのである。

これは文章にかぎった話ではないので、憶えておこう。

人間のこころには、「作用・反作用の法則」が働く。

作用・反作用の法則とは、物理の授業で習った「10の力で壁を押したとき、壁のほうからも10の力で押し返される」という、あの法則（運動の第三法則）だ。

あなたが誰かを10の力で説き伏せようとしたとき、相手はほぼ間違いなく同じ10の力で反発する。あなたの主張や論理の正しさとは関係なく、反発する。相手の性格や気性の問題ではない。押されたから押し返す、ただそれだけの反射的（生理的）な心理作用だ。どれだけ正論を並べようと、相手はなかなか同意してくれない。むしろそれが正論であるがゆえ、なおさら反発してくる。それほどにも説得は、心理的暴力性を伴う。

では、どうすれば読者の同意を引き出すことができるのか。

「納得」だ。

読者にとって、説得とは「されるもの」である。そして納得とは「するもの」である。前者は不本意な受動であり、後者は能動である。

読者を説得してはいけない。いわんや、読者を論破してやろうなどと考えてはいけない。文章に必要なのは——そして読者が求めているのは——説得力ではなく「納得感」なのだ。

人はなにが揃えば納得するのか

それでは、コンテンツと「納得」の関係を考えていこう。

先に紹介した『ホーキング、宇宙を語る』の例からもわかるように、コンテンツにはなんらかのテーマ（主題）が設定されている。「なんのテーマも設けずに、気の向くままに書きました」という体（てい）のコンテンツであっても、そこには「なんのテーマも設けない」というテーマが存在している。

そしてなんらかのテーマが提示されているかぎり、コンテンツは主題の「解決」へと向かわなければならない。論文であれば「結論」を導く必要があるだろうし、対談やエッセイのようなコンテンツでも、主題についての「そうかもしれないな」「これはおもしろい考え方だな」と思えるなにかが必要になる。「結論」とまではいえなくとも、テーマに紐（ひも）づいた「気づき」や「発見」の提供が期待される。

さて、ここでテーマ（主題）のことを、「課題」と言い換えて考えよう。

コンテンツには課題（テーマ）が設定されていて、コンテンツは等しく「課題解決」のプロセスとして存在している。最初に「これからこういうテーマについて語りますよ」という課題の設定があり、さまざまな論の展開を経て、課題の解決（結論の提示）に至る。「課題設定」から「課題解決」へ。それがコンテンツの基本形である。

しかし、いかに見事な論を展開し、これ以上ないほど美しい結論を導き出したとしても、読者はなかなか納得してくれない。「課題設定」と「課題解決」だけでは要素が足りず、むしろそこに「説得」の匂いを感じとってしまう。なぜか。

そこで設定された課題が、書き手の都合によって、いわばなんの脈絡もなく提示されたものだからだ。自分（読者）にはなんの関係もない、「他人ごと」の課題でしかないからだ。

説得と納得の違いを思い出そう。

納得とは、読者みずからが歩み寄っていったとき、はじめて生まれるものだ。そして一方的に設定された課題――たとえば、前述した国会ナイター制への賛否――には、歩み寄っていく動機がひとつもない。しょせん他人ごとだ、そんな課題は。

では、どうすれば納得が生まれるのか？

なにがあれば読者は、みずから歩み寄ってくれるのか？

課題の「共有」である。

これから論じるテーマが、読者（あなた）にとっても無関係ではないと知ってもらうこと。むしろ、いまの自分にこそ切実な課題だと感じとってもらうこと。つまり、書き手と読者が、ひとつの課題を共有すること。それができてようやく、納得の下地（したじ）は整う。「課題設定」と「課題解決」のあいだには、課題を自分ごと化する「課題共有」のプロセスが必要なのだ。

なにやら理屈っぽい話になってしまったが、構造はシンプルである。

コンテンツはおおきく、①課題設定、②課題共有、③課題解決、の流れで進んでいく。

課題が共有されないまま語られる話は、他人ごとであり、説得となる。課題が共有されてこそ、読者にとっての自分ごととなり、納得の可能性が生まれていく。

これは、日常会話でもまったく同じだ。

話がわかりにくい人たち、また話がつまらない人たちは、話の主題そのものがつまらないわけではない。「課題共有」の欠如が、相手を困惑させ、退屈させてしまうのである。それではどうすれば課題の共有ができるのか。引き続き考えていこう。

わかりにくい日本語と起承転結

日本語は、述語（動詞）が最後にくる「ＳＯＶ型」を基本とする言語だ（英語やフランス語、中国語は「ＳＶＯ型」である）。

たとえば、I think that you should visit Paris. というシンプルな英文。語順のままに訳せば「わたしは思う、きみは行くべきだ、パリへ。」となる。主語の「わたし」と述語の「思う」は、隣り合っている。一方、日本語の場合は「わたしは」のあとに延々とことばを継いでいったあと、ようやく「と思う。」と締める。

つまり日本語の聴き手、ならびに読者は、相手の話が終わるまで、それが「思う」なのか、「望む」なのか、「断言する」なのか、わかりえない。なにしろ「……とは思わない」と、ひっくり返される可能性だってあるのだ。

それゆえ多くの文章読本では、なかば定型文のように「一文を短くしましょう」とのアドバイスがなされる。なぜ一文を短くするのか。

一文を短くすれば、そのぶん主語と述語の物理的な距離が近くなるからだ。つまり、主述の結びつきがはっきりして、意味が通じやすくなるという、それだけの話だ。「一文を短くしましょう」は、多くの本で経験則的に語られるアドバイスだが、その理由まで教えてくれる人——あるいは正確に理解できている人——は、意外と少ない。

たとえば次のようなわかりづらい文章も、一文を短く分割していくと文意がはっきりする。

× 政府は、増加の一途をたどる社会保障費をまかなうためには、抜本的な税制改革が欠かせないとする有識者会議の答申(とうしん)に従って、今国会終了後にも、社会保障改革に向けたプロジェクトチームを発足(ほっそく)させる意向を表明した。

○ 政府は、社会保障改革に向けたプロジェクトチームを発足させる意向を表明した。

早ければ今国会終了後にも動き出す予定である。これは有識者会議の答申に従ったもので、答申は「増加の一途をたどる社会保障費をまかなうためには、抜本的な税制改革が欠かせない」と結論づけている。

一文を短くする。それによって主語と述語を近づける。意味を通りやすくする。たしかに大切な話だが、ここまでだったらどんな本にも書いてある。ぼくが考えたいのはもっと別の、作文構造的な「わかりにくさ」だ。

日本人に馴染み深い作文構造、すなわち起承転結である。中国の古典詩（漢詩）を起源とする起承転結は、日本人が教わるほとんど唯一の作文構造といえる。学校教育の現場でも、創作技法のひとつとしても、あるいは結婚式のスピーチにおいても、起承転結を踏まえることが推奨されている。結果おそらく、起承転結の型は日本人の無意識に刷り込まれている。次ページの４コマ漫画（図６）を見てほしい。

図6　典型的な4コマ漫画

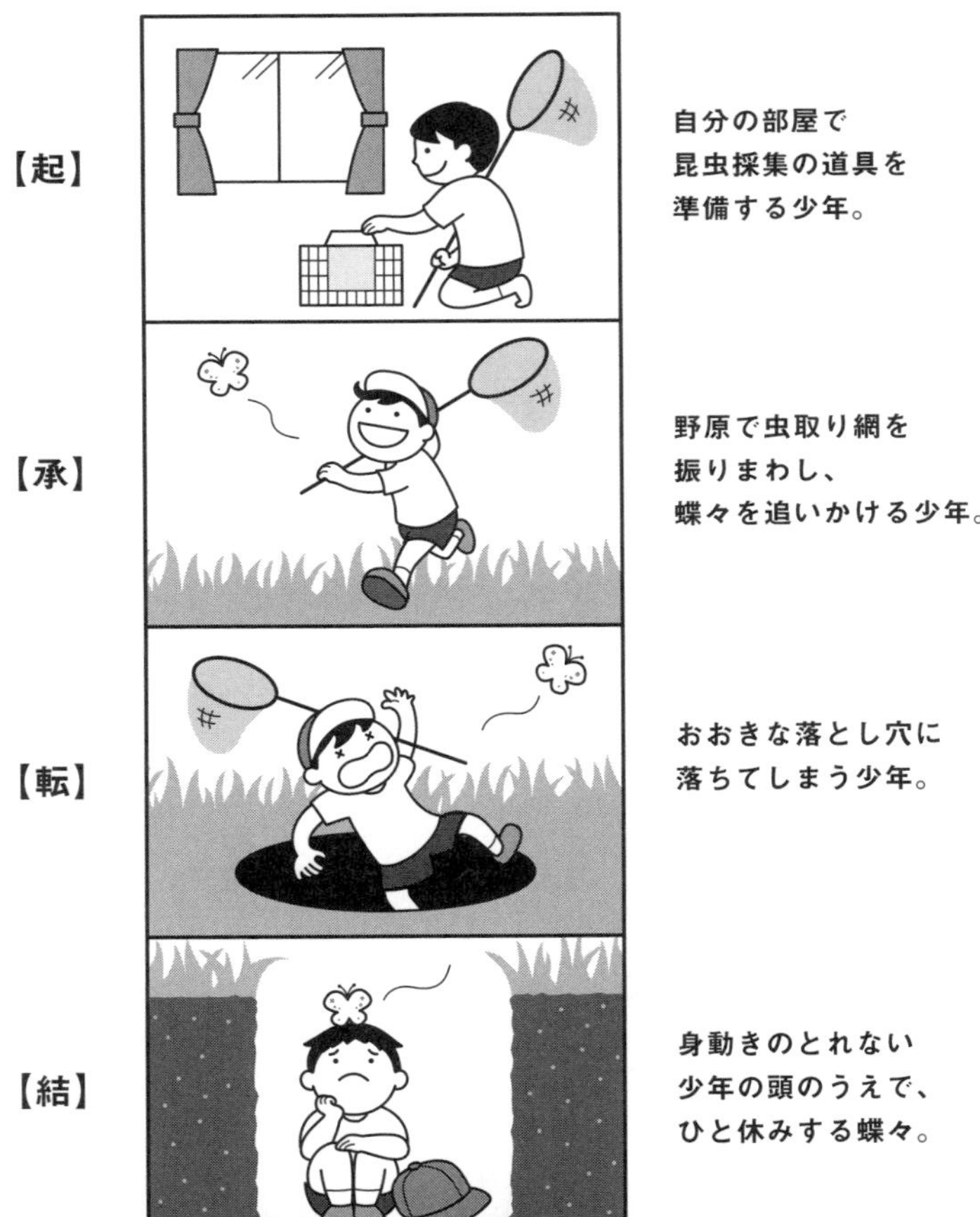

ストーリーとしてはおもしろい。驚きがあり、オチもついていて、エンターテインメントとしてなんの問題もないように思える。この起承転結が持つ構造を、もう少し詳しく考えよう。

誰の目にも明らかなように、起承転結のターニングポイントは「転」にある。

前半（起と承）で語ってきたことを、「転」によってひっくり返し、読者の驚きを誘ったうえで意外な——前半の流れからは想像もできなかったような——結論を述べる。それが起承転結による構成だ。

たとえば結婚式のスピーチをおこなう新郎の上司は、彼が配属されてきたときの第一印象、まるで仕事ができなかった新人時代の話、おっちょこちょいなエピソードなどを饒舌に語る。そうしてさんざん会場を笑わせたあと、こんなふうに切り替える。

「ですが、そんな彼も変わりました。いまや○○君は、わが第2営業部において、もっとも将来を嘱望されるひとりです」

起承転結の「転」である。ここから新郎の活躍ぶりを語ったのち、「△△さんというすばらしい伴侶を得て○○君は、今後ますます光り輝いてくれるでしょう」などと締めくくる。

結婚式のスピーチという予定調和の世界であれば、この展開でもいい。みんな前半の「ダメ社員エピソード」を笑って聞いてくれる。ちゃんとひっくり返してくれるはずだ、このお祝いの席にふさわしいラストが待っているはずだ、という期待のもとに聞いてくれる。

しかし、予定調和でない場面ではどうだろうか。語り手がいちばん伝えたいパート（結論）は、新郎の活躍ぶりと結婚の祝辞、そして彼にかけられた期待だ。そこに行きつくまでのダメ社員エピソードは、前フリでしかない。

にしては「起」と「承」が長すぎる。仮に200ページの本をきれいに起承転結の流れで4等分したとすれば、前半100ページは前フリに費やされ、ダメ社員エピソードを聞かされることになる。前半部分を読んでいるうちは、なぜこんな話を聞かされるのか、どうしてこんな人を紹介しているのか、さっぱりわからない。後半からようやく本題に入り、最後まで聞いてやっと、「それが言いたかったのか」と理解できる。それが起承転結のストーリーラインなのである。

ここまで説明すれば、もうおわかりだろう。

起承転結の作文構造は、まさしく「主語と述語が遠い日本語文」そのものなのだ。最後まで読まないと理解できないし、無駄に読者（聴き手）を迷わせる。起承転結は、日本人に馴染みやすいというよりも、日本語それ自体と相似形を成す作文構造であり、それだからこそここまで日本人に受け入れられているのだろう。

一方、アメリカの教育現場で叩き込まれる小論文の構造は、まったく違う。[*3]

彼らは起承転結ではなく、「序論（じょろん）」「本論（ほんろん）」「結論（けつろん）」の三部構成によって、みずからの論を述べる。最初に結論を述べ（序論）、続いてその結論が導かれた理由を列挙し（本論）、最後に自説の正しさを――序論のときとは違った表現で――くり返す（結論）。それが三部構成だ。

わかりやすくいえば、こんな流れである。

わたしは高所得者層への大幅な増税が不可欠だと思います（序論）。そう考える理由は3つあります。ひとつは○○、ふたつめは○○、もうひとつの理由は○○です（本論）。高所得者層にさらなる税負担を求めることは、社会の分断を食い止めるためにも避けては通れない道なのです（結論）。

文章としておもしろいかどうかはともかく、きわめて論理的だ。最初に結論を述べているため、読者は迷わずにすむ。少なくとも「なんの話をしているのかわからない」なんて状況には置かれない。

さて。ここでもう一度、説得と納得の違いを思い出そう。

アメリカ型の三部構成は、たしかに論理的だ。しかしその展開は、いかにも説得的である。われわれは自説を証明する論文を書きたいわけではなく、商品の押し売りをしたいわけでもなく、読者のエンターテインを誘うコンテンツをつくりたいのだ。読者を強引に説得してしまってはいけない。

一方、日本で推奨される起承転結は、展開のおもしろさこそあるものの、誤解が生じやすい。うまく書かれた文章を、最後まで読み切れば納得感もあるだろうが、最後まで読んでもらえる保証はない。起承転結を唯一の指針とすることも、避けたほうがいいだろう。

そこでぼくが提案したいのが、三部構成と起承転結の「いいとこ取り」である。

両者の長所を組み合わせて、日本人と日本語にぴったりな論理構造を組み上げていけばいいのだ。その型のことを、ぼくは「起転承結」と呼んでいる。

*3 『納得の構造　日米初等教育に見る思考表現のスタイル』（渡辺雅子著／東洋館出版社）

起承転結から「起転承結」へ

最初に、起承転結の欠点を確認しておきたい。起承転結は、多くの日本人が思っている以上に非論理的で難解な構成である。その理由をいくつか列挙してみよう。

①最後まで聴かない（読まない）と話がわからない

起承転結では、第三部の「転」を受けてはじめて結論が導き出される。落語や漫才でいう「オチ＝結論」は、最後の瞬間まで明かされない。もしも事前にオチがバレてしまったら、「転」の驚きがなくなり、そのネタ自体が台なしになってしまう。起承転結とは、その成り立ちからして「ネタバレ」が許されず、それゆえ前半部分では「なんの話をしているのかわからない」のが当然の構成なのである。

②前半と後半が分断される

もう一度、194ページの4コマ漫画を思い出してほしい。

起承転結の流れにおいて、前半の「起」と「承」は、話がつながっている。「起」を受けた当然の流れとして「承」がある。

そして後半の「転」と「結」も、話がつながっている。

しかし、第二部の「承」と第三部の「転」は、つながっているようでいて、ロジック的にはつながっていない。アクシデントとしての「転」があり、それを受けた「結」が導き出される。前半の流れをひっくり返してこそ「転」なのだから、スムーズにつながっているはずがないし、つながってはいけない。

つまり起承転結では、前半と後半で流れが分断されてしまう。フィクションであったり、落語や漫才であったり、あるいは結婚式のスピーチだったなら、それでもかまわないだろう。前半の寄り道が、おもしろくもあるだろう。しかし、なにかを論じるにあたってこの構成は、圧倒的に不利だ。なぜなら前半部分はいわば「前フリ」であり、「伏線」であり、「ムダ話」でもあるからだ。ほんとうに言いたいこと（本論）については、「転」と「結」のふたつだけで論じなければならない。紙幅のかぎられた本論パートが、強引な展開になるのは当然である。

③ 相当な筆力・話術が求められる

起承転結のターニングポイントは、第三部の「転」である。「転」で用意された驚きが、エンターテインの核である。しかし、「転」にこころから驚いてもらうためには、そこまでの話（起−承）にどっぷり浸ってもらわなければならない。十分に納得し、たのしみながら読み進めてきた「なるほどなるほど」や「そうだそうだ」の話が「ええー!?」とひっくり返されるから、「転」はおもしろいのだ。「転」の強度は、「起−承」のおもしろさや納得度によって担保される。

それゆえ起承転結スタイルの文章では、書き手に相当な筆力が求められる。前フリを前フリと思わせず、本題とは関係のないところで読者をたのしませる筆力なくして、起承転結はありえないのだ。

一方で起承転結には、このかたちでしか得られないメリットもたくさんある。

たとえば「転」での驚き（どんでん返し）はその代表格だし、「転」のパートでまったくあたらしい話題を挿入できることも、起承転結ならではの長所だ。さらにまた、起承転結は時間や思考の流れと一致しやすく、エッセイや物語形式の記述に向いているという特徴もある。

さあ、議論を整理しよう。

アメリカ型の三部構成（序論、本論、結論）は、論理的ではあるものの、説得的で押しつけがましい。論の正しさを競わせることに不慣れな日本人には、とりわけ「説得」の圧を感じさせるし、読みものとしてのおもしろさにも疑問符がつく。

これに対して起承転結は、どんでん返し的なおもしろさを魅力としながらも、非論理的であり、相当な筆力が問われる作文構造だ。

では、どうすれば両者の短所を補い、「いいとこ取り」することができるのか？

ぼくの答えは「起転承結」である。

つまり、「起」で語りはじめた話を、早々に「転」でひっくり返し、それを受けた「承」のパートを経て、「結」に至るのだ。たとえば、ここまでの話を「起転承結」で語った場合、次のような流れになる。

- 結　論理的文章を書きたければ、「起承転結」とは別の形式を選ぶべきである。
- 承　なぜなら「起承転結」は○○で△△だからである。
- 転　しかし、それでは論理的な文章など書けない。
- 起　一般に、文章は「起承転結」の型に沿って書きなさいと言われる。

もちろん、この4行で文章が完成するわけではない。それぞれのパートを膨らませ、詳細に、そしておもしろく語っていく必要がある。第二部の「転」でみずからの主張を述べたあと、第三部の「承」のパートでじっくりと論を展開し、主観的な論に客観の理を与え、自分だけの「結」へと導いていこう。

あるいは次のように、「転」のパートで仮説を提示してもよい。

- 起　一般に、文章は「起承転結」の型に沿って書きなさいと言われる。
- 転　しかし、わたしは「起転承結」のスタイルをすすめたい。

- 承　なぜなら「起承転結」は○○であり、「起転承結」は□□だからである。
- 結　納得感と論理性を両立できるのは「起転承結」なのである。

ここでもう一度――この言及も、もはや三度目だ――納得の構造を思い出そう。読者を説得にかかり、読者を論破してしまってはいけない。説得の圧力を感じた読者は、かならず反発する。説得型の文章は、論の正しさを証明することはできても、読者の読むよろこびを喚起することはできない。

そして読者が納得へと踏み出すには、なんらかの「自分ごと化」が必要だった。「課題設定」と「課題解決」のあいだには、「課題共有」の要素が必要だった。

では、どうすれば読者との「課題共有」ができるのか。その答えが「起転承結」における「転」である。世間で常識とされていること（起）を、いきなりひっくり返す。唐突に前提をぶち壊し、みずからの主張を述べる。驚いた読者は、「なぜだ?」「なにを言っているんだ?」と思わざるをえない。この疑問符は「どういうことか、説明してみろ」と同義であり、すなわち身を乗り出して聴く姿勢ができあがったことを意味する。課題はここで、共有されるのだ。

- 起　世間で常識とされていること

- 転　それをくつがえす、みずからの主張（もしくは仮説）
- 承　そう主張する理由と、理由を裏づける事実や類例
- 結　論証を経たうえでの結論

あなたの主張がほんとうにオリジナルなものであるほど、起転承結の「転」は効力を発揮する。三部構成もいい、筆力に自信があるのなら起承転結でもかまわない。しかし、起転承結という「もうひとつの型」を身につけることで、文章の論理性と納得感はおおいに高まるはずだ。本書にしても、三部構成、起承転結、起転承結をそれぞれ使い分けながら書かれている。自分なりに、いくつかの題材で起転承結の文章を書いてみよう。

ふたたび翻訳について

翻訳というテーマから、話がずいぶん流れてしまった。

書くこととは翻訳することであり、翻訳するにあたっては論理性（遠近法）の確立が欠かせない。そんな話から、ここまで議論が行きついたのだった。本章を締めくくる前に、翻訳と論理の関係

について、ちょっと違った角度から考えてみよう。

日常会話のなかで、われわれはめったに「論理的な話し方」をしない。ことばだけを拾い集めれば、かなり非論理的な流れでしゃべっているし、単語の羅列程度のおしゃべりだって多い。声や表情のサポートもあって、別にそれで困らない。会話のなかではむしろ、「意味」よりも「感情」を伝達することのほうが大切だったりする。

そして非論理的な話の多くは、飛躍と交錯を主な原因としている。

つまり、本来であれば1から10まで順序立てて話すべきところを、「1→6→10」だけを語って終わらせてしまう（飛躍）。あるいは、「6→3→1→10」と、順番をごちゃごちゃにして話してしまう（交錯）。いずれの場合も、話の内容がでたらめなのではない。話し方に、論の組み立て方に、問題があるだけだ。

そしてライターの仕事は、「1」から「10」までをていねいに言語化（翻訳）していくことにある。語り手のことばに論の軸を通し、飛躍や交錯を整えていく。当然ここでは、「その人がことばにしていないこと」にまで踏み込み、翻訳をほどこしていかなければならない。仮にその人が「1と10」だけしか語っていなければ、「2から9」までも言語化しなければならない。

さて、ここでおおきな問題に突き当たる。

ライターは「語られていないこと」まで書いてしまってもいいのだろうか？

そこまで踏み込むのはさすがに越権行為であり、ライターの創作ではないのか？

ぼくの結論を述べる前に、日本語と外国語の翻訳について考えてみたい。

たとえば「閑さや　岩にしみ入る　蟬の声」という松尾芭蕉の句。これを他の言語に翻訳することは可能だろうか？　意味を直訳するだけでなく、リズム、音韻、そこから発せられる情緒までをも翻訳し、日本人と同じ感覚を抱いてもらうことは可能だろうか？

おそらく多くの日本人は、無理だと答えるだろう。日本近代詩の父、萩原朔太郎は「翻訳の不可能性」について次のように述べている。旧仮名遣いや読みづらい言いまわしをわかりやすくあらためたうえで、紹介しよう。

> 詩の思念というものは、詩の言葉の包有している連想や、イメージや韻律やの中にふくまれ、化学的に分析できない有機体となって生きているのだから、原詩の文学的構成だけを訳したところで、詩の意味を伝えることはできやしない。それを伝えるためには、原詩の個々の言葉を解きほぐして、煩瑣な註解をつけ加えるほかなく、結局やはり、訳者自身の創作として翻案する以外に手段はないのだ。

> すべての訳詩は、それが翻訳者自身の創作であり、翻案である限りにおいて価値を持っている。換言すれば詩の翻訳者は、原作を自分の中に融化（ゆうか）し、自分の芸術的肉体として、細胞化した場合にのみ、初めて訳者としての著作権を有するのである。（中略）そしてすべての名訳は、それ自ら翻訳者の創作であり、まさしく翻案に外ならないのだ。
>
> 萩原朔太郎『詩の翻訳について』
>
> （※傍点追加、ならびに旧仮名遣いの変換は引用者）

萩原朔太郎は言う。いくら辞書的な翻訳をほどこしたところで、詩の思念を訳しきることなどできやしない。翻訳にあたっては、翻訳者自身が翻案し、創作に踏み込む以外にない。原作をみずからのなかに融化させ、つまりはみずからの芸術的肉体に血肉（ちにく）化させてこそ、本物の翻訳者となれる。名訳と呼ばれるものはすべて翻訳者による創作であり、（翻訳を超えた）翻案なのである、と。

また、同じ論考のなかで彼は、翻訳の不可能性が詩にかぎった話ではないとして、こうも述べている。

> 翻訳の不可能は、もっと広く、根本的の問題としては、必ずしも詩ばかりでなく、文学一般に関係し、さらになお本質的には、外国文化の移植そのものに関係してくる。一例として

> Realという言葉は、日本語では「現実」と訳されている。したがってまたRealismは、日本語で「現実主義」と訳されている。しかしながらRealという言葉は外国語の意味においては、単なる「現実」を指すものでなく、もっと深奥な哲学的の意味、すなわち或る「真実のもの」「確実なもの」、架空の幻影や仮象でなくして、まさに「実在するもの」というような意味を持っている。しかしながら日本の文壇では、これを単に「現実」と訳したことから、日本のいわゆるレアリズムの文学が、単なる日常生活の事実を書き、無意味な現実を平面的に記述するにとどまるところの、いわゆる「身辺小説」となってしまったのである。
>
> (同前)

この章のはじめに、ぼくは述べたはずだ。

ライターはみな、「取材したこと」の翻訳者でなければならないと。ライターとは取材者であり、執筆とは「取材の翻訳」なのだと。

もしもあなたがほんとうに誠実なライターでありたいのなら、つまり取材したことの翻訳者でありたいのなら、あなたは勇気を持って「翻案」にまで踏み込んでいかなければならない。右から左へ直訳するだけでは、取材が死んでしまう。あなたがそこにいる意味がなくなってしまう。

そして「翻案」に踏み込むためには、対象をみずからのなかに融化させなければならない。自分と取材対象とが、一体化しなければならない。一体化できていれば、2から9までの「語られなかった論理」にことばを与えていくことも可能になる。

さらに「これは誤訳ではない」と断言できるだけの自分を、つくらなければならない。誤訳ではないと確信が持てるまで、調べ尽くし、考え尽くさなければならない。取材者としての自分を磨いていくことが、「翻案」の基礎を築いてくれるのだ。

ライターとしてのぼくは、いつも「翻案」に踏み込み、「創作」にまで踏み込んでいく。論理の構築を含め、さまざまに手を加え、筆を加えていく。現場で「語られていないこと」も、原稿のなかで語っていく。しかしそれで取材した方から「自分はこんなこと言ってないぞ」とクレームがきたことは、まずない。「まさにこう言いたかったんだよ」と感謝される。それはぼくの筆力によるものではなく、取材者としての根気と自負がそうさせているのだと、自分では思っている。

ライターとは、ただの録音機ではない。記録者でもなければ、速記者でもない。

ライターは「翻案」にまで踏み込むべき、創作者なのだ。

そして自由な創作のために、徹底した取材があるのだ。

取材者であることと、創作者であることは、まったく矛盾しない。両者は、コインの裏表をなす概念なのである。

第5章
構成をどう考えるか

ことばを外気に触れさせる前に

文章を書こうとすると、手が止まってしまう。

なにを書けばいいのか、どこから書けばいいのか、まるでわからない。

あたまが真っ白になって、ことばが出てこない。

ある意味これは、とても自然な心理である。いや、自然であるどころか、望ましい傾向だと言いたいくらいだ。考えるより先に手がすらすらと動いていく人のほうが、よほど危なっかしい。

ことばは、とくに文章は、木工用の接着剤に似ている。

白濁した木工用接着剤を、板の上に絞り出す。外気に触れた接着剤の表面に、うすい膜ができる。液体だったはずの接着剤は少しずつ可塑性を失い、やがて干涸びた透明な固体へとその姿を変える。こうなるともう、接着も変形もできない。

文章も同じだ。あたまのなかで思いをめぐらせているあいだ、ことばはかたちを持たない。いくらでも変化する粘性、可塑性、可能性を持っている。

しかし、ひとたび文字にして外気に触れさせた瞬間、ことばは硬化をはじめる。時間の経過とともにそれは、ほとんど動かしがたいものとして原稿に固着する。ことばそのものが固まるのではない。硬化するのは、書き手の思考だ。文字にするまで変幻自在だったはずの考えが、外気に触れた——文章化した——途端にガチガチに固まっていくのだ。たとえ「なんとなく」で書いてみた駄文であっても、それが駄文であるとわかっていても、「それ」以外の姿が考えられなくなる。

だからこそ文章は、安易に書きはじめるのではなく、なにかしらの設計図を引いたうえで書いたほうがいい。書くことに不慣れな人ほど、そうしたほうがいい。なんとなく、徒然なるままに書きはじめるのは、下描きもないまま絵を描くようなものだ。一部の天才にしか、できない話である（もちろんぼくも、そんなことはできない）。

では、どんな下描きを描き、どんな設計図を引いていけばいいのか？
なにを基準にして「書くこと」を決めていけばいいのか？
ぼくの答えは簡単である。「なにを書くか」を考えるのではなく、「なにを書かないか」を考えるのだ。

もしもあなたが絵描きであれば、「なにを描くか」は大事なテーマだろう。最初のひと筆をどこに置くか、おおいに悩むべきだろう。しかし、なにかを書こうとするときのライターは、絵描きというより彫刻家に近い。鑿（のみ）と木槌（きづち）を手に不要な箇所を削りとっていった結果、ぼんやりと像（書くこと）が浮かび上がってくる。実際に「書く」のは、それからである。

原稿を書きあぐねている人にはまず、捨てることからはじめてほしい。ことばを外気に触れさせる前に、「なにを書かないか」の目で、自分の取材を思い返してほしい。それこそが、構成の第一歩なのだ。

本章では、「なにを書かないか」を入口にして原稿の構成を考えていきたい。

なにを捨て、なにを残すか

ライターとは、取材者である。

取材で得た知見をもとにライターは、原稿を書く。

そして取材とは、ひとえに「分母を増やすプロセス」だと、ぼくは思っている。分母が「取材で得た知見」で、分子が「書くこと」。それがライターにとっての原稿だ（図7）。

たとえばぼくが、取材によって100の知見を得て、そこから10のことを書く。一方であなたが、取材によって1000の知見を得て、そこから10のことを書く。情報の確度、精度、また希少価値が高いのは、おそらくあなたの書いた原稿だ。原理的にいえば、分母――取材によって得た知見の母数――が大きければ大きいほど、コンテンツの価値は高まっていく。

ただし、ここにはひとつ落とし穴がある。

たとえば、フランシス・フォード・コッポラの監督作『地獄の黙示録』。1979年に公開され、同年のカンヌ国際映画祭で最高賞（パルム・ドール）を受賞した作品だ。

この映画に音響技師・編集技師として参加したウォルター・マーチによると、本作で最終的に撮影・プリントされたフィルムは、長さ381キロメートル（125万フィート）、時間にして約2

30時間分にも及んだという。そしてマーチをはじめとする編集者たちは、およそ2年の歳月（映像編集に1年、ミキシングに1年）をかけて、膨大なフィルム群を約2時間25分の作品に仕上げきった。[*4]

通常、映画製作の現場では、40時間分ほどのフィルムをもとに、1時間半〜2時間の作品がつくられる。230時間という「分母」は、ほとんど狂気に近いレベルといえるだろう。

では、『地獄の黙示録』は、圧倒的な「分母」ゆえに傑作たりえたのか？

さすがにそれは違うだろう。その理屈に従うならば、300時間分のフィルムを揃えれば『地獄の黙示録』以上の傑作が生まれることになる。

分母の大きさよりも、分母のクオリティ、つまり撮影された映像（230時間のフィルム群）の質が高かったこと。そしてなにより、「なにを捨て、なにを残し、どうつなげるか」の選択が研ぎ澄まされていたこと。以上のふたつがあってこそ、『地獄の黙示録』は生まれたとみるべきだろう。

さて、ここで第1章で話した「いい文章の条件」を思い出してほしい。

いい文章の条件としてぼくは、「苦労の跡がどこにも見当たらない文章」や「最初からそのかたちで存在していたとしか思えない文章」を挙げた。

映画にしても同じである。なんの事前情報もないまま『地獄の黙示録』を観た観客は、まさかその背後に「捨てられた227時間」があるとは思わない。観客にとっては目の前にある2時間

図7　取材から見たコンテンツの価値

$$\text{価値} = \frac{\text{原稿に書くこと}}{\text{取材で得た知見}}$$

25分がすべてであり、最初からそのかたちで存在していたとしか映らない。つくり手による「なにを捨て、なにを残し、どうつなげるか」の取捨選択は、ブラックボックスのなかに隠されたままだ。230時間のフィルムを手に入れないかぎり、それを知ることはできないのである。

話を整理しよう。

取材原稿の価値は、取材を通じて得られた分母の大きさによって決まる。

ただし、分母が大きければそれでいいわけではなく、膨大な分母のなかから、適切に「書くこと」と「書かないこと」を選別しなければならない。

しかし、われわれはすぐれた先人たちがど

のような基準をもって「書くこと」や「書かないこと」を選んできたのか、窺い知ることはできない。小説であれ、エッセイであれ、映画であれ、われわれの前に提示されているのはいつも完成品だけだ。「なにを捨て、なにを残し、どうつなげるか」の実際は、ブラックボックスに隠されている。

じゃあ、なにを参考にすればいいのか。

無手勝流（むてかつりゅう）に、なんとなく選別するしかないのか。

おそらくこれ——なにを捨て、なにを残し、どうつなげるかの実際——は、コンテンツの設計図をつくるにあたって、最大の関門と言えるだろう。

ここでぼくは、ほとんど唯一と言ってもいいお手本を紹介したい。

絵本だ。子ども時代に慣れ親しんだ、あの絵本だ。

ライターは、絵本（もしくは紙芝居）を教材にすることによって「なにを捨て、なにを残し、どうつなげるか」の構成を学び、その力を鍛えていけるのである。

＊4　『映画の瞬き　映像編集という仕事』（ウォルター・マーチ著、吉田俊太郎訳／フィルムアート社）

構成力を鍛える絵本思考

絵本というメディアの特性について、考えてみよう。

第一に絵本は、物語のメディアである。ランダムに「絵」だけが並んだ本だったら、それは画集・イラスト集だ。絵に先行してテーマがあり、物語があり、その物語はテキスト化されている。テキストと絵が組み合わされてこそ、それは絵本と呼べる。

第二に絵本は、イラストレーションのメディアである。漫画のようにコマ割りがなされたり、擬音（ぎおん）が描き文字で挿入されることは、ほとんどない。物語に合わせて、一枚絵としても成立するようなイラストレーションが並べられていく。

第三に絵本は、省略のメディアである。絵本作家は起伏に富んだ物語を、10枚や20枚の絵で説明する。物語のなかから、「ぜったいに必要な場面」や「ビジュアル的におもしろい場面」、また「絵で説明しないと伝わらない場面」を抽出し、印象的な絵を描いていく。物語のすべてを絵にすることはできないし、やったところで「見どころ」の不明な、間延びした本になるだけだろう。

以上の三つを踏まえて考えれば、絵本がいかに特殊なメディアであるか、理解できるはずだ。たとえば映画の場合、われわれ観客は「捨てられたフィルム」を見ることがかなわない。選び抜かれ、すべての編集を終えた完成品しか、目にすることができない。

しかし絵本の場合、物語のテキストがそのまま残っている。

絵本作家は、読者が目にしているものと同じテキストをもとに、「なにを捨て、なにを残し、どうつなげるか」を考え、10枚や20枚の絵を描き起こしている。つまり絵本を手にする読者は、絵に描かれた場面だけではなく、絵として描かれなかった場面——映画でいえば「捨てられたフィルム」——のすべてを知ることができる。

ひとりの取材者として考えたとき、これは驚くべき話である。「描かれたもの」と「描かれなかったもの」の両方が並び立っている表現媒体は、おそらく絵本だけだろう。

そうとわかれば「なにを捨て、なにを残し、どうつなげるか」のトレーニングも簡単である。実際に絵本を、つくってみればいいのだ。一から物語をつくる必要はない。誰でも知っているようなむかし話をもとに、絵本をつくってみるといい。とりあえずの課題としては、「桃太郎」あたりが無難だろう。

話の詳細を忘れてしまった人のために、おおよその共通項として、ぼくなりにまとめた「桃太郎」のテキストを記載しておこう。以下は、本書のなかで唯一の「ワーク」である。面倒がらずに、試してほしい。このテキストをベースに、規定の枚数で「絵」を考えていくのだ。

ももたろう

むかしむかし、あるところにおじいさんとおばあさんが住んでいました。

おじいさんは山へ柴刈り(しばか)に、おばあさんは川へ洗濯に行きました。おばあさんが川で洗濯をしていると川上から、どんぶらこ、どんぶらこ。おおきな桃が流れてきました。

「おやおや、なんて立派な桃でしょう。おじいさんへのおみやげに、おうちへ持って帰りましょう」

おばあさんは流れる桃をつかまえると、せっせとおうちに持って帰りました。夜になって山から帰ってきたおじいさんに、おばあさんが言いました。

「ほら、おじいさん。ごらんなさいこの桃を」

「ほうほう、これは立派な桃じゃな。どこかで買ってきたのかい」

「買ったんじゃありませんよ、洗濯をしていたら川上から流れてきたんです」

「それはますますめずらしい。さっそく割って食べてみよう」

おばあさんは台所から庖丁(ほうちょう)を持ってきて、おおきな桃を割りました。すると、おぎゃあ、おぎゃあ、桃のなかから玉のような男の子が生まれてきました。

「いやあ、これは大変じゃ」

「おどろいた、おどろいた。おばあさん、この子はきっと、天からの授かりものじゃ。桃から生まれたのだから、桃太郎と名づけよう」


おじいさんとおばあさんは、桃太郎を大事に大事に育てました。

桃太郎は、ごはんを一杯食べれば一杯分、二杯食べれば二杯分、三杯食べれば三杯分と、みるみるおおきくなっていきました。力もつよく、村のこどもたちと相撲をとっても、誰も桃太郎にはかないません。それでも桃太郎は気立てのやさしいこどもで、育ててくれたおじいさんとおばあさんへの感謝を忘れず、いつか恩返しがしたいと思っていました。

そんなある日、桃太郎のところに一羽のカラスがやってきて言いました。

「があがあ。桃太郎さん、桃太郎さん。外に出るときは気をつけて。わるい鬼たちがやってきますからね」

「わるい鬼たち？」

「があがあ。海の向こうの鬼ヶ島に、わるい鬼たちが住んでいて、まわりの国々からかすめ取った金銀財宝をかくし持っているんです」

話を聞いた桃太郎は家に帰ると、おじいさんとおばあさんに言いました。

「おじいさん、おばあさん。さきほどカラスから、鬼ヶ島のわるい鬼たちの話を聞きました。わたしも大きくなったので、鬼たちを退治しにいきたいと思います」

おじいさんとおばあさんはたいそうおどろき、引き止めましたが、桃太郎は鬼退治に出ると言ってききません。

「それほど言うなら、行っておいで。旅の道中、さぞかしおなかも減るだろう。おばあさん、日本一のきびだんごをこしらえてあげなさい」

おばあさんは、自慢のきびだんごをたっぷりこしらえ、桃太郎に持たせてあげました。おじいさんは、あたらしいはかま、はちまき、刀を持たせてあげました。

「気をつけて、行ってこいよ」

見送るおじいさんたちに桃太郎は元気よく「日本一のきびだんごがあれば、百人力（ひゃくにんりき）です。鬼たちを退治して帰ってきます」と答えて出ていきました。

桃太郎が山のなかを歩いていると、一匹の犬が、わんわん、と言いながら近づいてきました。

「桃太郎さん、桃太郎さん。そんなにいさんで、これからどこへいくのですか」

「鬼ヶ島に、わるい鬼たちを退治しにいくのだ」

日本一のきびだんごをひとつもらった犬は、桃太郎のあとをついていきました。

「それではひとつ、わけてやろう」

「ひとつ、わたしにくださいな。お供しましょう」

「日本一の、きびだんごだ」

「お腰につけた、それはなんですか」

山を下りていくと、今度は木の上の猿が、きゃっきゃっ、と声をかけてきました。

「桃太郎さん、桃太郎さん。そんなにいさんで、これからどこへいくのですか」

「鬼ヶ島に、わるい鬼たちを退治しにいくのだ」

「お腰につけた、それはなんですか」

「日本一の、きびだんごだ」

「ひとつ、わたしにくださいな。お供しましょう」

「それではひとつ、わけてやろう」

日本一のきびだんごをひとつもらった猿は、犬と一緒に桃太郎のあとをついていきました。

桃太郎たちが野原を歩いていると、空からキジが、ケンケン、と声をかけてきました。

「桃太郎さん、桃太郎さん。そんなにいさんで、これからどこへいくのですか」

「鬼ヶ島に、わるい鬼たちを退治しにいくのだ」

「お腰につけた、それはなんですか」

「日本一の、きびだんごだ」

「ひとつ、わたしにくださいな。お供しましょう」

「それではひとつ、わけてやろう」

日本一のきびだんごをもらったキジは、犬と猿と一緒に桃太郎のあとをついていきました。

桃太郎、犬、猿、キジの一行は、野を越え、山を越え、谷を越え、やがてひろい海に出ました。そこで船をみつけた桃太郎たちは、海のはるか向こうにある鬼ヶ島をめざして漕(こ)ぎ出しました。


「桃太郎さん、桃太郎さん」

船の上を飛んで物見をつとめていたキジが大騒ぎします。

「まっくろな島が見えてきました。鬼ヶ島です」

桃太郎が船のへさきに立って目をこらすと、はるか彼方(かなた)、もやの向こうにうっすらと島が見えます。

「やあ、やあ、あれが鬼ヶ島だ。さあ、みなの衆、こころしてかかるのだぞ」

桃太郎のかけ声にあわせて、みんな島へと上陸しました。鬼ヶ島の城には、おおきな門が立っていました。さっそく犬が門の前に立ち、どんどん、扉を叩きます。

「さあ、鬼たちよ。日本一の桃太郎さんのお出ましだ。お前たちを成敗しにきたのだぞ。おとなしく扉を開けろ」

おどろいた見張りの鬼たちは、城のほうへと逃げていきます。そして、するすると門をよじ登った猿が、内側から扉を開けました。

「やあ、やあ、覚悟しろ」

桃太郎は刀を抜いて、鬼たちに襲いかかります。犬は噛みつき、猿は顔をひっかいて、キジは空から目を突きました。おそろしい顔をした鬼たちも、桃太郎たちの勢いにはかないません。おおきな金棒を投げ出して、逃げていきました。

「やい、やい、おまえが桃太郎か」

城の奥まで進むと、ひときわおおきな鬼の大将が待ちかまえていました。それでも、たくさんのきびだんごを食べた桃太郎たちは百人力。鬼の大将めがけて一斉に襲いかかり、あっという間にやっつけてしまいました。

「さあ、おとなしく降参するのだ」

桃太郎は鬼の大将をねじ伏せると、刀をかかげて言いました。

「ごめんなさい、ごめんなさい。降参します。城のなかの宝ものも、みんなお返しします」

鬼の大将は、手をついて、わあわあ泣きながらあやまりました。


桃太郎たちは、奪われた宝ものを船に積むと、そのまま鬼ケ島をあとにしました。みんなで歌を歌いながら、野を越え、山を越え、谷を越えて、おじいさんとおばあさんのもとへと帰ります。


「おじいさん、おばあさん」

心配していたおじいさんとおばあさんの耳に、なつかしい声が聞こえました。おじいさんとおばあさんが家の外に出ると、桃太郎は三匹の立派な家来をつれて、宝ものの山を積んだ車を引いて帰ってきました。

「さすが日本一の桃太郎じゃ」

おじいさんとおばあさんはたいそうよろこび、桃太郎をむかえました。

そして桃太郎は、おじいさんとおばあさんと三人でしあわせに暮らしました。

以上が古賀史健版「ももたろう」のテキストである。

できれば「桃太郎の話くらい、知ってるよ」と読み飛ばすのでなく、じっくり読み込んでから次の節に移ってほしい。

桃太郎を10枚の絵で説明する

桃太郎の物語をおさらいしたところで、次は「なにを描くか」の候補を考えてみよう。

ストーリーのなかでおもしろいと思うところ、絵にしたほうがいいと思うところ、あるいは自分のあたまに絵が浮かんだところ。なんでもいいから、ありったけ書き出してみるのだ。さしあたってここでは、ぼくが30のシーンを書き出してみた。

①山の遠景と、そのなかにある
おじいさんとおばあさんの家

②柴刈りに行くおじいさんと
洗濯に行くおばあさん

③洗濯するおばあさんと、
上流から流れてくる桃

④おおきな桃におどろくおばあさん

⑤おおきな桃を抱えて
家に帰るおばあさん

⑥おおきな桃を見ておどろくおじいさん

⑦ おおきな桃を割る
おじいさんとおばあさん

⑧ 桃のなかから
元気よく飛び出してくる桃太郎

⑨ 桃太郎を抱いてよろこぶ
おじいさんとおばあさん

⑩ ごはんを食べるたびに
育っていく桃太郎

⑪ 村の子どもたちと相撲をとって
投げ飛ばす桃太郎

⑫ カラスの話を聞く桃太郎

⑬ 大暴れして、宝ものを奪っていく鬼たち
（イメージ）

⑭ おじいさんとおばあさんに
決意を語る桃太郎

⑮ きびだんごをこしらえるおばあさん

⑯ はかま、はちまき、
刀を身につける桃太郎

⑰ おじいさんとおばあさんに見送られ、
出発する桃太郎

⑱ 犬にきびだんごをあげる桃太郎

⑲ 猿にきびだんごをあげる桃太郎

⑳ キジにきびだんごをあげる桃太郎

㉑ 野を越え、山を越え、谷を越え、
旅する桃太郎たち

㉒ 船を漕いで鬼ヶ島をめざす桃太郎たち

㉓ 海の向こうに浮かぶ、まっくろな鬼ヶ島

㉔ おおきな門の前に立ち、
扉を開けるように求める桃太郎たち

㉕ 赤鬼、青鬼、いろんな鬼を成敗する
桃太郎たち

㉖ 城の奥に待ちかまえていた鬼の大将

㉗ 鬼の大将と戦う桃太郎たち

㉘ 泣いてあやまる鬼の大将

㉙ 宝ものを積んだ船で帰る桃太郎たち

㉚ おじいさん、おばあさんと
再会する桃太郎たち

もしも漫画版の『ももたろう』だったら、この30枚すべての場面を描くだろうし、さらに30枚（つまり合計60コマ）以上、確実に描くだろう。

しかし、子ども向けの絵本はおよそ20ページから40ページのあいだで収めることが一般的な、省略ありきのメディアだ。仮に見開きごとに1枚の絵が入るとしたら、10枚から20枚の絵で構成されることになる。

そこで、この30枚のなかから「わたしが絵本『ももたろう』に入れる10枚」を選んでみよう。子どもたちがよろこび、夢中になり、なおかつストーリーをちゃんと理解してもらえるような10枚を選んでいくのだ。

ここに厳密な意味での正解など、存在しない。だが、正解が存在しないからこそわれわれは、「なにを捨て、なにを残し、どうつなげるか」を真剣に考え抜かなければならない。そして「この絵を捨てた理由」や「この絵を残した理由」を、1枚残らず堂々と説明できる自分であらねばならない。

答えを急ぐ気持ちはわかるが、ぜひ立ち止まって自分だけの10枚を選んでほしい。それをしなければ次からの話は、読んでも得るものがないだろう。

構造の頑強性を考える

ここからは、あなたがすでに10枚の絵を選び終えたものとして話を進める。

30枚の候補から10枚に絞り込む作業は、思いのほか大変だったはずだ。枚数のことを考えずに選んでいったら、どんなに少なくても15枚、ふつうにいけば20枚前後の絵がほしくなるのではないかと思う（もしも枚数制限がなかった場合、ぼくは23枚の絵を選んでいる）。絵になりそうなシーンだけが30枚並んでいるのだから、当たり前のことだ。

さて、10枚を選ぶときにあなたは、なにを基準に選んでいっただろうか？

そこに明確な指針はあっただろうか？

物語の冒頭から順番に、感覚的に選んでいかなかっただろうか？

そして後半、絵の枚数が足りなくなって慌てたのではないだろうか？

なにを削っていけばいいか、途方に暮れてしまったのではないだろうか？

これはなにも考えずに書いた、構成のまったく練られていない原稿の典型である。

先にも述べたように、ことばは外気に触れた瞬間から固まっていく。ぼんやりと「あれも入れよう」「これも入れよう」と盛り込んでいったことばやエピソード――今回の場合は選んでいった絵――は、もはや動かしがたいものとしてそこに固着する。あと先を考えない足し算は、原稿を錆びつかせる塩水だと考えよう。

では、どうやって構成を考えていけばいいのか。

ここで思い出してほしいのが、ガイダンスで語ったコンテンツの三角形、とくに「ライターが編集するもの」として示した、「価値の三角形」だ。

原稿の構成を考えるにあたっては、「情報の希少性」と「課題の鏡面性」、そして「構造の頑強性」を指針にするといい。ガイダンスの段階では雲をつかむような話だったかもしれないが、桃太郎の絵本という題材を与えられたいま、実感をもって理解できるはずだ。まずは「構造の頑強性」から説明しよう。

文章を構造的に語るとき、一般的には文（センテンス）や段落（パラグラフ）の単位で、あれこれと説明がなされる。「ひとつのパラグラフでは、ひとつのトピックだけを語りましょう。ひとつのパラグラフに複数のトピックを詰め込むと、読みづらくなってしまいます」「パラグラフの冒頭には、その段落全体で伝えたいことの要約文（主題文）を持ってきましょう」といった話だ。英作文、とくにレポートや論文の分野で「パラグラフ・ライティング」と呼ばれる論述法である。

しかし、パラグラフ（段落）にしても、センテンス（文）にしても、感覚的な理解がむずかしい。いかにも「お勉強」めいた文法論に聞こえてやる気を削がれてしまう。しかも日本語は、英語ほど論理的な構造を持った言語ではなく、欧米由来の作文構造になじみにくいところがある。

たとえば、「段落」という単位。

段落とは、文章のおおきな切れ目を指し、改行がその目印となる。しかし、英語文における改行が明確に「意味の切れ目」でおこなわれるのに対し、日本語文では見やすさや読みやすさ、理解のしやすさを優先して改行することが多い。これを「形式段落」と呼び、英語でいうパラグラフの定義からは完全に外れた表記スタイルとなっている。

そして、ひとつ以上の形式段落からなる「意味のうえでのおおきな切れ目」のことを、「意味段落」と呼ぶ。英語文のパラグラフに対応しているのは、形式段落ではなく、意味段落のほうなのだ。——と、こんなふうに説明されてもあたまが混乱するだけだろう。ぼくだって普段、形式段落だの意味段落だのといったことを意識しながら書くことは、まずない。

代わりにぼくは、文法用語ではなく、映像編集用語を参考に、文章の構造を考えるようにしている。

日本の映画・映像業界では、映像の最小単位を「カット」と呼ぶ（英語では「ショット」が本則）。監督が「よーい、スタート」と合図を出し、カメラが回りはじめる。そして「はい、カット！」と叫んでカメラを止める。この、フィルムが回りはじめてから止められるまでが、ひとつの「カット」だ。文章でいえば、最初のひと文字から句点（。）で区切られるまでの「文」である。

そして、いくつかのカットを集めてひとつの「シーン」がつくられる。

たとえば、野球部の監督がノックしている場面。次々にボールを打っていく監督。泥にまみれながら白球を追う野球部員たち。まだまだだと声を荒げる監督の顔。沈んでいく夕陽。いくつもの「カット」が撮られ、それを組み合わせることによって「ノックのシーン」ができあがる。文章でいえば「段落」、つまりパラグラフである。

さらに、複数のシーンをつなげたものを「シークエンス」と呼ぶ。

これは日本語に訳すのが若干むずかしいことばなのだが、シーンがひとつの「場面」だとすれば、シークエンスは場面の連なりによって語られる「局面」のようなものだ。たとえば、ノックのシーンと、打撃練習のシーン、投球練習のシーン、走り込みのシーン、グラウンド整備のシーンなどを組み合わせることによって「練習のシークエンス」ができあがる。文章の単位でいえば「章」、あるいはそれよりもひとつちいさい「節」である。

こうしていくつものシークエンスが積み重なることによって、ひとつの映画、また物語ができあがっていく。

さて、「桃太郎の10枚」を選ぶにあたって、最初にやるべきことはなんだろうか。

図8　映像から考える作文構造

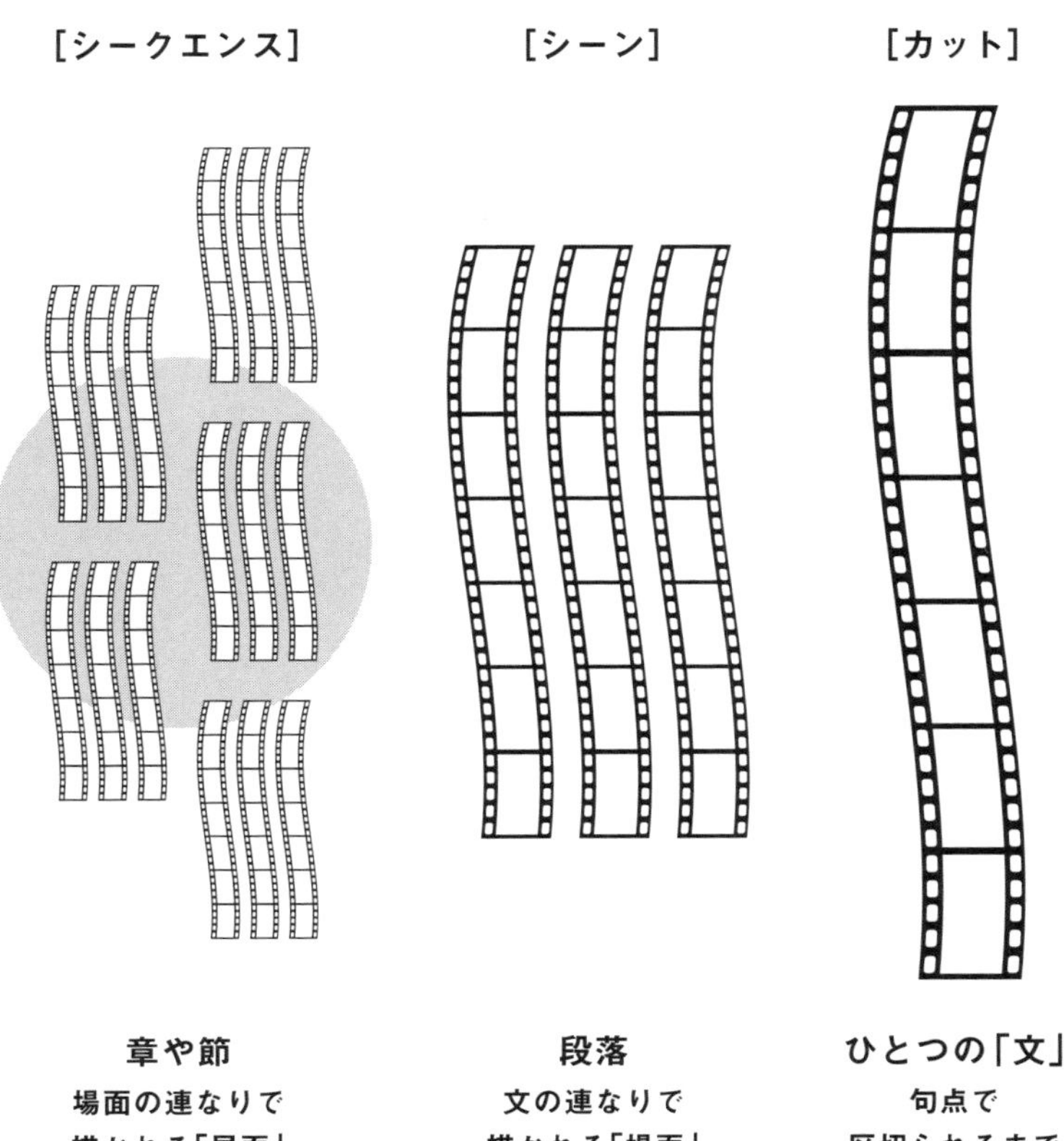

章や節
場面の連なりで
描かれる「局面」

段落
文の連なりで
描かれる「場面」

ひとつの「文」
句点で
区切られるまで

物語全体を、シークエンスの単位で区切っていく作業だ。
感覚的に、なんとなく10枚の絵を選んでしまったら、絵本としてうまく成立してくれない。あなたにとって桃太郎は自明の物語かもしれないが、子どもたちにとってはまったく未知の物語だ。まずは桃太郎がどのような構造を持った物語なのか、シークエンスの単位で考えてみよう。たとえば、以下のような感じである。

シークエンスA　おじいさんとおばあさん

①山の遠景と、そのなかにあるおじいさんとおばあさんの家
②柴刈りに行くおじいさんと、洗濯に行くおばあさん
③洗濯するおばあさんと、上流から流れてくる桃
④おおきな桃におどろくおばあさん
⑤おおきな桃を抱えて家に帰るおばあさん
⑥おおきな桃を見ておどろくおじいさん

シークエンスB　桃太郎の誕生と成長

⑦おおきな桃を割るおじいさんとおばあさん

⑧桃のなかから元気よく飛び出してくる桃太郎
⑨桃太郎を抱いてよろこぶおじいさんとおばあさん
⑩ごはんを食べるたびに育っていく桃太郎
⑪村の子どもたちと相撲をとって投げ飛ばす桃太郎
⑫カラスの話を聞く桃太郎
⑬大暴れして、宝ものを奪っていく鬼たち（イメージ）

シークエンスC　鬼退治への出立と家来たち

⑭おじいさんとおばあさんに決意を語る桃太郎
⑮きびだんごをこしらえるおばあさん
⑯はかま、はちまき、刀を身につける桃太郎
⑰おじいさんとおばあさんに見送られ、出発する桃太郎
⑱犬にきびだんごをあげる桃太郎
⑲猿にきびだんごをあげる桃太郎
⑳キジにきびだんごをあげる桃太郎

シークエンスD　鬼ヶ島への旅

㉑野を越え、山を越え、谷を越え、旅する桃太郎たち

㉒船を漕いで鬼ヶ島をめざす桃太郎たち

㉓海の向こうに浮かぶ、まっくろな鬼ヶ島

シークエンスE　鬼ヶ島での合戦

㉔おおきな門の前に立ち、扉を開けるように求める桃太郎たち

㉕赤鬼、青鬼、いろんな鬼を成敗する桃太郎たち

㉖城の奥に待ちかまえていた鬼の大将

㉗鬼の大将と戦う桃太郎たち

㉘泣いてあやまる鬼の大将

シークエンスF　凱旋と再会

㉙宝ものを積んだ船で帰る桃太郎たち

㉚おじいさん、おばあさんと再会する桃太郎たち

AからFまで、6つのシークエンスに振り分けてみた。

ここで大切なのは、「それぞれのシークエンスから最低1枚は選ばないと、物語の理解がむずかしくなる」という点だ。

たとえば、D「鬼ヶ島への旅」のシークエンスなどは、思わず捨てたくなるところかもしれない。ここを描くよりも、犬、猿、キジをそれぞれ家来にしていく場面を、ていねいに描きたくなるかもしれない。しかし、「鬼ヶ島への旅」のシークエンスを削ってしまったら、桃太郎たちはチームを組んだ途端、鬼ヶ島に到着してしまう。冒険の要素がなくなり、鬼ヶ島の戦いがなんだか隣村の出来事くらいに感じられてしまう。

まずはシークエンスを考えること。そして今回の場合、6つのシークエンスのなかから最低でも1枚ずつ選んでいくこと。それが構造の頑強性を考える、もっとも確実な手順だ。AからFのシークエンスさえ踏まえておけば、最低限の耐震強度は保たれる。

それでは、各シークエンスからどんな絵を選ぶのか？

また、各シークエンスから1枚ずつ（計6枚）選んだあとに追加する4枚は、なにを基準に選んでいくのか？

考えるべきはあの三角形にあった残りの要素、「情報の希少性」と「課題の鏡面性」である。

情報の希少性を考える

今回ぼくは課題として、桃太郎を挙げた。

日本で生まれ育った人であれば、おそらくそのストーリーを知っているだろうと思ってのことだ。いわば、むかし話の代表格として桃太郎を題材にしたわけである。

それでは、なぜ桃太郎はそんなに有名な物語なのか？

たとえば浦島太郎や一寸法師、かぐや姫やさるかに合戦と比べて、桃太郎のどこがおもしろいのか？

率直にいってこの判断は、個人の主観に委ねられる話だ。

ある人にとっての「桃太郎のここがおもしろい」というポイントも、ほかの人にはまったく響かないのかもしれない。「桃太郎の魅力といえば、あそこじゃないか！」と反論する人だっているのかもしれない。

編集者と話をしていると、これによく似た相談を受けることがある。

ライターと一緒に、取材に行く。誰かのところへ、インタビューに行く。取材はおおいに盛り上がり、興味深い話をたくさん聞くことができた。取材先からの帰り道、スケジュールを確認したのち、原稿を待つ。ところが、上がってきた原稿がまったくおもしろくない。なぜ、どこが、どうおもしろくないのか？

筆力の問題ではない。筆力以前に「あの話」を入れていないこと、その代わりに「この話」を入れてしまっていること、要するに「書くこと」と「書かないこと」の選択ミスをしてしまっていることが、原稿をつまらなくしているのだ。

もっとも、原稿のなかで「なにを書くか」や、その前にある「なにをおもしろいと思うか」の判断は、最終的にはライター（書き手）の主観によってなされるべきだと、ぼくは思っている。書き手自身がおもしろいと思っていないことに筆を費やしても、原稿はおもしろくならない。

ただし、その主観が独善となることは避けるべきだ。あなたにとっての「おもしろいこと」が、読者にとっても「おもしろいこと」なのか、またコンテンツにとっての「おもしろいところ」なのかは、なんらかの手続きを踏んで考えたほうがいいだろう。

そこで指針となるのが「情報の希少性」である。桃太郎を例に考えてみよう。

好きとか嫌いとか、おもしろいとかおもしろくないとかの感情をいったん横に置いて、「桃太郎を、桃太郎たらしめているもの」を考える。別の言い方をするなら、「ほかのむかし話とは違うところ」を考える。それが情報の希少性を考える、ということだ。当然そこには、「ほかのむかし話」に対する入念な取材が必要になる。浦島太郎、一寸法師、かぐや姫、こぶとり爺さん、さるかに合戦、鶴の恩返し、その他諸々だ。桃太郎を知るのに「桃太郎」だけを読んでいても、なんらその本質に迫ることはできない。

たとえば、「鬼」。

桃太郎といえば鬼退治の物語だが、鬼の出てくるむかし話は、ほかにもたくさんある。おおきな鬼と戦う一寸法師や、宴(うたげ)を開く鬼たちの輪に入ってしまうこぶとり爺さんなど、バリエーションもゆたかだ。情報の希少性という観点から考えた場合、鬼の価値は低い。あるいは「おじいさんとおばあさん」も、「すくすく成長する姿」も、「冒険の旅」も、最後に手にする「宝もの」も、桃太郎オリジナルとは言えないだろう。……このようにして考えていくと、「桃太郎を、桃太郎たらしめているもの」はおそらく、次の4点に絞られてくる。

・桃

川の上流から流れてくるおおきな桃。「どんぶらこ、どんぶらこ」という擬音。そして桃のなかから生まれてくる元気な男の子。これらの設定は、ほかでは見ることのできない、完全に「桃太郎」オリジナルのものだ。

・きびだんご

ほとんどの日本人は、「桃太郎」を通じてきびだんごという食べものの存在を知ったのではないだろうか。そして、まだ見ぬきびだんごに、猛烈なあこがれを抱いたのではないだろうか。童謡『ももたろう』のなかでも歌われるきびだんごは、明らかに「桃太郎」オリジナルのアイテムである。

・家来になる動物たち

たとえば浦島太郎や鶴の恩返しのように、人間と動物の交流を描いたむかし話はたくさんある。しかし、犬と猿とキジが登場し、しかも三者を家来として従える設定は、「桃太郎」だけにしかないものといえる。

・鬼ヶ島

他のむかし話に登場する鬼たちは、人間の世界（たとえば村）に現れる侵略者であることがほとんどだ。しかし「桃太郎」においては、鬼ヶ島という孤島の居城（きょじょう）に鬼たちが住んでいる。しかも鬼ヶ島は二本の角（つの）が生えた、鬼の顔のような形状をしている。鬼そのものはむかし話に平凡な存在だが、鬼ヶ島は「桃太郎」に特徴的な合戦の舞台である。

もしもこの4点を描かなかったとすれば、桃太郎の魅力は半減するだろう。いや、もはやそれは桃太郎ではなくなってしまうとさえ、言えるかもしれない。この4点があるからこそ、桃太郎は桃太郎なのだ。

自分でコンテンツをつくるときの考え方も、まったく同様である。

情報の希少性を考えることは、要するに「そこに『きびだんご』はあるか?」を考えることだ。いいコンテンツにはかならず、「ここでしか読めないもの」が含まれる。桃太郎のきびだんごや鬼ヶ島に該当するなにかが、ぜったいにある。しかもひとつやふたつではなく、いくつも含まれる。もちろん本書だってそのつもりだ。ぼくなりの「きびだんご」や「鬼ヶ島」が、両手の指で数えきれないほど確実にある。

自分の企画を、あるいは原稿を、「そこに『きびだんご』はあるか?」の目で読み返してみよう。そしてその「きびだんご」が有用で魅力的なものであるか、もう一度考えよう。これはコンテンツの核心をつかむための問いかけでもある。

課題の鏡面性を考える

続いて考えるのが、「課題の鏡面性」である。

鏡面性とは本来、金属加工の分野で使われることばだ。「課題の鏡面性」なんて言いまわしは、まったく正しい用法ではない。

ただ、すぐれた小説を読んでいると、ときどき登場人物に対して「これは『わたし』そのものじゃないか」と感じることがある。作者が、他の誰でもない「わたし」に向けて語りかけているように感じられる瞬間がある。あるいは採り上げられたテーマについて、「まさに、いまの『わたし』が直面している課題じゃないか」と感じることがある。もっとシンプルに「そう、そう、よくぞ言ってくれた！」と喝采(かっさい)を送りたくなったり、「その気持ち、めちゃくちゃわかる！」と心底同意したりすることがある。いずれも、読者がコンテンツのなかに「わたし」を見出した状態だ。言い方を変えれば、コンテンツが「わたしを映し出す鏡」として作用している状態だ。

自分ごと化、感情移入、登場人物を応援する気持ち、その先にある課題解決のカタルシス。まとめてぼくは、「課題の鏡面性」と呼んでいる。

具体的に、桃太郎で考えてみよう。

ストーリー全体を俯瞰して考えた場合、桃太郎は恩返しと勧善懲悪（鬼退治）を基調とする物語である。桃太郎は育ててくれたおじいさんとおばあさんの恩に報いるため、わるい鬼をやっつけて、村に（世界に）平和を取り戻す。

この基本ラインがありながら、桃太郎には「武勲をあげたい」や「腕試しをしたい」という、武者修行的な一面も垣間見える。鬼ヶ島への遠征は、武勲をめざす旅のようでもあり、道場破りの旅のようでもある。犬や猿やキジを「家来」として従えるところなど、いかにも武将ごっこ・兵隊ごっこ的で、男の子っぽい――逆に言えば、いまの時代にはそぐわないであろう――むかし話だ。映画やゲームにたとえるなら、ジャンルはあきらかに「アクション／アドベンチャー」である。

そのように考えた場合、桃太郎において読者がもっとも興奮（自分を投影）し、桃太郎を応援する場面といえば、やはり鬼退治だろう。わるい鬼たちに、犬が噛みつき、猿がひっかき、キジが突き、桃太郎が斬る、そのアクションシーンだろう。とくに、とても強そうには思えないキジの活躍ぶりは、読者に新鮮な驚きをもたらすだろう。

そしてアクションシーンを魅力的に描くためには、あらかじめ「鬼の恐ろしさ」を強調しておいたほうがいい。わけても、鬼ヶ島のおどろおどろしい姿は、バトル開始前の緊張感を高めるのに絶好の素材である。

ということで、「武勲をめざして立ち上がるシーン」と「海の向こうに浮かぶ、まっくろな鬼ヶ島」、そして「鬼たちとのバトル」は、なるべく詳細に描いておきたい。

さらにまた、恩返しと鬼退治をつなぐ要素として、桃太郎の「自立」が描かれる点にも注目したい。桃太郎は一人前の武者として自立するからこそ、鬼退治の旅に出て、鬼をこらしめ、恩返しを果たす。おじいさんとおばあさんからの自立（鬼退治に出かけるという宣言、ならびに「行ってこい」との承認）は、とても大切なシークエンスだ。

以上の「構造の頑強性」「情報の希少性」「課題の鏡面性」を踏まえて、ぼくは次のページの10枚を選んでみた。唯一絶対の「正解」ではないものの、この10枚を選んだ理由を、ぼくは堂々と説明することができる。

シークエンス C
（鬼退治への出立と家来たち）

⑭ おじいさんとおばあさんに
決意を語る桃太郎

⑰ おじいさんとおばあさんに見送られ、
出発する桃太郎

⑳ キジにきびだんごをあげる桃太郎

シークエンス A
（おじいさんとおばあさん）

② 柴刈りに行くおじいさんと
洗濯に行くおばあさん

③ 洗濯するおばあさんと、
上流から流れてくる桃

シークエンス B
（桃太郎の誕生と成長）

⑧ 桃のなかから
元気よく飛び出してくる桃太郎

シークエンス F

（凱旋と再会）

㉚ おじいさん、おばあさんと再会する桃太郎たち

シークエンス D

（鬼ヶ島への旅）

㉓ 海の向こうに浮かぶ、まっくろな鬼ヶ島

シークエンス E

（鬼ヶ島での合戦）

㉕ 赤鬼、青鬼、いろんな鬼を成敗する桃太郎たち

㉘ 泣いてあやまる鬼の大将

もちろん、おおいに悩んだ。たとえば、犬、猿、キジにきびだんごをあげて家来にしていくシーンは、それぞれ1枚ずつの絵を使って説明するのがていねいだ。しかし、それによって他のシーンを削ってしまうのはもったいない。キジにきびだんごをあげる絵には、すでに家来となった犬と猿も描かれている。だったら「キジにきびだんごをあげる桃太郎」の1枚で、犬と猿のぶんも描いてしまおう、というのがぼくの判断だ。おかげで鬼ヶ島でのアクションシーンを克明に描くことができた。

また、鬼退治の決意を語って旅に出るまで（⑭と⑰）を2枚使っててていねいに描いたのは、それが「自立」のシーンだからである。みずからの意志を持ち、大人たちにことばで伝え、大人たちに頼ることなく、自分で決めた旅に出る。武勲をめざす物語として、さらには子どもたちに読み聞かせる成長譚（たん）として、ここはどうしてもじっくり伝えなければならない。結果、旅の道中が省略されてしまったが、やむをえないところだ。

もちろんこれは「古賀史健の桃太郎」であって、あなたが違った10枚を選んでもまったくかまわない。大切なのは「なぜ、この10枚なのか」を堂々と語れることだ。

また、桃太郎にかぎらず、他のむかし話でも「10枚の絵本」をつくってみよう。あるいは、名作とされる絵本をたくさん手に入れ、読み込み、それぞれについて「なぜ、ここにこの絵を入れたのか？」「自分だったらどんな絵を入れるのか？」を考えてみよう。

各シークエンスを取りこぼさない構造の頑強性。そして「この原稿を、この原稿たらしめているもの」を考える情報の希少性。さらには読者の「自分ごと化」を実現する課題の鏡面性。自分の取材した分母について、絵本的発想で考えられるようになれば、構成力は格段に向上するはずだ。

構成を絵で考える理由

ここで復習も兼ねて、構成を絵で考えることのメリットを見ていこう。

もともとぼくは、取材（インタビューや資料の読み込み）を終えて執筆に臨む際、さほど苦もなく構成を考えることができた。自分の文章が上手だと思ったことはないけれど、構成については一定の手応えや自信を持っていた。ほかの人が書いた文章を読んでも、「この構成は、あきらかにもったいない」とか「ここをこう入れ換えて、こんな順番で語ればもっとおもしろくなるのに」といったことが、感覚的に察知できた。

たとえば数学が得意な人は、図形問題の三角形や四角形を見ているだけで、そこに引かれるべき補助線が浮かんでくるのだという。もしかしたらそれに近い能力、勘やセンスのようなものなのかもしれない（ちなみにぼくは数学もパズルも大の苦手だ）。

とはいえ、勘やセンスの問題だと片づけているうちは、誰にもそれを教えられないし、自分自身でも「なぜ、この構成になるのか」を言語化できない。自分が構成を苦にしない理由を考えに考えて、ようやくたどり着いたヒントが、「絵」だった。

ぼくは構成を、かなり映像的に捉えている。

わかりやすくいえば「この段落ではなにを語るか」や「どう展開すれば伝わるか」と考えるのではなく、「このシーンではなにを描くか」や「カメラは次に、どんな場所から、なにを写すべきか」と考えている。ほとんど無意識のうちに、シーンやシークエンスの単位で構成を考え、文章のカメラワークを考えている。

おそらくそこには、小学校から中学校にかけてずっと漫画を描いていたこと、そして中学校から大学にかけては映画監督をめざし、たくさんの映画を観て、映画に関する本を読みあさって、自主製作映画に取り組んだりしてきた経験が関係しているのだろう。

そんな判断から一時期、若いライターさんたちに対して「もっとたくさん映画を観よう」「監督の気持ちになって、映画の一分一秒を見逃さないようにしよう」「たくさんのすぐれた漫画を読んで、コマ割りから構成を学ぼう」と呼びかけてきた。ライターへの推薦図書として、『映画を書く

ために あなたが しなくては ならないこと　シド・フィールドの脚本術』（シド・フィールド著、安藤紘平・加藤正人・小林美也子・山本俊亮訳／フィルムアート社）や、『映画の教科書　どのように映画を読むか』（ジェイムズ・モナコ著、岩本憲児・内山一樹・杉山昭夫・宮本高晴訳／フィルムアート社）、そして前述の『映画の瞬き　映像編集という仕事』など、映画製作の関連本を挙げてきたりもした。

しかし、若いライターさんたちとの交流が増えるにつれ、「映画から構成（編集）を学ぶことは、ほぼ不可能である」との結論に達する。完成された映画を何百本観たところで、「捨てられたフィルム」には触れられない。そして時間の芸術である映画は、2時間なら2時間すべてのシーンやカットを克明に記憶することがむずかしく、結果としてうすらぼんやりとした記憶のなかで反芻せざるをえない。構成の教科書として、映画はきわめて不親切なメディアである。自分で実際に（ストーリーのある）映画を撮り、編集してみなければわからないポイントが、たくさんある。

そんな紆余曲折を経て、ようやく行きついた最高の教科書が絵本だった。

絵本は、短い。誰にでもわかることばで、書かれている。そして絵本は、流れ消えゆく時間の芸術ではなく、印刷物として固定化されたメディアである。簡単に、何度でも読み返し、ことばをなぞりながら考え抜くことができる。さらに絵本には「描かれたもの」と「描かれなかったもの」の両方が併存している。物語のテキストと、厳選された絵が並び立っている。構成を学ぶのに、絵本に勝るメディアはないと断言してもいい。

たとえば先ほど選んだ、桃太郎の10枚。

同じ10枚であっても、並び順を替えるだけで、またおもしろい流れができあがる。

ぼくの場合もそうだったが、おそらく大半の人は1枚目に「おじいさんとおばあさんの家」や「柴刈りに行くおじいさんと、洗濯に行くおばあさん」を選んだはずだ。時系列から考えても、至極まっとうな選択である。とはいえこの導入は、いかにも月並みで、退屈なはじまりだともいえる。

そこで1枚目に、いきなり「桃のなかから元気よく飛び出してくる桃太郎」を持ってきたら、どうだろう？

導入にくる絵としては、インパクト抜群である。はじめて桃太郎に触れる子どもたちには、びっくり仰天の展開だ。ただし当然、時系列はおかしくなる。2枚目には川で洗濯するおばあさんの絵を持ってくるなどして、「じつはその日の朝、おばあさんが川で洗濯していると……」と回想シーンを挿入する必要があるだろう。映画や漫画の世界でも、冒頭にクライマックスを持ってきて（結末までは語らない）、そこから平穏だった日常の回想シーンに移っていく展開は、しばしば見られるものだ。

ライターの原稿に置き換えると、たとえばこんな展開だ。

「あのころは毎日のように引退を考えていましたね。もう俺は終わったんだって」

サッカー日本代表で不動のエースとして活躍する、〇〇〇〇選手。6年前のJリーグ開幕戦、相手ディフェンダーから右膝に激しいタックルを受け、そのまま病院に搬送された。精密検査の結果下された診断は、右膝前十字靭帯（ぜんじゅうじじんたい）断裂。緊急手術は無事に成功したものの、その先に待っていたのは、1年半にも及ぶ孤独で壮絶なリハビリ生活だった。完全復活を果たしたいま、何度も心が折れそうになったという「悪夢の1年半」について、静かに口を開いた。

インパクトの強い告白を、冒頭に持ってくる。そしてそれが誰の発言なのか、またどんな文脈から出てきた発言なのかを、時系列をさかのぼるようにして説明していく。取材によって得た知見を「絵」や「シーン」として考えられるようになれば、こうした並び替えはいくらでも浮かんでくるはずだ。逆に、ことばをことばとして考えているうちは、大胆な構成は浮かびづらい。

あるいは、先ほど選んだ10枚について、「もう3枚だけ、プラスしてもいい」と条件が変わったらどうだろうか？

おそらく30枚の候補から10枚に絞り込むのは、苦渋（くじゅう）に満ちた決断だったはずだ。「これではストーリーの説明ができない」「最低でも20枚は必要だ」など、猛烈な不自由を感じたはずだ。しかし、10枚を選び抜いたあとに3枚プラスできると聞いて、どう感じるだろうか？　ものすごく表現の幅が広がったような、桃太郎をいくらでも詳細に説明できるような、途方もない「自由」を感じるのではないだろうか？　最初は「20枚ほしい」と思っていたにもかかわらず、たったの13枚で完ぺきに説明できるような気がしないだろうか？

その自由は、あらかじめ「書くこと」を極限まで絞り込み、不自由のトンネルをくぐったからこそ手に入る自由だ。絵本的発想で、いったん「書くこと」の骨格を固める。そして肉付けするように、追加のカードを1枚ずつ切っていく。構成とは、そのように考えていけるものなのである。

バスの行き先を提示せよ

この章の最後に、ひとつおもしろい話を紹介しよう。

童謡の『ももたろう』は、とても有名な歌だ。むかし話の桃太郎がそうであるように、日本人にもっとも親しまれている童謡のひとつと言えるだろう。しかしこの歌詞、よく聴くとかなり大胆な構成になっている。一緒に見てみよう。

『ももたろう』（作詞・不詳／作曲・岡野貞一）

1

ももたろうさん　ももたろうさん
お腰につけた　きびだんご
ひとつわたしに　くださいな

あげましょう　あげましょう
これから鬼の　征伐（せいばつ）に
ついて行くなら　あげましょう

行きましょう　行きましょう
あなたについて　どこまでも
家来になって　行きましょう

2

そりゃ進め　そりゃ進め
いちどに攻めて　攻めやぶり
つぶしてしまえ　鬼ヶ島

おもしろい　おもしろい
残らず鬼を　攻め伏せて
ぶんどりものを　エンヤコラ

バンバンザイ　バンバンザイ
おともの犬や　猿キジは
いさんで車を　エンヤコラ

実際に10枚の絵を選び、シークエンスやシーンの観点も得た人であれば、驚き呆れる歌詞だろう。この歌のなかで桃太郎は、いきなり「桃太郎」として存在している。桃から生まれたことは語られず、ただきびだんごをぶら下げて鬼退治に行く、ひとりの武者である。しかも2番の、鬼の征伐を「おもしろい、おもしろい」と連呼する心性。あるいは宝ものの強奪――なにせ「ぶんどりもの」である――に関する描写。もはや、鬼と桃太郎のどちらが悪役なのかわからないほど好戦的で、情操教育への悪影響を心配したくなるレベルである。

ただし、「見せるべき絵」との観点から見ると、この歌は正しい。

桃太郎とは、鬼退治の物語であり、家来を従え、武勲をあげる物語なのだ。「おおきな桃が流れてくる物語」でも、「おおきな桃から生まれる物語」でもない。ゴールにあるのは鬼退治と、宝ものの奪還なのである。

そしてストーリーテリングにあたっては、物語のなるべく早い段階で「作品のジャンルとゴール地点」を示したほうがいい。これはぼくのオリジナルではなく、以前に取材させていただいた漫画家の三田紀房先生から教わった原則だ。

三田先生はそれを「バスの行き先理論」ということばで説明してくれた。

バス停で待っていると、向こうのほうからバスが1台やってくる。バスの前面、フロントガラスの上部には「渋谷駅行き」や「新宿駅行き」など、バスの行き先が表示されている。だからこそ乗客は安心して目当てのバスに乗り、移動の時間をたのしむことができる。一方、もしも行き先が表示されていない正体不明のバスに押し込まれたら、その道中は不安だらけだろう。自分はどこに連れていかれるのか、気が気でないだろう。

同じことは新連載の漫画にも言える、と三田先生は語る。

仮に高校野球の漫画だったなら、なるべく早い段階（たとえば第1巻、できれば第1話）で「甲子園に行くぞ」や「甲子園で優勝するぞ」というゴールを示したほうがいい。そうすることによって読者は、安心してそのバスに乗ることができる。逆に、ゴールや行き先が不明なままずるずるとはじまる漫画――たとえば野球部に入部しないまま何話も続く漫画――は、なかなか読者が乗車してくれない。ほんとうに信頼できるバスなのか、へんなところに連れていかれはしないか、半信半疑のまま様子を窺う。それが「バスの行き先理論」だ。

この原則に従って考えると、童謡のなかで桃太郎の出生を延々と語るのは間違いである。物語のなるべく早い段階で主人公の名前を語り、作品のジャンルを示し、「鬼退治」のゴールを明らかにしたほうがいい。主人公とそのゴールの提示から入り、アクションシーンを存分に描き、エピローグ的に「ぶんどりもの」を持ち帰る姿を描く前述の歌詞は、まったく正しい構造といえるだろう。

前章で述べたように、コンテンツは等しく「課題解決」をめざすプロセスとして存在している。つまりコンテンツには、なんらかのゴール（課題が解決された姿）がある。自分たち（書き手と読者）を乗せたバスはこれからどこをめざして走り出すのか、その行き先をなるべく早く提示するようにしよう。すべての原稿にあてはまる原則ではないものの、もったいぶってはいけない。行き先のわからないバスなど、誰も乗ってくれないのである。

第6章
原稿のスタイルを知る

ビル・ゲイツの告白

いま、ぼくの手元に1冊の本がある。

ビル・ゲイツが1995年に刊行し、現在は絶版となっている『ビル・ゲイツ　未来を語る』（ビル・ゲイツ著、西和彦訳／アスキー出版局）という本だ（もちろんこれは、『ホーキング、宇宙を語る』を意識しての邦題と思われる）。自身の生い立ちについて、マイクロソフト社について、そして来たるべき情報革命時代のありようについて存分に述べられた同書は、いま読み返しても十分おもしろく、発見に満ちている。

しかし、ぼくが格別に好きなのが、「はじめに」部分で語られるビル・ゲイツのことばだ。当初の締切を1年以上オーバーしたという彼は、「この本の内容を考え、書き上げるには、思ったよりも長い時間がかかってしまった」と素直に認めている。そして「執筆の時間的な見積もりをたてるのは、ソフトウェア開発の大型プロジェクトのスケジュールをつくるのとおなじくらいむずかしかった」と振り返る。

いったい、なにがそんなにむずかしかったのか。スピーチの名手であり、無類の読書家としても知られる若きビル・ゲイツの告白に耳を傾けよう。

> スピーチ原稿を書くのは好きなほうなので、本を書くのもそんなものだろうと思いこんでいた。ひとつの章を書くのはスピーチ一本を書くのとおなじことだろうと、無邪気に思っていたわけだ。それはまるで、よくあるソフト開発者の勘違いみたいなものだった。つまり、十倍長いプログラムを書くには、百倍込み入った作業が必要となるということだ。この本を書き上げるため、わたしは休暇をとり、パソコンといっしょに夏の家に閉じ込もらなければならなかった。
>
> （同書）

たしかに、雑誌やウェブメディアの世界では一定の評価を受けていながら、「本」になるとまったく力を発揮できないライターは多い。取材もできるはずだし、いい文章も書けるはずなのに、本を書かせるとぼろぼろになってしまうライターだ。

ビル・ゲイツの例を挙げるまでもなく、本は「普段は1日で5000字の原稿を書いているのだから、10万字の本でも20日あれば書ける」というものではない。短距離走と長距離走が違うように、テレビコマーシャルと長編映画が違うように、木造家屋とオフィスビルが違うように、使っている筋肉や脳味噌、守るべきルールがすでに違う。

それゆえ反対に、本を書かせればおもしろいのに、短い原稿を書くとまとまりが悪い、という書き手も存在する。あるいはインタビューや対談原稿をまとめさせたら絶品なのに、コラムやエッセイはまったく書けない人も大勢いる。いずれも「原稿の長さ」ではなく、得意とする分野が違い、スタイルが違うのだ。

現在、ぼくは「本」に軸足を置いて、ライター活動を続けている。

20代のころは雑誌をメインに活動していたし、ウェブメディアも経験してきた。インタビュー原稿、対談原稿、コラムやエッセイ、書評や映画評など、いろんなスタイルをこなしてきたし、これからもそれぞれ書いていくだろう。

そこで本章では、「本」「インタビュー」「対談」「エッセイ」の4つについて、ぼくの考えていることをまとめてみたい。原稿は「長さ」で書きわけるものではなく、スタイルによって書きわけていくものなのだ。

最強のオウンドメディアとしての本

2010年代の後半あたりからだろうか。

インターネット界隈で「オウンドメディア」ということばが語られるようになった。企業や団体、また個人がみずから運営する――主にインターネット上の――メディアを指すことばだ。良質なオウンドメディアを運営し、顧客と直接つながっていくことが、顧客からの信頼を生み、リピーターを育て、ブランディングにも寄与する。そんなふうに説明されてきた。

たしかに、テレビや新聞、雑誌といった旧来型マスメディアと比べて、オウンドメディアは自由だし、直接的だ。そしてなんの邪魔も入らない内製のメディアだからこそ、「わたし」や「わたしたち」の思いを正確に伝えられる。個人ブログやソーシャルメディアまで含めるなら、「誰でもメディア」の流れはますます進展し、やがてオウンドメディアということばさえなくなってしまうだろう。

さて、ぼくは本（書籍）に軸足を置くライターである。

これまでもそうだったし、これからもできれば本をメインに活動していきたいと思っている。雑誌やウェブメディアもいいけれど、つくっていていちばんおもしろいのは本だと思っている。

なぜなら、本とは最強のオウンドメディアであり、どこまでも自由なメディアだからだ。雑誌やウェブメディアと違って、本には従うべき編集方針がない。編集者は、もちろんいる。しかし、雑誌でいう「編集長」にあたる人はおらず、テーマも、編集方針も、スタイルも、章構成も、文体も、刊行のタイミングさえも、すべて自分と編集者とのあいだで決めることができる。冒頭10ページを写真にしてもかまわないし、途中に漫画を入れてもかまわない。本という完結したパッケージのなかに、まったくあたらしい世界をつくることができる。雑誌でいえばこれは、毎回創刊号をつくっているようなものだ。

ただし、出版業界の構造的な問題を指摘するなら、「すべての本が創刊号」であるからこそ、書籍編集部の機能は弱い。

雑誌の場合、雑誌ごとに歴史があり、カラーがあり、編集方針があり、守るべきルールがある。歴代の編集長やデスクがいて、ベテラン編集者がいる。それだからこそ、編集部単位で継承される知見がさまざまにある。上司や先輩から指導を受けるなか、育っていける部分がたくさんある。単純に言って、強い編集部にいた編集者は、強い。編集者としての体幹（たいかん）が鍛えられている。

一方、本（書籍）の編集部には、チームとしての継承が生まれにくい。編集者はみな個人事業主のようなもので、自分なりに、見よう見まねで本をつくらざるをえない。そして上司や先輩たちも、各人の編集方針について、一概に正しいとも間違っているとも指導しづらい。正解は本の数だけあり、ひとつの正解を押しつけることなどできないからだ。

以上のような理由から、あたらしく本をつくることになったとき、途方に暮れる書籍編集者やライターは多い。

ぼくだって、毎回悩む。なにかを模倣した本、過去の自分の延長線上にある本は、ぜったいにつくりたくない。できれば毎回、ほんものの「創刊号」をつくりたい。「この本」のいちばん理想的なかたちはどこにあるのか、あたまをかきむしりながら考える。それだけ悩む余地があるのは、本が自由なメディアである証拠だ。

本をつくるとき、なにを指針にすればいいのか。

本は、どう設計していけばいいのか。

あまり語られることのない話だ。一緒に考えていこう。

本の構成① いかにして「体験」を設計するか

本をつくるむずかしさは、どこにあるのだろうか。

まず言えるのは、その長さ、巨大さだ。メールなど、日常的に書かれる文章を画用紙に描かれたスケッチだとするなら、本の原稿はナスカの地上絵である。その全景を把握することさえ困難な、巨大コンテンツだ。どこから手をつければいいのかわからないし、書いている最中にも自分がどこにいるのかわからなくなったりする。

そこで本づくりにあたっては、構成案や目次案と呼ばれる設計図を引くところから作業がはじまる（ここで説明している「本」とは、人文、ノンフィクション、新書、ビジネス書などの「なにかを論じる本」のことだと思ってほしい）。第1章でこんな話をして、第2章ではこの概念を紹介して、第3章にあの話題を持ってきて、といった感じで設計図を引いていく。

さて、問題はここだ。

プラモデルから巨大建造物に至るまで、設計図はプロダクトの命である。いい加減な設計図をもとにつくられたプロダクトは、かならず故障する。建物だったら倒壊するし、飛行機だったら墜落間違いなしだ。ところが、多くのライター・編集者は、きわめて感覚的に「なんとなく」や「とりあえず」で設計図を引いていく。なんとなく起承転結っぽい流れにしてみたり、とりあえず時系列に沿って話を並べたり、ひとまず総論を述べたあとで各論を展開したり、といった具合だ。

断言しよう。どんなに斬新なテーマを取り扱っていても、どれほど文章表現にすぐれていても、そしてどんなに「いいこと」や「大切なこと」が書いてあっても、設計図がぐちゃぐちゃであれば、本の魅力は半減する。

これは「なにが書かれているか」の話ではない。「どう語られているか」の話だ。「なにが書かれているか」だけを重視するなら、本のかたちをとる必要はない。論文でも、ソーシャルメディアでも、雑誌やウェブメディアでもかまわない。本のかたちをとるからには、本にしかできないことをめざさなければならない。

本は厚い。そして長い。遅読家のぼくなど、一冊の本を読みとおすのにひと晩では足りないこともしばしばだ。いったいなぜ、本はこんなにも厚く、長いのか。情報量か。伝えるべき情報の量が、すなわち本の厚さなのか。

違う。本の価値は、情報量ではない。

情報の鮮度、視認性(見やすさ)、複合性(写真や動画との組み合わせ、他記事へのリンク)、双方向性、検索可能性、いずれにおいても本は、雑誌やウェブメディアにかなわない。しかも本の通読にはそれなりの時間と体力を要し、情報収集という意味ではあまりにも非効率的だ。

しかし一方、読みとおすのに時間がかかるからこそ、提供可能なものがある。

体験だ。

それも、正真正銘の没頭を伴う「ひと晩の体験」だ。

おもしろい本を読むとき、われわれは長時間にわたってその世界に没頭・没入する。外界のノイズは遮断され、見えないはずのものを見て、聞こえないはずの音を聞く。ページをめくる手が止まらなくなり、読み終えたときにはもう、読む前の自分とは別人のようになっている。有用な知識がインプットされたからではない。「この本」を読みきったこと、それ自体がすでに不可逆的な体験なのだ――それゆえ通読はしばしば「読破」という仰々しいことばで語られたりする。本は、あの厚さによって「ひと晩の体験」を提供しているのである。

ただし、厚さがあり、本のかたちをしていれば、それで体験が生まれるわけではない。

むしろ、ほとんどの本は通読されないまま、結果として「ひと晩の体験」を提供できないまま、読み捨てられる。なぜか。

これはひとえに、設計図の問題だ。設計図の段階で、もう間違えている。「体験を設計する」との意識が希薄で、しかも設計についての知識や経験が不足している。結果、本として成立していない、ただの膨大な文字列になっている。

じゃあ、どうすれば読書体験を設計できるのだろう?

なにを参考にして、設計図を引いていけばいいのだろう?

やはり、映画や漫画、小説などを参考にしていくのか?

残念ながら、参考にならない。映画も漫画も小説も、すべてキャラクターありきの物語であり、体験の基本構造が違うのだ。

たとえばサトウくんを主人公とする、恋愛小説を読むとき。恋をしているのは当然、サトウくんである。われわれ読者は、サトウくんの淡い恋心をなぞるように物語を読み、自身の胸をときめかせたり、気を揉んだり、有頂天になったり、絶望したりする。

構造としていえば、これは「追体験」だ。

サトウくんに感情移入し、サトウくんの恋を——まるで自分のことのように——追体験することによって読者は、恋の甘さや酸っぱさを味わっている。サトウくんを応援する側にまわることはあっても、サトウくんに先立ってアクションを起こすことはない(というか、できない)。フィクションの読書体験は、構造的に「追体験」をベースとして設計されている。だからこそスムーズな感情移入を誘うために、魅力的なキャラクター造形が至上命題となる。

一方、「なにかを論じる本」は感情移入すべきキャラクターを持たない。

キャラクターの体験したことを「追体験」するのではなく、読者自身が主体となってなにかを――おおきく言えば知の獲得を――体験するのが「なにかを論じる本」の基本だ。映画、漫画、小説とは、設計の根本思想がまったく異なっているのである。

では、「なにかを論じる本」の設計にあたっては、なにを参考にすればいいのか。どんなイメージを持って、設計図を引いていけばいいのか。

ぼくが提案したいのは、百貨店の設計だ。

百貨店は、ただの売り場ではない。百貨店には、そこでしか得られない「体験」があり、その体験を踏まえた「設計」がなされ、各フロアには「コンテンツ」が配置されている。百貨店の設計を分析し、自分がそこで味わった体験を思い出していけば、本の設計図づくりにも迷わないと、ぼくは思っている。本とはおおきな建造物であり、コンテンツの百貨店なのである。

本の構成② 各章は、どう設計されるべきか

百貨店を思い出してほしい。

巨大スーパーマーケットではなく、郊外のショッピングモールでもなく、シネコンや劇場などの入った複合型商業施設でもなく、なるべく古典的な高級百貨店を思い出してほしい。いまどき百貨店なんて流行らないと思われるかもしれないが、本の構造設計を考えるには、百貨店の設計に学ぶのがいちばんなのだ。ここでは便宜的に全6章の本を、6階建ての百貨店になぞらえて考えることにしよう（図9）。

●第1章……ハイブランドと化粧品フロア

あなたはいま、百貨店の正面玄関前に立っている。

そして正面玄関をくぐった1階フロアには、どんな光景が広がっているだろうか。

白や金を基調とした豪奢（ごうしゃ）な内装、いくぶん強めに設定された照明、堂々と居並ぶ世界的なラグジュアリーブランド、そして化粧品ブースである。目に映る豪華さばかりでなく、フロア全体が香水の香りに包まれている。化粧品やハイブランドとは縁遠いぼくであっても、百貨店の1階には胸が高鳴ってしまう。買うとか買わないとかは関係ない。一歩足を踏み入れた瞬間、そこには圧倒的な異世界が広がっているのだ。

高級百貨店の1階は、ハイブランドの装飾品や化粧品だけを売っているのではない。商品よりもむしろ、「日常から隔絶（かくぜつ）された異世界」という体験それ自体を売っているのだ（実際、ここで惹

図９　章構成のデパート理論

デパート		役割	本
屋上		絶景の提供	あとがき
6F	レストラン	反芻と達成	6章
5F	専門店 インテリア	専門的議論	5章
4F	メンズ フォーマル	視点の転換	4章
3F	カジュアル ユニセックス	具体の展開	3章
2F	レディース	本論	2章
1F	化粧品 ハイブランド	世界観の提示	1章 はじめに

きつけられたお客さんが気分を高揚させたまま上の階、また上の階へと上がっていくことを、百貨店業界では「噴水効果」と呼ぶ)。

さあ、これを本に置き換えて考えよう。

ぼくは本の1階部分、つまり「はじめに」から第1章について、まったく百貨店のとおりであるべきだと思っている。具体的には、最初のページ(これは玄関扉だ)を開いた読者をそのまま「異世界」へと誘(いざな)うような、圧倒的なインパクトをもって設計すべきだと思っている。

おそらく、すぐれたアミューズメントパーク、美術館や博物館でも同じように入口の設計がなされているはずだ。読者(来場者)に、自分が異世界に足を踏み入れたことを感じてもらい、「ここがどういう場所なのか」を瞬時に感じてもらえるよう、設計されているだろう。入口とはコンテンツの顔であり、その世界観を提示する最初で最後のチャンスなのである。

一方、本の導入部分を「序章」だと考えていると、こうはいかない。

ここがどういう場所で、これからなにがはじまるのかほとんど明らかにしないまま、むしろあえて読者をじらすようにして、くどくどと周辺部分の話を続けてしまう。メインディッシュは後半に出すものだと考えてしまう。「バスの行き先」がまったく示されていない導入だ。

1階がいちばん豪華であっても、かまわない。1階で結論を述べてしまっても、なんら問題ない。むしろ、そうあるべきだ。とにかく導入の段階で、読者に「異世界」を提示すること。メインディッシュをいきなり差し出すこと。できうることなら、最初の1ページで「これはすごい本だぞ」と直感してもらうこと。「没頭」とは、徐々に生まれるものではなく、入口からいきなりはじまるものなのである。

・第2章……レディースフロア

続いて、百貨店の2階を考えてみよう。

ここはメインとなる顧客層を対象とした、レディースフロアだ。百貨店のなかでもいちばん賑わう場所である。そしてまた――これが重要なところなのだが――顧客層や世界観は、1階とつながっている。香水の残り香さえ、漂っているかもしれない。

本の第2章も、同様であるべきだろう。

導入で提示したテーマや世界観を、より具体的に、よりおもしろく展開していく、その本の中核となるフロア。それが第2章だと、ぼくは思っている。もったいぶってはいけない。出し惜しみしてはいけない。言いたいことはすべて言い切る、くらいの気持ちで書いてこそメインフロアだ。プロローグ(はじめに)、第1章、そして第2章は、ひとつのつながった世界でなければならない。

起承転結に沿った章構成、つまり「いちばんおもしろいところ」を後半に持ってくる章構成は、4階や5階をメインフロアとする百貨店だ。1階に並ぶのは、生活用品。2階にはバーゲン品やファストファッションが続き、3階でようやくハイブランドや化粧品があらわれ、4階からレディースフロアになる。……こんな百貨店に、「体験」はあるだろうか？　お客さん（読者）に、没頭してもらえるだろうか？

もしも映画だったなら、導入から前半にかけてが多少退屈でも、最終的には許される。観客はすでにチケットを購入しているのだし、座席に腰をかけて、上映ははじまっている。席を立って帰ることは、ほぼない。後半に逆転ホームランを打つことも、可能と言えば可能だろう。

しかし本は、立ち読みを入口とするメディアだ。

導入で「おもしろくない」と判定されれば、そこで試合終了である。本を閉じ、そっと棚に戻して、翌日にはそんな本があったことさえ忘れられてしまう。「なにかを論じる本」は、導入が勝負だ。そして第1章（世界観の提示）から第2章（本論）までが勝負である。前菜からはじまるコース料理のような発想は、きれいに捨ててしまおう。

・第3章……カジュアル・ユニセックスフロア

レディースフロアの上階（3階）に待っているのは、カジュアルとユニセックスのフロアだ。顧客は若年層が中心となり、ユニセックスであることからカップルの姿も多く見られる。商品の価格帯も少し下がり、手に取りやすい。お小遣いやお年玉で買える商品も、たくさんある。2階とはまた違った賑わいを持つフロアといえる。

本の場合もこのあたりで一度、「手に取りやすい話」を展開していくべきである。

1章や2章で語ってきたおおきな概念を、たとえばビジネスシーンに置き換えて説明する。プライベートの人間関係に代入してみる。あるいは「ドラえもんに見る○○」や「イソップ童話で考える○○」のように、身近な作品を例に挙げつつ説明する。

ある意味ここは、「すべての人に『買いもの』をたのしんでもらうフロア」である。派手さや高級感よりも、「自分にも買えること＝手が届くこと」が重要だし、読者と密接した事例やエピソードが求められる。1章、2章と続いてきた本のメインテーマが、ここで読者と接続され、「わたし（読者自身）の話」になる。課題が共有され、より読書がおもしろくなる。感覚的に言えば、ここまでが「第一部」だ。

・第4章……メンズフロア

百貨店の4階にくるのは、メンズフロアだ。

エスカレーターで上がっていくと、景色が一変することがわかるだろう。置かれている商品も、対象とする顧客層も、フロアを貫く世界観も、まったく違う。高級スーツもあれば、フォーマルウェアもある。フロア構成が、まぎれもない新章に突入する瞬間である。

本の章構成も同様だ。

第4章あたりで一度、カメラを切り替えたほうがいい。ひと呼吸入れる意味も含めて、視点を変えた「第二部」に突入するほうがいい。

対象を一方向からばかり見るのではなく、別の視点から眺めるとどうなるのか。歴史的な観点、経済的な観点、国際的な観点から見るとどうなるのか。第一部とは違った目で対象を眺め、あらたな論を展開していく。読者から出てくるであろう疑問や反論をしっかり受け止め、ひとつずつ答えていくのもこのフロアだ。第二部のはじまりと言ってもいいし、続編のような発想でもかまわない。

・第5章……インテリアと専門店フロア

そして百貨店の5階にくるのがインテリアと専門店である。

家具や絨毯(じゅうたん)などのインテリアショップもあれば、高級腕時計やメガネ、文房具の専門店もあり、書店やプレイガイド、玩具店、旅行代理店などが入っていたりもする。

専門店はなぜ、上層階に入っているのか。

ぼくはライターになる以前、メガネ店に勤務していたことがある。メガネ店はおもしろい場所で、なんとなく来店するお客さんはほとんどいない。少なく見積もっても7割以上のお客さんは「きょうはメガネをつくろう」と決めたうえで来店する。視力検査に引っかかったり、運転免許証の更新が近づいていたり、使っているメガネの度数が合わなくなったり、メガネのフレームが壊れてしまったり、理由はさまざまだ。そうした「目的買い」のお客さんに支えられ、メガネ店の商売は成り立っている。

程度の違いこそあれ、他の専門店も同じようなものだろう。

ふらっと立ち寄って、なんとなく気に入ったからとロレックスの腕時計を買って帰るような人は、いたとしても超少数派だ。専門店を訪ね、購入していく人の多くは「目的買い」の人びとであり、彼らは上層階まで上がってくることを苦にしない。そして百貨店側は、「目的買い以外のお客さんに素通りされること」を承知のうえで、これら専門店を上層階に置いている。本でいうとこれは、「読み飛ばされること」を承知のうえで入れる話、ということだ。

本をつくっていると、どうしても専門的な議論に踏み込まなければならない場面が出てくる。エビデンスとなるデータ、メインメッセージ（幹）に付随する枝葉末節、あるいは若干高度な応用・実践の詳細などだ。

これらの話は上層階の、専門店フロアに持っていこう。せいぜい4章、あるいは5章あたりで述べれば十分である。間違っても2階や3階に持ってきてはいけない。読み飛ばされてもかまわないと腹を括って、上層階に配置しよう——ぼくの感覚としては、メンズフロアから専門店フロアまでが「第二部」だ。

おそらく、入口から「没頭」しながら読み進めてくれた読者なら、ここで多少専門的な議論になってもついてきてくれる。自分は買わない（自分には関係のない）高級腕時計も、たのしく眺めてくれる。

百貨店から考える章構成、なんとなくイメージは湧いてきただろうか。

残すは百貨店にとってのクライマックスともいえる、レストランフロアと屋上だ。ここまで設計しきってこそ、本の読書体験は完成する。

本の構成③　読後感を設計するために

・第6章……レストランフロア

百貨店の最上階がレストランフロアになっていることについて、われわれはとくに疑問を感じない。物心ついたころからそうだったし、なんとなく百貨店における「最後のおたのしみ」くらいに思っている。でも、最上階にレストランがある意味を、そこでわれわれが受けている恩恵を、立ち止まって考えてみよう。

たとえば郊外型のショッピングモールにも、飲食店は入っている。おおきなフードコートがあったり、ファストフード店が点在したりしている。ショッピングモールの構造上、かならずしも最上階というわけじゃない。1階に入っていることもしばしばだ。

ショッピングモールにおける飲食店は、ショッピングの中継基地であり、休憩地点だ。狩りのように買いものをたのしむための、腹ごしらえの基地だ。それゆえ提供される料理は、ファストフードを筆頭とした「手早く腹を満たすもの」が中心になる。

一方、百貨店の最上階にファストフードはそぐわない。これは価格帯や顧客層の問題というより、フロア全体に流れる設計思想の違いだ。百貨店のレストランは、食事を急ぐ場所であってはならない。腹ごしらえ的な発想などもってのほかで、ゆっくりと食事を味わう場所でなければならない。

なぜなら、百貨店のレストランは「おいしい料理」と同時に、「語らいの時間」を提供しているからだ。1階から2階、2階から3階と、それぞれのフロアで買いものをたのしんだお客さんたちが、「きょうはほんとうにたのしかったね」「あのお店で試着したコート、似合ってたじゃない」「帰りにもう一回寄ってみようよ」と、過ごした時間を反芻するように語り合う場所。それが最上階のレストランである。

本の最終章も、できればこうありたい。

長い旅を共にした仲間同士で語り合うように、これまでの議論を振り返る章。ここまで費やしてきた時間は無駄じゃなかった、有意義なものだったと、思いをあらたにする章。そして——レストランがそうであるように——これまでのフロアとはまったく違った価値を提供する章。そのすべてを兼ね備えた章が、理想の最終章である。

書き手の側からすると、最終章はもはや気力も体力も限界ギリギリの章だ。語るべきことはすでに語り尽くしたような気もするし、はやく書き終えてラクになりたい。そこでぼんやりとした「まとめ」に終わったり、なんとなく「未来」や「これから」に関する提言を述べてお茶を濁(にご)したりしやすい(最終章を安易に「未来」の話でまとめがちなのは、時系列的発想にとらわれている証拠だ)。

しかしそれは、せっかくここまで積み上げてきた「体験」を台なしにする愚策だと考えよう。

第1章から第5章までの議論を踏まえてこそ語ることのできる、もう一段上の議論に踏み込んでいくのが、あるべき最終章の姿だ。百貨店の格式はレストランフロアで決まるのだし、本の強度は最終章で決まるのである。

・「あとがき」……屋上

そして百貨店の最後に待っているのが、屋上だ。

昭和の時代にはちいさな遊園地が設けられたりした百貨店の屋上だが、現在では緑ゆたかな空中庭園として開放されているところが多い。木々や芝生が植えられ、人工の小川が流れていたり、オープンカフェが置かれていたりする。

庭園を通じて、百貨店はなにを提供しているのだろうか?

そもそもどうして百貨店は、(売上にさほど貢献するとも思えない)屋上を開放しているのだろうか?

まさしく「体験」である。

屋上には空があり、風があり、眺望が待っている。各都市の一等地にあってほとんど唯一、空が開け、風を感じることのできる場所。それが百貨店の屋上だ。実際、すべてのフロアをまわって屋上に出たときの解放感は、想像をはるかに超えるものがある。これまで見てきた景色が一変する場所なのだ。

そして本のあとがきは、まさに「読者にあたらしい景色を見せる場所」であるべきだ。読書という旅の最終盤、気がつけばこんな高いところまで来ていたのかと驚き、見渡すかぎりの絶景にうっとりする場所。最後のページを読み終え、本を閉じて顔を上げたとき、世界がまったく違って見える場所。吹き抜ける風にこころを洗い、清々しい気持ちで前を向ける場所。それが理想のあとがきだ。

ぼくは、どんな種類の本であっても、それが「いい本」でありさえすれば、読後感は清々しいものになると思っている。そして清々しい読後感を持った本は、かならず伝播（でんぱ）する。人から人へ、読み広がっていく。導入（入口）と同じくらいに、読後感（出口）の設計は重要だ。

以上がぼくの考える、「デパート理論」である。

具体的な、「第1章にはこんな話を」とか「第2章ではこう展開して」といった解説はできない。そんなものは本ごとに違うし、ぼくだって毎回悩む。そしてまた、各章に入れる要素も、かならずしもデパート理論どおりとはいかない。実際この『取材・執筆・推敲』という本だって、教科書をめざした特性上、デパート理論がそのままあてはまっているわけではない。

それでも本の設計を考える際、百貨店の構造はおおいに参考になるはずだ。そしてできれば、実際に百貨店に足を運んで、建物をまるごと体験してほしい。取材者の目で、百貨店を体験してほしい。

たとえば、エスカレーターで上の階に上がったとき、最初に目に飛び込んでくるのはどんな売り場で、どんな商品なのか。「いい百貨店」と「よくない百貨店」は、それぞれのフロア構成にどんな違いがあるのか。フロアごとに流れるBGMは、どう違うのか。休憩用のベンチはどこに設けられているか。お客さんはどんな表情で、買いものをたのしんでいるか。インフォメーションセンターで配られているフロアマップを片手に、体験してみよう。

さて、このデパート理論を説明すると、かならずと言っていいほど「デパ地下」の位置づけについて質問される。あまり本論と関係のない話だが、一応紹介しておこう。

ぼくは、いわゆる「デパ地下」のことを、本でいう「プロモーションのコンテンツ」だと考えている。本の発売前後に、新聞・雑誌・ウェブメディア等に掲載される著者インタビューや試し読みコンテンツだ。

これらは、たしかにたくさんのお客さんで賑わう（ように見える）。しかし、実際のデパ地下がそうであるように、そこから上の階まで上がっていって、しかも買いものをしてもらうまでには、相当高いハードルが待っている。デパ地下の充実（プロモーションの充実）が、すなわち百貨店全体の充実とはいかないのだ。

インタビュー原稿① 情報よりも「人」を描く

続いて、インタビュー原稿について考えてみよう。

ここで言うインタビュー原稿とは、ライターの質問と語り手の答えとが交互に語られていく、一問一答スタイルの原稿である。読みやすさもあり、雑誌やウェブメディアでは主流のスタイルと言ってもいいだろう。

インタビュー原稿と他のスタイルの原稿（たとえば「聞き書き」や「語りおろし」と呼ばれる、語り手の一人称で書かれる原稿）を比較したとき、もっともおおきな違いはどこにあるだろうか。

ライターの顕在（けんざい）だ。

インタビュー原稿のなかには、聴き手（訊き手）であるライターのことばも挿入される。そして語り手（仮に以下「ヤマダさん」だとしよう）は、ただ自分のしゃべりたいことを語っているのではない。あくまでも「訊かれたことに答えている」だけだ。「問いと答え」がインタビューの基本形であり、インタビューにおけるヤマダさんは、自発的な語り手というよりも「受け手」と呼ぶほうがふさわしい。

だからこそ——と、多くのライターは考えるだろう。

インタビュー原稿においては「なにを訊くか」が重要なのだと。質問の精度を高め、読者の知りたいことを的確に訊き出し、それを平易かつコンパクトにまとめていくのが、ライターの役割なのだと。

残念ながらこれは、インタビュー原稿の本質をなにもわかっていない人の発想だ。

ヤマダさんの立場になって考えよう。

くり返しになるが、ヤマダさんは「自分が言いたいこと」ではなく、「ライターから訊かれたこと」を、しゃべっている。料理にたとえるなら、これは「おまかせコース」一択のレストランだ。自分がなにを食べたいかではなく、出されたものを食べるしかない場である。そしてまっとうなレストランと違ってインタビューでは、肉が食べたかったのに魚料理が続いたり、熱いスープがほしいところで冷えたサラダを出されたり、苦手な料理が出てきたり、いろいろする。ときにそれは、ひどくもどかしい。

けれどもあれこれ注文をつけず、出された料理をたいらげる。できればすべての料理を、おいしく食べる。そうでなければせっかくの食事が、味気ないものになってしまう。一期一会の機会が、台なしになってしまう。ヤマダさんにとってのインタビューとは、「出されたものを、おいしく食べる場」なのである。

次に、読者の立場で考えよう。

基本的にインタビュー原稿は、書きことばではなく「話しことば」に寄せて書かれている。その場の空気を伝えるため、（笑）や「！」などの記号も頻出する。そして多くの場合、インタビュー中の写真も添えられる。その人の、表情が見える。結果、読者とヤマダさんとの心的距離が、きわめて近くなる。目の前でしゃべっているような感じがするし、硬い書きことばで書かれたコンテンツよりも「本音」や「素顔」を感じさせてくれる。

インタビュー原稿の読みやすさとは、話しことばの親しみやすさであり、対話スタイルがもたらす展開の妙であり、時間や空間を共有しているような臨場感、「ほんとう」っぽさにある。

以上は、ライターの能力にまったく無関係な、インタビューという構造自体が持つ特徴だ。ほんとうに言いたいことは言えていない（訊かれていない）かもしれないのに、読者にはすべてが「本音のことば」だと思われる。インタビューとは、その読みやすさに反して、意外なほど複雑で矛盾を孕んだコンテンツなのである。

だとした場合、インタビュー原稿のゴールはどこにあるのか？

その人の「言いたいこと」を察知して、的確に聞き出すこと？

違う。そんなこと、できるはずがない。できると考えるのは、ライターとしてかなり傲慢な発想だ。ぼくの考えるインタビュー原稿のゴールは、「その人のファンになってもらうこと」である。

読み終えたあと、なんらかの情報や知識を得るだけではなく、その人のことを好きになってもらうこと。「言っていることの正しさ」に同意するというよりも、「人としての在り方」に親しみや好感を持ってもらうこと。それがインタビューする側の責務だ。

作家のカート・ヴォネガットは、米国芸術院で講演する直前、隣に座っていた芸術院院長からこんな話を聞いたという。

「あなたがなにを話そうと、だれも聞きはしません」と院長はきっぱり言いました。「人々が講演のほんとうの内容に興味を持つことはめったにない。彼らはただ、あなたの口調や身ぶりや表情から、あなたが正直者であるか否かを探りたがるだけです」

『ヴォネガット、大いに語る』（カート・ヴォネガット著、飛田茂雄訳／早川書房）

インタビュー原稿も、じつは同じだ。

読者は「なにが語られているのか」の向こうに、「この人は、どんな人なのか？」を読んでいる。話しことばで語られ、相手から訊かれたことに答えるインタビューでは、ヤマダさんの誠実さ、真剣さ、理解力、機転やユーモアが、如実にあらわれる。まさに「出されたものを、おいしく食べる力」だし、人格や人間性のあらわれと言ってもかまわない。

それゆえインタビュー原稿では、情報よりも「人」を描くことが重要になる。「この人はおもしろい」や「この人の言うことは信用できる」があってこそ、個別具体の話も耳に届くのだ。引き続き、原稿をまとめるにあたっての具体的な注意点を見ていこう。

インタビュー原稿② 話しことばの「わたし」を描く

ここで少し、第2章の話を思い出そう。

どんなインタビューにも、テーマがある。

ぼんやりとした「あの人の話を聴こう」だけで組まれるインタビューは、基本的に存在しない。「あの人に、『これ』を訊こう」といって企画されるのが、インタビューというものだ。「きょうはとくにテーマを設けずに、雑談のようなお話を」とインタビューするときだって、「特定のテーマを設けない」というテーマがあり、「おもしろい雑談」というテーマがある。

そしてテーマがあるかぎり、そこには「訊くべきこと」がある。テーマと無関係な話だけで終わってしまったら、企画の前提が崩れてしまう。

さらにまた、ほかの誰でもない「わたし」がインタビューしているかぎり、そこには「訊きたいこと」がある。テーマとは直接関係しない質問だけれど、わたしは今回、どうしても「これ」

を訊いてみたい。そういう質問は、かならずある。ないとすれば、取材者失格だ。あなたがインタビューする意味がなくなってしまう。

さて、この「訊くべきこと」と「訊きたいこと」の両立にあたっては、細心の注意を払う必要がある。仮にあなたがインタビュアーだったとして、「訊くべきこと」と「訊きたいこと」のうち、どちらに力点を置くだろうか。

おそらく、多くの人が「全体としては『訊くべきこと』をなぞりつつも、取材中のいいタイミングで『訊きたいこと』を切り出す」と答えるだろう。取材という名のゲームを決定づけるジョーカーとして、「訊きたいこと」があるわけだ。ぼく自身、第2章のなか（102ページ）でそれに近い話をした。

しかしここには、おおきな落とし穴がある。

自分の「訊きたいこと」を真んなかに据えて取材に臨むと、どうしてもインタビュー全体が誘導尋問に近づいていくのだ。いかにして話題を「訊きたいこと」につなげるかばかりを考えた、つまりは自分の都合ばかりを考えたインタビューになってしまう。挙げ句の果てには、「言ってほしいこと」を言わせようと、周到に――しかもほとんど無意識のうちに――外堀を埋めていくようなインタビューになってしまう。「訊きたいこと」を持っておくことは大切だが、それによって取材を誘導尋問めいたものにしてはいけない。「訊くべきこと」と「訊きたいこと」の価値は、同じなのだ。

以上の話を踏まえたうえで、インタビュー原稿のまとめ方を考えてみよう。

仮に、「訊くべきこと」と「訊きたいこと」のふたつの軸でインタビュー原稿をまとめていったとする。どちらも取材に欠かせない、大切な話だ。原稿として、一定のクオリティはそれで担保できる。おもしろいインタビューだったとよろこんでくれる読者もいるだろう。

しかし、「訊くべきこと」と「訊きたいこと」のふたつだけで「人」を描くことはむずかしい。語られ、交わされることばが「意味」や「情報」に寄りすぎて窮屈になるし、情報を正確に伝えようとすると、どうしても書きことばに流れてしまう。せっかくのインタビューが、「オフィシャルなわたし」による、堅苦しいＱ＆Ａになる。

だからこそ、「訊くべきこと」でも「訊きたいこと」でもない話題、すなわち現場での「脱線」や雑談が大切なのだ。事前に立てたプランが台なしになるとき、インタビューは佳境に突入すると考えよう。

なぜならそこには、かならず「話しことばのわたし」がいるし、「素顔のわたし」がいるからだ。本論から脱線してようやく相手は自由を獲得し、自分を見せてくれるのである。

そしてまた、ほんとうの意味での脱線（脈絡のない話）など存在しない。

話が脱線していく直前には「そういえば、〇〇と言って思い出したんだけどさ」や「それに関連して、いま思いついたんだけど」といったジャンプ台が、ことばにされずともかならず存在している。現場では気づかなくとも、その人なりの脈絡はあるのだ。

もし、原稿をまとめる段階で「脈絡＝文脈」に気づき、それをうまく本論と接続することができたなら。つまり、脱線した列車を本線に戻し、ふたたび猛スピードで走らせることができたなら。おそらく読者にとってはこれ以上ないカタルシスになるだろう。「あの話が、ここにつながるのか」という驚きである。

また、できあがった原稿を読んだ語り手も「そうそう、こう言いたかったんだよ！」と納得してくれたり、あるいはライターによる「接続」に気づかないまま「うまくまとめてくれたなあ」と感謝してくれるだろう。もちろん、魅力的な雑談や脱線は、インタビューならではの「人」を描くことにつながり、「素顔」を描くことにつながり、「その人のファンになってもらうこと」につながっていく。

やや抽象的な話になったので、ポイントをまとめよう。

まず、「訊くべきこと」と「訊きたいこと」の両方を持って取材に臨むこと。

そして両者の価値を、同じものとして扱うこと。誘導尋問のような流れに持っていかず、間違ってでも「言ってほしいこと」を言わせようとしないこと。

さらにインタビュー中の「脱線」を恐れず、むしろ歓迎すること。

原稿をまとめる段階では、「脱線のなかで語られた話」と「本線」の接続ポイントを考え抜くこと。どのようなロジックで、あるいはどのようなきっかけで脱線が起こり、それは本線とどうつながっているか、その文脈を見極めること。

そのうえで脱線した列車が本線に戻る瞬間を、そこからの快速運行を、描ききること。

以上の意識を持って書ききれば、インタビューはおのずと「人」を描くことに近づき、「インタビューのかたちでしかありえないコンテンツ」になる。

第2章でも述べたように、取材を「面接」にしてはいけない。面接から脱線や雑談は生まれないし、面接を通じて「人」に迫ることなどできないのだ。

対談原稿①　対談とインタビューの違いとは

続いて、対談原稿について考えてみよう。ゲストのふたりに登場してもらい、ライター（もしくは編集者）が進行役を務めるタイプの原稿である。

対談原稿は、インタビュー原稿と同じくらいかそれ以上に「話しことば」で書かれる、読みやすいコンテンツだ。取材（収録）現場の雰囲気もインタビューに近く、両者をほとんど同じもののように考える人は多い。

しかしインタビューと対談とでは、いくつかの明確な相違点がある。そこを踏まえておかないと、せっかくふたり（鼎談や座談会ならそれ以上）の語り手に登場してもらう意味がない。ここではおおきく、３つのポイントを挙げておこう。

①「問いと答え」ではなく「対話」である

先にも述べたように、インタビューは基本的に「問いと答え」のかたちでおこなわれる。語り手は「訊かれたことに答える」だけで、みずから質問する場面はあまりない。

一方、対談は読んで字の如くに「対話」である。訊かれることもあれば、訊くこともある。そしてまた、設定されたテーマについて、それぞれが——質問と答えというかたちをとらず——自分の考えを述べ合うことも多い。進行役としてライターや編集者が同席していたとしても、ふたりの会話がどう流れていくのか、コントロールすることはほとんど不可能だ（中途半端にコントロールしようとすると、それは「対話」から離れ、単なる「ふたりへのインタビュー」になっていく)。通常のインタビューに比べて、非常に不確実性の高い舞台設定といえる。

②あらかじめ化学反応が期待されている

それではどうして、「訊くべきこと」と「訊きたいこと」を両立できるインタビューをおこなわず、対談という場がセッティングされるのだろうか。なぜ、どう転ぶかわからないリスクを、わざわざ冒(おか)すのだろうか。おそらく対談を企画した編集者は、こう思っているはずだ。

「あの人とこの人が組めば、きっとおもしろいことになる」

「このテーマについて、あのふたりに語らせたら、どんな話になるんだろう?」

「一度でいいから、この組み合わせを見てみたかった」

これは、対談に興味を持つ読者の気持ちでもある。つまり対談とは、その不確実性自体に価値の置かれたコンテンツなのだ。もう少し整理するなら、「あらかじめ化学反応が期待されたコンテンツ」なのである。Aさんひとりにインタビューしていたのでは見られない景色が見たい。Bさんとの掛け合わせによって起こる、化学反応が見てみたい。それが読者の願いであり、わざわざ対談をセッティングする理由だ。当然ライターは、化学反応の瞬間を描かなければならない。

③交換を目的とするコンテンツである

対談とは、対話である。そして対談では、なんらかの化学反応が期待されている。このふたつから導かれる、対談コンテンツの第3のポイントとはなにか。

――対談の本質は「交換」にある、という視点だ。

これは日常のコミュニケーションにも言えることだが、理想的な対話とは単なる「話す／聴く」のくり返しではない。知識、情報、経験、そして価値観を「交換」し合うことが対話の本質であり、交換があるからこそ化学反応が生まれる。

日常的なおしゃべりの多くは、自分語りのラリーであり、「交換」や「学び合い」を目的としていない。インタビューもまた同様だ。ライターの的確な質問が呼び水になることはあっても、基本的に「その人の持っている情報を、存分に語ってもらう」のがインタビューである。語り手と聴き手はピッチャーとキャッチャーの関係にあり、知識や経験を交換する場としては、設定されていない。

一方で対談は、交換の場だ。それぞれの知識や経験、そこから出てくることばを交換し合うことによって、化学反応が生まれる。対談を、そして日常生活での対話を、「交換」もしくは「真のキャッチボール」との観点から見つめなおしてみてほしい。

以上の3点を踏まえたうえで、次節では対談原稿をどうまとめていくかの具体を見ていこう。対話を描き、化学反応を描き、つまりは交換を描くのだ。

対談原稿②　現場のなにを再現するのか

一般に対談原稿は、「語り手まかせ」の要素が強いコンテンツだ。

現場に同席するライターや編集者にできることはかぎられ、語り手同士の相性、機嫌、体調、またお互いへの関心などによって、おおきく仕上がりが変化する。話が盛り上がらないこともあるだろうし、文字どおりの化学反応が起こる場合もある。予測がつかないから対談なのだし、現場がどう転がっていくかは基本的に「語り手まかせ」だ。

それでも原稿にまとめていく際、いくつかの点に注意していけば、コンテンツとしての価値はまったく違ったものになる。くれぐれも「現場が盛り上がらなかったから、おもしろい原稿が書けない」などと言い訳しないようにしよう。

①両者の関係性を描く

対談は、ふたりの人間によっておこなわれるものだ。もしかすると読者は、ふたりのことを知らないかもしれない。Aさんのことは知っていても、Bさんのことは知らないかもしれない。そのため対談原稿では、リード文（本文の前に挿入される導入の文章）で簡単に人物紹介をしたり、別枠でプロフィールのコーナーを設けたりする。

しかし、それで安心してはいけない。読者からしてみると「ふたりの関係性」も不明なのだ。まったくの初対面なのか、普段からよく会う友だちなのか、数年ぶりに、あるいは数十年ぶりに会う間柄なのか。その前提が共有されているのといないのとでは、本文を読んでいくにあたっての安心感や安定感がまったく違う。

そこでぼくは、対談の冒頭に「関係性を示すことば」を挿入することが多い。

たとえば、Aさんが「どうもはじめまして」と語りかけ、Bさんが「こちらこそ、たのしみにしていました」と返す。あるいはAさんが「いやあ、こうやって話すのは何年ぶりだろう？　最近、また一段とご活躍みたいで」とくだけた口調で語り、Bさんが「なに言ってるんですか、貧乏ヒマなしってやつですよ」と笑って返す。

たったこれだけの情報でも、ふたりの関係性はある程度伝わるだろう。そして読者は「意外にも初対面なんだな」とか「けっこう古くからの友だちなんだな」といった前提に立って、その先を読んでくれるだろう。関係性がわからないままはじまる対談は、読者に無意識下のストレスを与える。「はじめまして」のひと言でもいいから、できるだけ早い段階で関係性を描こう。

ちなみに、これら「はじめまして」や「ひさしぶり」の挨拶は、対談の収録がはじまる前に交わされることが多い。挨拶を終え、椅子に座って、取材趣旨を説明して、「それでは、よろしくお願いします」とレコーダーの録音ボタンを押したときには、もう「はじめまして」のことばは出ないのだ。なので、対談の開始前から録音をはじめておくか、録音前にどんな挨拶が交わされるかをしっかり記憶（できれば記録）しておくようにしよう。

②ふたつの文体を書き分ける

対談するふたりは、生まれた場所も育ってきた環境も違う、赤の他人だ。それぞれに固有の人格を持った人間だ。ことばのレベルで言い換えるなら、それぞれに固有の「文体」を持った人間である。

だから対談原稿では、両者の文体をしっかり書き分けなければならない。それがAさんの発言なのかBさんの発言なのか、文章それ自体でわかるように書かなければならない。オフィシャルな「書きことば」で書いているうちは、なかなかうまくいかないだろう。書きことばはどうしてもフラットな、悪く言えば扁平な、クセや個性のない文章に流れやすい。対談ならではの「話しことば」だからこそ、口ぐせなども含めた固有の文体を書き分けることができるのだ。

おそらくインタビュー原稿において、ライターは訊き手（自分）の質問と、語り手のことばで、文体を使い分けている。自分の発言についてはできるだけ主役（語り手）を邪魔しないよう、ていねいで無個性な文体を選んでいる。なのに対談原稿になると、ふたりの主役を同じ文体で描いてしまうライターが非常に多い。

対談者それぞれの文体を見極めよう。語彙や語尾だけではなく、その人の「声」に意識を振り向けよう。文字の上から「ふたつの声」が聞こえてきてこそ、対談原稿なのだ。

③対立点と一致点を明確にする

ライターとして対談に同席したとき、現場がいちばん盛り上がっているように感じるのは、議論が一致したときだろう。つまり、対談者が相手の意見に「そうそう！」「まったくそのとおり！」と同意し、自分の考えを重ねていくような場面だ。たしかに通じ合った感じがするし、化学反応のひとつと言ってもいい。

しかし、である。そもそも対談はディベートのような、相手を言い負かす場ではない。

ましてや日本人は、衝突を好まない。

たとえ相手が多少おかしなこと（同意しかねること）を言ったとしても、露骨に否定することはせず、うまく話を逸らしながら一致点を探ろうとする。対談する者のマナーとして、また読者に読まれることを意識して、なるべく衝突を避ける。場の「おおむね一致」したなごやかな空気を、保とうとする。

それゆえ一致点——「そうそう！」や「そのとおり！」——ばかりで構成された対談原稿は、緊張感に欠けた、どこか建前っぽい、なあなあのトークに映ることが多い。場合によっては読者に「本音では違うことを思っているんじゃないか」と感じさせてしまうこともあるだろう。

くり返すが対談するふたりは、それぞれ固有の人生と人格を持った、別の人間だ。与えられたテーマに対しても、違う視点からそれを眺め、自分なりの考えを持っている。相手の口から語られる持論に対して、全面的に賛同するわけではない。「あなたはそうかもしれないけれど、わたしはこう思っている」が、かならずある。

たとえば、柔道選手とプロサッカー選手が「オリンピック」をテーマに対談したとしよう。ふたりとも日本代表としてオリンピックに出場した経験を持つ、一流スポーツ選手だったとしよう。「そうそう！」のポイントはいくつもあるだろう。しかし、ワールドカップというオリンピック以上の大舞台を持つサッカー選手と、それを持たない柔道選手とのあいだでは、オリンピックや国際試合に対する考え方に、どこか違いがあるはずだ。対談中に「それは違う！」と叫ぶようなことはしなくても、やんわりと相手の発言を否定して、「ぼくらの場合は……」と語る場面があるはずだ。

そんな対立点や相違点を描くことが、対談における「人」を描くことである。

誰だって、似ているところはある。対談の場に呼ばれたふたりなら、なおさら似ているところは多いかもしれない。しかし、どうしても譲れない「似ていないところ」が、その人の個性だ。そして「似ていないところ」を探すのが、対談原稿におけるライターの仕事なのである。

④ 時間を描く

これはインタビュー原稿にも当てはまる話だが、対談原稿には「時間」が流れている。

冒頭では「はじめまして」や「おひさしぶりです」と、ややかしこまった挨拶を交わしつつも、徐々に打ち解け、本音や冗談も混じるようになる。そしておおいに議論が盛り上がり、最後には名残惜しそうに再会の約束をして収録を終える。——そういう「時間」が流れているのが、インタビュー原稿であり、対談原稿だ。時間の経過をうまく描写してこそ原稿にライブ感が生まれ、インタビューや対談の醍醐味が味わえる。

このときわかりやすいのが、ことばの変化だ。

とくに初対面のふたりが対談する場合、そこで交わされるのは敬体のことばだろう。敬語、丁寧語、です・ます調のことばで、対話が進んでいく。しかし、なにかのきっかけで、ふと常体のことばが漏れ出ることがある。それまで「はい」や「ええ」ばかりだった相づちが、急に「うん」になったり、「うそ！」とか「やばっ！」と驚いたり、「ほんとうですか」と言うべきところが「マジですか」とくだけたことばになったりする。

これは関係性が温まったことを示すことばでもあり、こころからの驚きをあらわすことばでもある。そしてこれらのことばが漏れ出てくること自体に、読者は「時間」の流れを感じとってくれるのだ。相づちの「うん」ひとつだけでも、時間の経過からこころの開き具合まで、たくさんのことが語れるのである。

⑤交換の瞬間を描く

対談の本質にある「交換」とはなにか。

ぼくは理想の交換を、「学び合い」だと考えている。相手の人格、経験、価値観に敬意を抱き、そこから発せられることばになにかを学ぼうとすること。そしてどちらか一方が学ぶだけではなく、お互いが学び合うこと。それが有意義な対談・対話の「交換」だ。

だから、AさんとBさんが自分の考えを述べ合うだけの対談は、対談としての価値が低い。わかりやすいレベルで言えば、それぞれから「なるほど」や「それはおもしろい」の相づちが漏れ出るような対談が、学び合いの理想だ。

そして、これが重要なところなのだが、仮にAさんの発言に対してBさんが「なるほど」「それはおもしろい」と応じれば、それを読む読者も同じように「学び」の姿勢をつくる。「これは大事な話なんだ」「ほかではあまり語られていない貴重な話なんだ」と、Bさんの態度を通じて理解する。Bさんという登場人物の「学び」を追体験するように、そのコンテンツをたのしむ。たとえるならこれは漫才師が「なんでやねん！」とツッコミを入れることによって、そこがボケであり、笑いどころなのだと理解するのと同じ構図だ。対談が「立派なふたりによる、読者へのご高説」になっていては、追体験などありえないのである。

対談の音源を、お互いのことばを、ひとつずつの相づちを、「これは学び合いなのだ」との意識をもって聴き返そう。同意の相づちよりも、納得や感心の相づち――「なるほど」や「それはおもしろい」――に意識を振り向けよう。その前後にある「交換」をしっかり描こう。対談ならではの価値を、どこまでも高めていこう。

現場でのコントロールが困難な対談原稿は、インタビューを原稿にまとめることより何倍もむずかしい。おもしろく、生き生きとした、ふたりの声が聞こえてくるような対談原稿を書けるようになったら、ライターとして十分な実力が備わったと考えてもいいだろう。おもしろいインタビュー、いい対談原稿をたくさん読んで、自分の目標とする書き手やインタビュアーを探すことも、ぜひおすすめしたい。

エッセイ① コラムとエッセイはどう違うのか

続いて、エッセイについて考えよう。

ライターが取材者だとした場合、自分の思いをつらつらと書き綴ったエッセイは、その範疇を超えたもののように映る。特別な取材（インタビューや文献調査）をおこなうわけでもなく、自分の身辺に起きた出来事や自分の内面を書き綴るのが、一般的なエッセイの姿だ。ライターの定義から、あきらかにはみ出しているように思える。

しかし、エッセイとは決して「自分の思いをつらつらと書き綴ったもの」ではない。むしろ、取材者の基礎なくしてエッセイなど書けないし、すぐれたエッセイの書き手は、ひとりの例外もなくすぐれた取材者だ。

いったい、エッセイとはなんなのか？

なぜエッセイに取材が必要なのか？

この問いに答えるには、「コラム」との違いを見ていくのが近道だろう。コラムとエッセイは混同されることが多く、その違いを書き手の立場——または書くときの意識やスタンス——から明らかにした言説も少ないものである。

最初に質問だ。あなたはコラムニストとエッセイストという肩書きを聞いたとき、それぞれどんな人物像を思い描くだろうか？

コラムニストと聞いて思いつくのは、どちらかといえば男性的で、ちょっと気むずかしくて、知的な（悪く言うとスノッブな）雰囲気を漂わせた、皮肉屋たちではないだろうか。一方、エッセイストと聞いて思いつくのは、どちらかといえば女性的で、感受性がゆたかで、親しみやすさとおもしろみを持った、どこかおっちょこちょいな人たちではないだろうか。アンケートをとったわけではないのでわからないものの、ふたつのことばからイメージされる人物像にそれほどおおきなズレはないと思う。

掌編（しょうへん）小説、ということばがある。短編小説よりもさらに短い、手のひらサイズの小説を指すことばだ。これにならってぼくは、コラムのことを「掌論（しょうろん）」と考えることにしている。評論や論文、小論文ほど力の入ったものではなく、新聞や雑誌の囲み記事（コラム）としてなにかを評し、論じている文章。それがコラムだ。「評し、論じる」という言いまわしからもわかるように、コラムは自分の外部にあるもの——人物、モノ、事件、世相など、主に時事ネタ——をその対象とする。

一方のエッセイには、「随筆」や「随想（ずいそう）」の訳語がある。語義的に考えれば「随」とは自由気ままなさまを指す。つまり随筆は「自由気ままに筆録（ひつろく）したもの」を指し、随想は「自由気ままに想うこと」を指す。そして「想う」の字からもわかるように、エッセイは自分の内面を描く。多くの場合、外部のなにかと触れたことで生じる、内面の変化を描いていく。

これをもっとわかりやすく説明しよう。

コラムとは、「巻き込み型の文章」だ。

呼ばれてもいないのにぐいぐい首を突っ込み、対象をあれこれ評し、自説を論じる。そんなおせっかいを焼くのが、コラムニストの仕事だ。朝日新聞の「天声人語（てんせいじんご）」だって、読売新聞の「編集手帳」だって、日本経済新聞の「春秋（しゅんじゅう）」だって、基本的には呼ばれてもいないのに首を突っ込む式の、つまりは「おれの世界」に巻き込む式の、おせっかいな輩（やから）たちによるコラムである。理路は整然としていながらも、独断や偏見、主観や直感、個人的好悪をベースに論じられるものだ。そして閉じられた「おれの世界」で論を展開しているかぎり、主観に基づく話でまったくかまわない。「正しいこと」を言う必要はない。

一方でエッセイは、「巻き込まれ型の文章」だ。

洗濯物を干していたら、急に雨が降り出した。部屋の掃除をしていたら、引き出しの奥からむかしの手紙が出てきた。同窓会に出席したら、担任だった先生からこんなことを言われた。そうした日常の些細な出来事に期せずして巻き込まれ、そこから生まれる「内面の変化」を軽妙に描いたものが、エッセイだ。

そう考えると、コラムニストとエッセイストに対するパブリックイメージの違いにも納得がいくだろう。自分の外にある時事ネタに首を突っ込み、あれこれ「おれの掌論」を展開するコラムニストは、どこか意地悪に見えたり、皮肉屋に見えたりする。そしてそれが「論」であるかぎり、主観だけで語ることはせず、客観の事実を交えながら、論証するように対象を読み解いていく。一定の知性が必要だし、「あたらしい視点」の提供が欠かせない。「みんなはこう見るかもしれないが、わたしはこう見る」という、筆者ならではの視点（情報の希少性）だ。理知的である一方、偏屈でスノッブな人物に映るのも、致し方のないところだろう。

それに対して、巻き込まれ型のエッセイストは違う。語り手の「わたし」は、なるべく平穏無事に暮らしたいと願っているのに、なぜかいつも事件や騒動に巻き込まれる。対象を高みから見下ろすようなことはせず、むしろ自分を低いところ（生活人の立場）に置いて「巻き込まれたわたし」を語る。そして描く対象はいつも日常と地続きの風景で、読者に親しみやすさやおもしろみを感じさせる。巻き込まれていく顚末（てんまつ）――多くの場合はドタバタ劇――は、どこかおっちょこちょいな印象も与える。

……コラムとエッセイの違い、なんとなく理解できてきただろうか。

自分がどちらを書きたいのか、自分はどちらに向いているのか、これまで自分はどちらに軸足を置いてきたのか、イメージできてきただろうか。

コラムについては、その（独善的な）切り口さえおもしろければ、ある程度成立する。毒舌が喜ばれることもあるし、「おれの掌論」を論じていけばいい。ここではエッセイを書くときの注意点を見ていこう。

エッセイ② 感情的文章から感覚的文章へ

ここまで本書では、しつこいほどに「論理的であること」の重要性を説いてきた。

ところが、エッセイにおいて論理は、それほど重要ではない。支離滅裂な文章であっては困るものの、みずからの主義主張を順序立てて論証していくタイプのコンテンツでは、まったくない。もっとのびのびと、自由に転がっていくのがエッセイの魅力だ。

だとした場合、エッセイはなにを指針に書いていけばいいのだろうか。

つれづれなるままに、気の向くままに書き綴ったものがエッセイなのか。そんなことで、読者のエンターテインにつながるコンテンツができあがるのか。できるとすればそれは、ひと握りの天才にかぎられた所業ではないのか。

論理という軸がないからこそ、「読まれるエッセイ」を書くのはむずかしい。つらつらと書いただけのエッセイは――自分ごとの主体である――自分以外の読者にはおもしろく読んでもらえない。これは「わたしの見た夢」の話が、おもしろく聞いてもらえないのと同じ構造である。

そこでぼくなりの指針を掲げておこう。

まず、論文や評論に代表される「論理的文章」の対立概念を考える。「論理的」の反対側にあるもの（対義語）はなにかを、考える。もしもここで「感情的」ということばが出るなら要注意だ。「情緒的」ということばが出るなら、もっと注意が必要だ。

たしかに感情のことばは強い。訴求力にすぐれている。「泣いた」「笑った」「怒った」「うれしい」「かなしい」「ムカつく」「さみしい」。喜怒哀楽まわりのエモーショナルなことばは、書き手の気持ちがストレートに伝わってくる。そしてストレートであるぶん、読者の共感を得やすい。「泣けること」を強調する映画のプロモーション、コント番組に挿入される観客やスタッフの笑い声、そしてソーシャルメディアにおける「バズ」から炎上騒動まで、その構造は変わらない。感情・情緒は、伝播（つまりは共感や反発）しやすい特性を持っている。

それでは、みずからの感情を吐露することと、つまり感情を吐き出すことがエッセイの基本なのか。吐き出されたあなたの喜怒哀楽を、読者はたのしく読んでくれるのか。――そんなことはないだろう。

論理の反対側にあるのは、感情ではない。

辞書的な意味はともかく、ぼくの考える「論理的文章」の対義語は、「感覚的文章」である。ここでの「感覚」とは、直感や感性のことでもあるし、視覚、聴覚、触覚、味覚、嗅覚のことでもある。わたしにはこう見える。わたしにはこう聞こえる。わたしにはこう感じられる。そんな鋭敏な「わたしの感覚」に根ざして語られる文章が、感覚的文章であり、エッセイの基本だ。

そして感覚的文章の根底には、徹底した「観察」がある。

エッセイストだからといって、その人のまわりに特別な事件があふれているわけではない。感受性にすぐれた、観察者――つまりは取材者――としての日常を過ごしているからこそ、彼ら・彼女らはなにかを見つける。とても事件とは呼べない出来事に、ほかの人が見過ごしてしまうような日常の些事に、こころを動かされる。そしてほんの数秒、あるいは一瞬かもしれないこころの揺らぎを逃すことなく、そこに的確なことばを与えていく。彼ら・彼女らにことばを与えられた些事は、多くの読者が日常のなかで経験していたはずのことだったりする。だからこそ読者は、そのエッセイに共感する。

一方、感情的文章は、なにも観察しようとしない。自分の内面（喜怒哀楽）にしか関心がなく、乱暴に感情のことばを吐き出し、読者のこころを荒立てようとする。「わたし」への共感や賛同を、強要しようとする。そして喜怒哀楽のことばはそもそもの語彙が少なく、容易に誇張へ流れる。「泣いた」ことを強調しようとするあまり、「号泣した」と書き、「涙でスクリーンが見えない」などと自分に嘘をつき、読者を煽る。冗談を言ってはいけない。スクリーンが見えないとすれば、それは目を閉じているだけだ。

すぐれたエッセイストたちは、乱暴に感情を吐き出すようなことはしない。

観察者である彼ら・彼女らにとっては、「映画に感動して泣いているわたし」さえも、観察の対象なのだ。喜怒哀楽の渦に巻き込まれた自分を不思議がったり、愛想を尽かしたり、おもしろがったりする落ち着きを、みな持っている。

そしてエッセイストたちは、みずからが観察したもの（自分という人間も含む）を、克明に描写する。「意味」に偏った抽象画ではなく、ただ「わたしの見たもの」を写生する。そのていねいな情景描写が、心象風景とシンクロしていく。たとえるなら、一輪挿しの花を描写するだけで、さみしさが立ちあらわれる。「さみしい」とか「孤独だ」とかの直接的な感情のことばに頼ることなく、みずからの心象を描いていく。

確かな観察眼と、描写力。そして「巻き込まれた自分」までも観察の対象としてしまう、「わたし」との距離感。感情のことばに頼ることなく、手の届く範囲の世界を観察し、変化する自分のこころを観察しよう。すぐれたエッセイとは、虫めがねを片手に書かれるものなのだ。

コンテンツの賞味期限をどう考えるか

ライターの仕事をはじめた当初、ぼくの主な活動場所は雑誌だった。

そして雑誌（とくに週刊誌）の場合、「情報の希少性」は、情報の「鮮度」と重なる部分が多い。駆け出し時代、おもしろそうな企画を提出しては、デスク（副編集長）のおじさんから「こんな話、おれでも知ってるよ！　おれが知らない情報を出してこい！」と突き返されていた。当時おそらく40代だったデスクにとって、「おれでも知っている話」とは「鮮度の落ちた話」であり、すなわち「掲載する価値のない話」だったのだ。

そうして30歳になるころ、ぼくは書籍の世界へと活動の場を移した。字数制限のある雑誌では書けないことが、書籍だったらたっぷり書ける。次号の発売とともに書店から消えてしまう雑誌と違って、書籍はずっと残ってくれる。そんな思いからの鞍替(くらが)えだった。

さて、ここで困ったのが、コンテンツの賞味期限である。

週刊誌に求められるのは、「今週の読者」に向けた、「今週限定のコンテンツ」だ。一方で本（書籍）は、今週や来週と言わず、来年や再来年の読者まで見据(みす)えておかなければならない。わかりやすくいうと、「いま、女子高生のあいだでこんなスイーツが流行っている！」は、週刊誌の企画にはなりえても、本の企画にはなりえない。もっと賞味期限の長い、この先何年、何十年と読まれる、普遍的なコンテンツをつくらなければならない。

だとした場合、なにを指針にコンテンツをつくるのか。

多くの人は「この先ずっと残るものってなんだろう？」と考えるだろう。来年、再来年、5年後、10年後の読者をイメージして、どんなコンテンツをつくるべきかを考える。ぼくも最初、そう考えた。

しかし、率直に言ってこれは、まったくの徒労だった。どんなに考えたところで、わかるわけがないのだ、未来のことなんて。

コンテンツの普遍性を考えるとき、見るべきは「未来」ではなく「過去」である。しかも去年や一昨年の過去ではなく、10年、50年、１００年レベルでの過去だ。

たとえば、はじめてドストエフスキーを読んだときのぼくは、そこで語られている内容に「なんと現代的なテーマだ!」と驚かされた。そして「ドストエフスキーは100年後の未来を予見した、先駆的な作家だったのだ!」などと勝手に興奮した。

でも、それは違うのだ。

ドストエフスキーにかぎらず、古典とされる作品群を残した文豪たちは、先駆的だったわけでも進歩的だったわけでもなく、ただただ「普遍的」だったのだ。その作品が普遍性を帯びていたからこそ、いまを生きるわれわれにも突き刺さるし、刊行当時にもおおきな人気を博していたのだ。置かれた状況は変化しても、人間の抱える悩みなんて100年や200年の単位で変わるものではない。

2013年に上梓した『嫌われる勇気』の執筆にあたってぼくは、これをあらたな古典にしたいと考えた。笑われることを承知で言えば、100年後の読者にも読まれるような本にしたいと本気で考えた。

具体的にどうしたのか?

100年前の読者をイメージしたのだ。100年前、つまり日本でいえば大正時代の読者が読んでも理解できるような、そしておもしろく感じてもらえるような本をイメージした。だからあの本には、コンピュータやインターネット、スマートフォンやソーシャルメディアなどの話はいっさい登場しない。どころか、テレビやラジオさえも登場しない。そうした小道具に頼らずとも説明できる、人間の根源的な悩みを探っていった。

また、世界中の読者に読まれることを想定して、日本社会特有の悩みを採り上げなかった。受験や就活、儒教的な価値観など、日本の人生相談にありがちなテーマは、あえて避けた。ふつうであれば「日本では現在……」と表記するところも、「わが国では現在……」と慎重にことばを選んだ。偉人のたとえにもナポレオンやアレクサンドロス大王の名を選び、日本人の名前は出さなかった。その結果というわけではないものの、同書は現在、世界数十カ国で翻訳され、さまざまな言語で読まれている。普遍性を意識したコンテンツは、時間だけではなく、言語や国境の壁も越えていく可能性を——あくまで可能性を——持ってくれるのだ。

インタビューやセミナーなどの場で、息の長いコンテンツをつくる秘訣、ロングセラーをつくる秘訣を質問されることがある。しかし、そんな秘訣などおそらくない。

言えることがあるとすれば、「10年先を見たければ、10年前を見よう」だ。「100年先を見たければ、100年前を見よう」だ。いまの読者にしか通用しない、期間限定のことばを使っていないか、期間限定の議題に終始していないかチェックしよう。そして未来を見るのではなく、それが「10年前の読者」や「100年前の読者」にも届くものなのか、考えるのだ。

ジャンルよりもスタイルの確立を

文章術の本を期待された方には申し訳ないが、本書でぼくは「文章の書き方」について話をするつもりは、あまりない。国民のほぼすべてがメールやソーシャルメディアを使いこなしているこの時代、誰だって「文章」を書くことはできるし、実際に書いている。テキストのやりとりを通じて、たのしくおしゃべりをしている。だから「文章の書き方」なんて学ぶ必要がない、というのがぼくの基本スタンスだ。

本書が扱う対象は、文章ではなく「原稿」である。

コンテンツとしての、読者のエンターテインにつながる原稿について、ぼくは自分の考えを述べている。それでもまだ――もう第6章も終わろうとしているのに――その具体的な「書き方」には踏み込んでいない。少なくとも、句読点の打ち方や「だ・である調」と「です・ます調」のそれぞれに触れるような話はしていない。

本章を振り返ってみれば、その理由は明らかだろう。

原稿の「書き方」は、掲載メディアやスタイルごとに変わるのだ。本には本の書き方や組み立て方があるし、インタビューにはインタビューの、対談には対談の、コラムやエッセイにはまたそれぞれの書き方がある。まずはスタイルの特性を知ること。文章表現レベルの「書き方」を考えるのは、そのあとの話だ。

そこで本章の締めくくりとして、もうひとつ大事なことを書いておこう。

しばしば若いライターたちには、「得意なジャンルを身につけなさい」とのアドバイスが語られる。コンピュータ系が得意だとか、グルメ系が得意だとか、ファッション系が得意だとか、ビジネス系が得意だとか、そういう「これなら詳しいし、上手に書ける」というジャンルだ。

しかしぼくは、みずからの得意分野を「ジャンル」で考えるのではなく、「スタイル」で考えるべきだと思っている。すなわち、インタビュー原稿を書かせたら誰にも負けないとか、対談原稿については臨場感たっぷりに書けるとか、本をつくるのだったら自分に任せてほしいとか、なんらかの「スタイル」で自分の長所を考えていくべきだと思っている。

なぜなら、得意ジャンルはわかりやすい反面、廃(すた)れやすくもあるからだ。

たとえば「クルマ」に強いライターの需要は、昭和の時代と現在とではまったく違う。これが「オートバイ」だったら、なおさらだ。いわゆる「クルマ離れ」や「オートバイ離れ」は、昭和の時代には予想できなかったほどに進行している。どんなジャンルを得意にしていようと、時代の変化によって、これまで積み上げてきた強みがあっという間に無化(むか)してしまう可能性がある。

一方、インタビューが好きだとか、対談が得意だとか、本づくりがたのしいとかいう「スタイル」ごとの強みは、耐久性にすぐれている。インタビューがなくなることも、対談がなくなることも、コラムやエッセイがなくなることも、本がなくなることも、おそらくない。そしてひとつのスタイルで鍛えられた力は、他のスタイルに移行したときにもきっと生かされる。

得意ジャンルを持つよりも、得意なスタイルを手に入れる。

情報通になるよりも、すぐれた取材者になる。

もしかするとこれは、本書のなかでも数少ない「プロとして食っていくため」のアドバイスなのかもしれない。

第7章

原稿をつくる

原稿に必要な3つの要素

ようやく、という印象が強いかもしれない。

第7章——ガイダンスまで含めると実質的な第8章——にして、ようやく「書くこと」の話だ。論理的文章のポイントはわかったし、構成の基礎も身につけた。対談やインタビューなど、スタイルごとの特性もおおよそ理解できた。ここまでくれば、「書くこと」の具体に入っていけるはずだ。

原稿とはまず、正しくなければならない。伝えたいことが伝わらなかったり、誤ったかたちで伝わってしまうとすればそれは、致命的な問題だ。文章の基礎（論理構造）から見なおす必要がある。

そして原稿は、読者のエンターテインを誘うものでなければならない。端的にいえば、おもしろくなければならない。どんなに「いいこと」が書かれていても、文章にエンターテインの要素がなければ最後まで読んでもらえない。没頭も、興奮も、感動も、清々しい読後感も、提供できない。情報の羅列でしかなくなってしまう。

先にも述べたように、ぼくはライターのことを「つくる人＝創作者」だと考えている。ただの録音機ではなく、ことばのノイズを除去するだけの清掃業者でもなく、立派なクリエイターのひとりだと考えている。もしも現在、ライターにそれだけの価値が認められておらず、ライターが軽んじられているとするなら、本書をきっかけにしてその認識を改めていきたいとさえ思っている。

ただし、ライターは「アーティスト」ではない。クリエイターではあっても、アートにたずさわっているわけではない。ここは非常に大切なポイントだ。

アーティストとの比較でいうならライターは、「デザイナー」である。

つまり、自己表現の手段として原稿があるのではなく、創作の根底にはかならずユーザーがいる。ユーザーとはお客さんであり、読者だ。座ることの困難な棘(とげ)だらけの椅子は、モダンアートとしては成立しても、プロダクトデザインとしては成立しない。同様に、難解だったり、支離滅裂だったり、冗長すぎたり、自己陶酔的だったりして読みとおすことの困難な文章は、自己表現のひとつにはなり得ても、ライターの書く原稿としては成立しない。原稿とは、あなたのものではなく、読者のものだ。あなたの満足ではなく、読者の満足のために書かれるものだ。

コンテンツの魅力は、扱うテーマ、登場人物や取材対象者、情報の希少性などによっておおきく変化する。しかしここでは、「どのような文章が、原稿のエンターテインを生み出し、読者の満足につながるのか」という文章表現レベルの議論に特化して考えていきたい。ポイントはおおきく、次の3点に絞られる。文章の「リズム」と「レトリック」、それに「ストーリー」だ。

①リズム

内容とは無関係に、読んでいて気持ちのいい文章がある。書き手の主義主張には同意できなくても、するすると読んでいける文章がある。いったいなぜ、気持ちがいいのか。どうして心地よいスピードで読んでいけるのか。

文章の、リズムがいいのだ。

ことばが、音が、論の流れが、そして文字の並びが、いかにも機嫌よく踊っている。流麗(りゅうれい)な、無駄のないステップを踏んでいる。音の気持ちよさだけではない。文章のリズムは、「音楽的リズム」「論理的リズム」「視覚的リズム」の3つによって成り立っている。この章ではそれぞれの詳細を見ながら、リズミカルな文章の本質に迫っていこう。

② レトリック

どれだけ興味深い内容であろうと、文章そのものに魅力がなければ、読者はついてきてくれない。最後まで読んでくれないし、読むこと自体を苦痛にさせてしまう。ゆたかで魅力的な文章をめざすのは、一義的に読者のためだ。読者を退屈させず、読者を引き込み、より正確な理解を得てもらうため、文章は魅力的であらねばならない。

そして文章そのものの魅力はおおきく、「レトリック」と「ストーリー」とによって担保される。文（一文）の単位では「レトリック」が、文章（文の連なり）の単位では「ストーリー」が、それぞれ重要になる。

このうちレトリックについては、説明するまでもないだろう。「ことば巧みな言いまわし」の総称であり、なかでも比喩（たとえること）がその中核となる。この章では修辞技法としての比喩（とくに直喩と隠喩）を入口に、「たとえること」全般について考えていきたい。

③ストーリー

文章のストーリーについて説明することは、簡単なようでむずかしい。

たとえば、「桃から生まれた桃太郎が、犬・猿・キジの家来を従えて、鬼ヶ島へと鬼退治に行く」。これが一般的に理解されるところの、桃太郎のストーリーだ。シンプルに「あらすじ」と言ってもいいだろう。

しかし、童話や小説とは違った文章、ライターの書くような実用的文章にも当然、ストーリーは存在する。たとえば「起承転結」や「起転承結」の流れもそのひとつだ。あるいは前章で述べた「デパート理論」による章構成も、おおきなストーリー設計の一例だと言える。ここでは小説や映画とはまた違った、けれども魅力的なストーリー設計について考えていこう。

さらにこの3つを受けたうえで、章の最後には「文体」にまで議論を進めていく。率直に言って、技術的な話にも踏み込まざるをえないし、ハードルの高い話も増えていく。簡単な話だけでお茶を濁しても意味がないだろう。明らかに本書の最難関ポイントとなるであろうことを、先に断っておきたい。

ただし、ていねいに読んでいけば、かならず理解・納得してもらえるものだと思っている。ぜひ最後までついていきてほしい。

リズム① 音読と筆写が必要な理由

最初に、文章の「リズム」について考えたい。リズムのなかでもいちばんわかりやすい「音楽的リズム」の話だ。

人は、どんな文章を気持ちよく思って、どんな文章を気持ち悪く思うのか。

本来これは、個人の感覚や感性に帰結する問題だ。また、同じ人間であっても読む場所やタイミング、年齢などによって、感じ方に違いは出てくる。なので、文章のリズムを考えるときにも、基本的には「自分が気持ちいいと思うリズム」で書いていくしかない。無理にルールを設けるほうが、リズムを損なわせてしまうだろう。

日本語のリズムといってよく引き合いに出されるのが、短歌や俳句などに見られる「五七調」や「七五調」だ。古典的な詩歌の世界にとどまらず、その韻律は童謡や唱歌、交通標語や広告コピー、あるいはポピュラーソングのなかにまで求めることができる。第5章で紹介した童謡『ももたろう』の歌詞もそのひとつだ。万葉(まんよう)の時代から、五拍や七拍の音でつくられるリズムは、なぜか気持ちよく、憶えやすい。日本語を母語とする人間にとって、これはほとんど生理的な感覚といえるのだろう。

しかし、五七調や七五調はそもそも詩歌(韻文(いんぶん))のリズムであって、実用的文章にそれを当てはめようとするのは無理がある。そこでぼくは、文章の音楽的リズムを決定づける要素を、次の2点で考えている。

① 句読点

卒業証書や賞状には句読点が用いられない。年賀状にも、本則としては用いられない。そして講談社や集英社の漫画でも、フキダシ内のことばは句読点なしで表記される（小学館の漫画は句読点アリ）。

いったいなぜか？

もともと日本語に、句読点が存在しなかったからだ。漢文の訓読用に訓点の一種として使われたり、蘭学の翻訳書で例外的に使われたりすることはあったものの、江戸期までの仮名文に句読点は使われていなかった。意外と知られていないことだが、現在のような句読点が生まれ、一般化していったのは言文一致運動を経た明治後期になってからのことである。西洋からカンマ（，）やピリオド（．）を輸入した結果、急ごしらえでつくられたのが日本語の句読点なのだ。

そんな歴史の浅さも関係しているのだろう。日本語の句読点には、いまだ正書法（統一的な表記ルール）が確立されていない。たとえば、学術論文や理工系の文書ではしばしば（、）や（。）ではなく、カンマとピリオドが使われる。これはまったく誤用ではない。テン、マル、カンマ、ピリオドの混在は許されている。事実、学校教科書においても、横組みで記述する場合（つまり算数、数学、社会、理科、音楽など）はカンマを読点としている。それほどにも日本語の句読点は未整備であり、よく言えば自由なのである。

そんな「正解のなさ」を踏まえたうえで考えたいのが、読点（、）の打ち方だ。

一般的に読点とは、「意味の区切り」と「リズムの区切り」のいずれかにおいて使われる。「意味の区切り」とは、たとえば次のような文だ。

A　わたしは、泣きながら彼がつくった料理を食べた。

B　わたしは泣きながら、彼がつくった料理を食べた。

一読して、Aの文で——どういう状況なのかはともかく——泣いているのは「彼」だ。他方、Bの文では「わたし」が、泣いている。こうした「意味の区切り」としての読点は、ぼんやりとした正解（らしきもの）もあり、用法もわかりやすい。

これに対してわかりづらいのが、「リズムの区切り」である。

文をどこで区切ると読みやすいのか。あるいは、どこで区切ると気持ちいいのか。ここについては、いよいよ明解な表記ルールが存在せず、書き手の感覚に委ねられている。小説家のなかでも、読点を多用する作家と、読点を極力控える作家はそれぞれいるし、どちらが正解というわけでもない（ちなみにぼく自身は、読点を多用するほうだ）。注意点があるとすれば、原稿全体での統一感だろう。たとえば、ひとつの原稿の前半と後半で読点のリズムが違っていたら、気持ち悪いし読みづらい。読点は、楽譜でいえば休符であり、水泳でいえば息継ぎだ。自分の書いた文章をそのたびごとに音読しながら、自分にとっての「気持ちのいいリズム」を探っていこう。

②語尾と文末表現

続いて、文章のリズムには、語尾と文末表現もおおきく関わってくる。

語尾とは、簡単にいえば「です・ます調＝敬体」と「だ・である調＝常体」の違いであり、そこに体言止めの頻度や、敬体と常体の（技巧としての）混淆などが絡んでくる。

一般に、連続する文（もしくは近くにある文）で語尾が重複してしまうと、リズムを損ない、稚拙な印象を与える。ただし、あえて同じ語尾を畳みかけるように反復し、手拍子にも似たリズムの創出を試みることもある。たとえば、こんな文章だ。

旅だ。いまのわたしには、旅が必要なのだ。すべての仕事を投げ打って、狭苦しいこの日本から飛び出すのだ。そして遠い異国の安宿で、これまでの自分を振り返る。これからの自分を考える。そんなひとりきりの時間が、いまのわたしには必要なのだ。

同じ語尾を反復することで、韻を踏むのにも似た力強いリズムが生まれる。文章を読んでいるというよりも、スピーチを聴いているような心地よさが生まれる。一概に「重複禁止」とは言えない。

また、敬体と常体の混淆も、ときとして効果的だ。

常体(だ・である調)で書かれた文章に敬体(です・ます)の語尾が混入すると、さすがに違和感が残る。しかし、その逆はありえる。

仕事を、お金のためだと割り切って考える人たちがいます。仕事とプライベートとのあいだにしっかり線を引いて、なにごともプライベート中心で考え、仕事面での努力や成長を放棄する人たちです。でも、お金や生活のためだと割り切って取り組む仕事に、よろこびはあるのでしょうか？ それで人生はゆたかなものになるのでしょうか？ そんな人生など、たのしいはずがない。むしろ苦痛になるだけだ。わたしはそう考えます。プライベートの充実は大切ですが、日々の仕事がよろこびに満ちたものであってこそ、プライベートがゆたかになっていくのです。

強く断言する箇所で、敬体を外してみる。すると語り手の主張が強調され、読者に鮮烈な印象を与えることができる。逆に、すべての語尾を「です・ます」や「だ・である」で揃えると、いかにも単調でおもしろみのない文章になってしまう。重複禁止や文体の統一など、ルールはルールとして押さえながらも、そこに縛られない柔軟な発想を持とう。

一方の文末表現は、「断定」と「推量」、そして「伝聞」を基本とする。念のため、それぞれ例文を挙げておこう。

- 断定……ビートルズは、史上最高のロックバンドである。
（〜です、〜ます、〜だ、〜である、〜でした、〜だった、など）
- 推量……ビートルズは、史上最高のロックバンドと思われる。
（〜だろう、〜のようだ、〜でしょう、〜と思われる、など）

・伝聞……ビートルズは、史上最高のロックバンドだと言われている。
（〜だそうだ、〜とされている、〜だという、〜と言われている、など）

本来これはリズムと無関係な、事実認定に関わる話だ。断定と推量と伝聞では、意味がまったく違う。誰かから聞いた話は伝聞のかたちでしか書けないし、自分でこしらえた話を伝聞調で書くのもおかしい。あるいは天気予報のキャスターも、「明日の東京は雨になるでしょう」「週末は全国的に穏やかな陽気に恵まれそうです」など、推量のことばを使う。明日の天気を断定（断言）することなど、誰にもできない。

しかし、ことばの「歯切れのよさ」にすぐれているのは、圧倒的に断定である。

書き手や話者が言い切ってくれること。モゴモゴと語尾を濁さないこと。自信を持って表明してくれること。そんな姿勢や態度の気持ちよさはもちろん、断定には「強調」の要素も加わる。推量や伝聞の文が続いたあとにビシッと断定・断言してくれると、そこがポイントなのだと理解できる。ちょうど、太めの強調フォントを使うようなものだ。

もちろん、不確かな情報を断定口調で語るのは禁物である。そしてあまり強い調子で断定・断言を重ねると、読者の反発を招きかねない。揚げ足を取られる可能性だって、おおいにある。自分が自信を持って言えることしか断定・断言できないし、そのためには十分な取材と裏づけが必要であり、論理の構築が必要だ。

さらにもうひとつ、断定や推量とは違った文末表現についても触れておきたい。問いかけである。

つまり、「ビートルズこそ、史上最高のロックバンドではないだろうか?」と、読み手に問いかける手法だ。欧米の政治家や経営者、またキリスト教の説教師などのスピーチを聴いていると、かならずと言っていいほど問いかけが入り、みずからその問いに答えていく。いったん「○○なのでしょうか?」と聴衆(読者)にボールを渡し、まるでキャッチボールでもするように「わたしはそうは思いません。なぜなら〜」と話を継いでいく話法だ。受け身になりがちな読者に問いを投げかけ、一瞬でもそれを考えてもらい、自分ごと化を図る。と同時に、リズムのうえでもおおきな転調を目論む。多用するとしつこくなるものの、適時盛り込んでいくといいだろう。

さて、なにやら細かい話が続いたが、大切なのはここからである。

何度も書くように音楽的リズムとは、生理的な感覚だ。「よさ」の基準は人それぞれで、「こう書けばリズムがよくなる」とは、なかなか言えない。

しかもこれは、自習がむずかしい。音読はいちばんの自学習慣ではあるものの、自分の書いた文章についてわれわれは、自分の感覚に合わせて音読してしまう。たとえば、読点の入っていないところにも適宜息継ぎのポイントを設け、心地よいリズムで読んでしまう。音読は、よほど客観的な目をもってやらないと、少なくともリズムの補正には役立たない。

そこでおすすめしたいのが、「自分が気持ちいいと思う文章を筆写すること」だ。

読むだけではなく、書き写す。コピー&ペーストするのではなく、ひと文字ずつ、正確に筆写していく。手書きが望ましいが、手打ち（タイピング）でもかまわない。とにかく書き写す。

これはよく誤解されるところだが、いくら名文を書き写したところで、筆力は向上しない。表現力が上がるわけでは、まったくない。三島由紀夫の文章を何十回書き写しても、三島由紀夫の精緻で流麗な文章は書けない。俗に言う「写経（本義は経典を書き写すことだが、文章トレーニングの現場では模範となる誰かの文章を書き写すことを指す）」によって表現力の向上を図ろうとする言説は、基本嘘だと思っていい。

しかし、書き写せばおそらく、読点の位置に驚いたり、語尾や文末表現のゆたかさに驚くだろう。普段自分が書いている文章とはまったく違うリズムが、そこに宿っていることを知るだろう。読点の位置ひとつで、文末の変化ひとつで、ここまで変わるものかと笑ってしまうかもしれない。そうやって「自分とはまったく異なるリズム」を発見し、自分の癖やリズムを再確認することが、筆写の効果だ。

しかも書き写しは、その過程に音読が含まれる。

他人の文章を書き写していくとき、われわれはたとえ声に出さなくとも、あたまのなかで音読しながらその文章を追っていく。読むだけ、コピー&ペーストするだけでは、音読のプロセスが入らない。

文体が「その人固有の声」だとするなら、句読点は声に連動した「息継ぎ」だ。筆写によって名文家たちの息継ぎポイントを知ることは、声の幅を広げることにつながる。むかしながらの凡庸なアドバイスに聞こえるかもしれないが、効果は絶大である。自分が好きな文章を、書き写していこう。

リズム② 「ふたつのB」を意識せよ

句読点の位置を考えること。あるいは語尾や文末表現に工夫を凝らすこと。基本的にこれらは「文」の単位で見たリズムの話だ。映像でいうと「カット」レベルの話である。

では、「シーン」や「シークエンス」の単位ではどうだろうか。つまり、「文章=文の連なり」

レベルでもやはり、気持ちのいいリズムがあるのではないか。文と文がいかにもテンポよく並んだ、いわば「話術」にすぐれた文章である。

連なりとしての文章がテンポよく進んでいく理由は、ひとつしかない。そこに「論理的リズム」が宿っているからだ。テンポのよさ、文章全体の話術とは、そこに宿る「論理」によって形成されるのである。わかりやすく、小学生の作文にありがちな例を挙げてみよう。

この日は、学校のみんなと遠足に行きました。遠足は動物園に行きました。動物園にはライオンやトラがいて、かっこよかったです。キリンは首が長くてびっくりしました。お昼には動物園のひろばで、お弁当を食べました。ぼくのお弁当はたまご焼きとウインナーとほうれんそうでした。とてもおいしかったです。お弁当を食べたあと、水筒の麦茶をごくごく飲みました。水筒を忘れたサワダくんにも分けてあげました。サワダくんは「ありがとう」と言って、麦茶をごくごく飲みました。先生からも「ありがとうね」と言われてうれしかったです。

言っていることはわかる。情景だってちゃんと浮かぶ。しかし、どこかリズムが悪く、もたもたしている。書いてある内容（動物園への遠足）と関係なく、一読して稚拙な印象を受ける。いったいなぜか。

すべての文と文を「Aの接続詞」でつないでいるからだ。

文章に展開をもたらし、論理的リズムを生むのは、「Bの接続詞」なのだ。

説明しよう。なにしろこれは、完全にぼくの造語である。

「Aの接続詞」とは、and に代表される累加（るいか）（そして、それから、しかも、など）や順接（じゅんせつ）（それで、だから、そのため、など）の接続詞だ。

これに対して「Bの接続詞」とは、「しかし＝but」と「なぜなら＝because」のふたつだと思ってもらってかまわない。逆接（ぎゃくせつ）の接続詞と、補足・説明の接続詞だ。

そして文章は、「ふたつのB」のいずれかが入ったとき、シーンが切り替わる。それまでの流れを断ち切ってあらたな論へと移る「しかし＝but」と、直前のことばを深く掘り下げていく「なぜなら＝because」だ。

先に紹介した小学生風の作文が退屈に感じられるのは――文章表現の巧拙以前に――ずっと「たのしかった動物園」のシーンが時系列で続いているからだ。

たとえば「たのしかった動物園」のシーンに、「でも」とことばを継ぐ。「せまい場所に閉じ込められたライオンは、かわいそうでした」と展開する。そこから「なぜなら」の文脈で、「ぼくたちが運動場であそぶみたいに、ライオンたちも追いかけっこがしたいんじゃないかと思います」と展開する。これだけでもシーン（景色）は変わり、文章にテンポが生まれてくる。

論理的な文章の基礎にあるのは、主観と客観の組み合わせだ。

Aの接続詞でつなげるばかりの文章は、ずっと「主観＝わたしの気持ち」を述べているに過ぎない。そこに「しかし」が入るとき、書き手は別の視点を手に入れ、少しだけ客観に近づく。「なぜなら」が入れば、検証・証明のシーンに突入し、さらなる客観が求められる。流れによっては「たとえば」と、証拠となる類例を挙げていく必要だって出てくるだろう。

接続詞は、それだけで一冊の本になりえるくらい深いテーマだ。

それでもまずは、「ふたつのB」を意識しよう。自分の語りたいことを、「ふたつのB」を使って語れるようになろう。「しかし」に続くシーンがあるのか、「なぜなら」に続くシーンがあるのか、考えていこう。そうして書かれた文章はきっと、論理性を宿し、テンポよく読まれていくはずだ。

リズム③ 見た目の読みやすさをつくる

続いて、文章の「視覚的リズム」を考えていきたい。

読んでいて気持ちのいい文章、すなわち「読みやすい文章」について語るとき、意外と見落とされがちな事実がある。

読むという行為の前には、かならず「見る」があるのだ。

われわれは文章という「文字の連なり」を見て、そのうえで読みはじめる。文章は「読まれるもの」であるより先に、「見られるもの」なのである。

そのため、とくに雑誌や新聞では、誌面（紙面）デザインが重要になる。

新聞の一面を思い出してほしい。見出しのおおきさ、記事の文量、写真の配置などによって、その日のトップニュースはなんなのか、一目瞭然（いちもくりょうぜん）になるようつくられているはずだ。そしてパッと全体を見た読者は、自分の読みたい記事を瞬時に把握し、該当記事を読み込んでいく。興味を引かれない記事に関しても、見出しだけは拾って、「こういうニュースもあるんだな」とその概略をあたまに入れていく。雑誌も同様だ。読者はパラパラとページをめくりながら、見出しや写真、イラスト、色づかいなどを頼りに自分好みの記事を探しあてる。そして読み飛ばしたページについても、ぼんやりとした理解だけは得ていく。エディトリアル・デザインの世界では「視認性（しにんせい）」

と呼ばれる領域の話だ。

一方、数百ページにおよぶ本の場合はどうだろうか。

雑誌や新聞と違い、本（書籍）はもともと拾い読みを前提としない、通読されることを想定したメディアだ。そのため読者の瞬間的な理解を促す「視認性」はあまり求められず、むしろ過度に凝ったデザインは敬遠されている。ページごとにデザインが異なっていたら疲れるし、うるさい。理解を助けるどころか、没頭の邪魔をするのだ。

これはウェブメディアにおいても、同じことが言える。

日本にウェブメディアと呼べるものが誕生した1990年代の後半以降、HTMLやCSSをはじめとするプログラム言語の進化・発展に合わせながら、メディア制作者たちは幾度となく完全なる「ウェブマガジン化」を志向した。つまり、紙雑誌のように自由で個性的なデザインをめざし、そこに動画や音声コンテンツを組み合わせた「雑誌2・0」の姿を模索した。

しかし、「雑誌2・0」の夢はかなわなかった。

おそらくはブラウザやスマートフォンアプリの特性（主に画面サイズ）なのだろう、技術的な「できること」が増え、デザインに凝れば凝るほど画面がうるさくなり、読みづらさが増していくのだ。とくにスマートデバイスではその弊害が著しく、テキスト系ウェブメディアの多くは現在、よりシンプルなデザインを志向している。

これらはいずれも、「視認性＝見つけやすさ」よりも「可読性＝読みやすさ」を重視したデザインだと言える。雑誌や新聞は「視認性」に力点を置き、本やウェブメディアは「可読性」に力点を置く。ざっくり、そう理解してもらってかまわない。

以上を踏まえたうえで考えるべきは、文章の「視覚的リズム」である。

文章は「文字の連なり」だ。そして雑誌や新聞の場合、読みやすさを考えるのは主にデザイナーや編集者の仕事だった。ライターは既定の文字数におさめるよう書いていれば、あとはうまく組んで（デザインして）もらえた。

しかし、本やウェブメディアは違う。文章の（視覚的な）読みやすさは、書き手みずからが積極的につくっていかなければならない。とくにウェブメディアの場合、テキストを既定のフォーマットに流し込んで終わりになることがほとんどなのだ。

この際、気をつけるポイントは次の３つである。

① **句読点の打ち方**
② **改行のタイミング**
③ **漢字とひらがな・カタカナのバランス**

まず、句読点の打ち方から。

先にも見たように句読点は、「意味の区切り」と「リズムの区切り」のいずれかで打たれるものだ。だが、句読点（とくに読点）にはもうひとつの役割がある。

英語を思い出してほしい。「アイラブユー」は、I love you. と表記される。Iloveyou. と、単語と単語を連続して記述することはせず、単語と単語のあいだには物理的スペースが入る。これは「分かち書き」と呼ばれる記述スタイルだ。もしも英語や他のヨーロッパ言語に分かち書きのルールがなければ、大混乱におちいるだろう。スピルバーグの自己紹介が、Mynameisstevenspielberg. になってしまうのだ。

一方で日本語文には、分かち書きの習慣がない。漢字とひらがな・カタカナの使い分けによって補える部分があるとはいえ、たとえば100や200文字以上の文章が（読点のないまま）続くと、かなりの圧迫感を読者に与えてしまう。そこで日本語文では、英文におけるカンマよりもずっと多くの読点が使われる。これは「意味の区切り」や「リズムの区切り」である以前に、「分かち書きの代わり」とも言えるだろう。

あるいはいま、「意味の区切り」ということばをぼくは、カギカッコでくくっている。これも重要な語句が文のなかに埋もれないための方策であり、日本語が分かち書きのある言語だったら、その必要もなかったのかもしれない。

読点やカギカッコによって、分かち書きのような物理的スペースをつくっていく。読点やカギカッコで生まれる空白によって、文意をわかりやすくし、視覚的な圧迫感も解消する。多用するとリズムを損ねたり、稚拙な印象を与えてしまう読点だが、物理的スペースの観点からも考えていこう。

改行についても、ほぼ同様のことがいえる。

英語の場合、ひとつの段落（パラグラフ）では「ひとつのこと」を述べ、あたらしい話題に移るときに改行して次のパラグラフに移る、というわかりやすい作文ルールがある。第5章で述べた「パラグラフ・ライティング」だ。

しかし、論文ならともかく、一般的な日本語文にこの考え方を持ち込むのは危険だ。日本語文は「読みやすさ」に応じて改行する、「形式段落」を採用している。英文であれば「ひとつのこと」を語り終えるまで10行でも20行でも改行しないまま記述するのが本則だが、日本語文は複数の段落に分けて「ひとつのこと」を語ってもかまわない（このまとまりのことを、「意味段落」と呼ぶ）。おそらく本書のなかでも、10行以上連続するような段落はないはずだ。見た目の読みやすさ、物理的スペースを考えてのことである。視覚的リズムの観点から、うまく改行を使っていこう。

最後に、漢字とひらがな・カタカナのバランスについて。

ここにも物理的スペース、もしくは「人口密度」の観点が必要だ。一般的に言って、漢字は画数が多く、ひらがなやカタカナは少ない。けれども一文字あたりに与えられたスペースは同じである。画数の多い「憂鬱」や「麒麟」や「檸檬」の文字だからといって、スペースを拡大して使わせてもらえるわけではない。画数の多い漢字は、ぎゅうぎゅうに詰め込まれて、活字化されている。

そのため漢字を必要以上に多用した文章は、全体に圧迫感が生まれ、画数の人口密度が高い（一方で漢字は視認性にすぐれ、ひと目でその意味をつかむことができる、という特長もある）。漢字とひらがな・カタカナのバランスについて、「画数の人口密度」の観点から見なおしていこう。

以上、「音楽的リズム」「論理的リズム」「視覚的リズム」の3点がしっかり整っていれば、文章は格段に読みやすくなる。気持ちよく読んでもらえる。流麗なレトリックに目を奪われる前に、まずは堅実なリズムを身につけよう。かっこいいギターソロは、リズム隊（ドラムやベース）の下支えがあってこそ成立するのである。

レトリック①　想像力に補助線を引く

続いて考えるのは、「レトリック」だ。

何度も述べてきたように文章は、ひどく不自由な表現ツールである。ことばを扱っていながら、それを発する人の声も聞こえず、姿も表情も見えず、身振り手振りもカットされている。ときおりテレビのバラエティ番組で、箱のなかに入ったもの（たとえばトカゲ）を手触りだけで当てるゲームをやっているが、情報量という意味においては文章もあれに近い。文字言語だけを頼りに、すべてを理解するしかないのである。

それゆえ文章を読むうえでは、想像力が必要になる。小説でも、詩でも、あるいは対談やインタビューでも、読者の想像力を抜きにテキストコンテンツは成立しない。

そんな想像力の補助線として存在するのが、レトリックだ。

子どもたちが絵本の「絵」を頼りに想像力をかき立てるとするなら、テキストコンテンツでは比喩こそが想像力の補助線となる。レトリックとは本来「書き手の技巧をひけらかすもの」ではなく、読者の理解を促すものでなければならない。自分の筆に酔っぱらったレトリックなど、迷惑千万でしかないと考えよう。ここでは最初に、レトリックの中核を成す「比喩」の実際を見ていきたい。

比喩の代表選手としては、おおきく「直喩」と「隠喩」が挙げられる。

直喩とは、「ハイエナのような目」や「透きとおるほど白い肌」などのレトリックだ。組み合わせる（比較する）対象を「〜のような、〜のように」「〜みたいな、〜みたいに」「〜ほど」「〜くらい」などのことばでつなぐ特徴がある。「光陰矢の如し」「下手の考え休むに似たり」など、文末を「如し」や「似たり」で締める（つなぐ）文も、直喩のひとつだ。

一方の隠喩（メタファー）では、「〜のような」や「〜の如し」などの語を用いない。

簡単に言えば、直喩で「彼はライオンのような勇敢さを持っている」とするところを、「彼はライオンの勇敢さを持っている」としてしまうのが隠喩だ。「知の扉」「彼女はぼくの太陽だ」「世間の荒波」「時は金なり」「カーリングは氷上のチェスだ」などの表現は、すべて隠喩となる。この節で述べた「想像力の補助線」や「比喩の代表選手」あたりも隠喩のひとつである。

そして一般的に、「〜のような」などのことばでつなぐ直喩よりも、簡潔な隠喩のほうが勢いや印象にすぐれている、とされる。つまり、「天使のような優しさ」とするよりも、「天使の優しさ」としたほうが強い、というわけだ。

さて、ここで考えてほしい。

そもそも、「天使の優しさ」はおもしろい比喩だろうか？

隠喩を使ったからといって、魅力ある文になっているだろうか？

正直、まったくおもしろくない。比喩とは「対象の組み合わせ」にこそおもしろさが宿るのであって、直喩や隠喩といった形式論は二の次なのだ。組み合わせさえおもしろければ、それが直喩だろうと隠喩だろうと関係ない。そこで、比喩を考えるにあたっての注意点をいくつか挙げておこう。

①具体的・映像的であること

比喩が「想像力の補助線」だとした場合、それはできるだけ具体的であるほうが望ましい。つまり、「犬のような目つき」よりも「老犬のような目つき」のほうが伝わりやすいし、「老いたシェパードのような目つき」のほうが——もしも対象のイメージがシェパードに近いのなら——さらに伝わりやすくなるだろう。あるいは、「雪のように白い肌」とするよりも、「真珠のように白い肌」としたほうが、肌の輝きや触れたときの質感までイメージしやすい。文章に挿絵(さしえ)を添えるように、なんらかの具体的な映像を喚起させることをめざそう。

②普遍的・一般的であること

比喩として挙げる対象は、具体的であることが望ましいものの、局所的・限定的であってはいけない。つまり、「老いたシェパードのような目つき」は成立しても、「老いたブリュッセル・グリフォンのような目つき」は比喩として成立しづらい。おそらくほとんどの読者は、ブリュッセル・グリフォンなるものが犬種の名称であることさえわからないだろう。具体的であることと、局所的であることはまったく違うのだ。

ここは非常に大切なポイントで、「想像力の補助線」たる比喩では、書き手の親切心が問われる。とくに「あたらしい概念」や「まだ誰も知らないこと」を説明するときには、親切心を伴った比喩が必要だ。たとえば、経営コンサルタントという職業が一般的でなかった時代、大前研一はそれを「企業参謀」と呼んだ。ウェブメディアの存在が一般的でなかった時代——むしろ「ホームページ」の語が一般的だった時代——に糸井重里は、みずからのウェブメディア（ほぼ日刊イトイ新聞）に、「新聞」の二文字を入れた。参謀や新聞など、既存の概念にたとえることによって人びとの心理的ハードルを下げ、認知を広げていったのだ。これもひとつのレトリックである。

みずからの技巧に酔うのではなく、みずからの感覚だけを頼りにするのでもなく、「読者にも見える映像」や「読者にも聞こえる音」を意識するようにしよう。

③ 遠距離であること

普遍的、また一般的なことばを選ぼうとするとき、ともすると比喩は「天使の優しさ」みたいな平凡な表現に落ち着きがちだ。この比喩がおもしろくないのは、「天使」のせいでも「優しさ」のせいでもない。両者の距離が近すぎるところに、原因がある。

これが「天使の狡猾さ」だったなら、比喩としておもしろく読める。あるいは「悪魔の優しさ」でもおもしろい。「天使」と「優しさ」の組み合わせは、あまりにも安直で、距離が近すぎる。

このように比喩のおもしろさは、組み合わせる対象の距離によって決まると言ってもいい。たとえば映画評のなかで、でっぷりと太った悪役の俳優を「豚のように太った男」と書くよりも、「炊飯器のように太った男」としたほうが、構造としておもしろい。豚のたとえはあまりにも慣用表現的だし、同じ哺乳類である人と豚は、巨漢であることにおいて距離が近すぎる。近いもの同士を並べた比喩は、納得感こそあれ、意外性に乏しい。距離の遠さとは、すなわち意外性のことなのだ。

ものすごく遠くにあるものを、同列に並べる。意外なふたつの類似性を提示する。そして「なるほど、言われてみればそのとおりだ」と読者に納得してもらう。これができれば比喩は、最高におもしろくなるだろう。

レトリック② 比喩とはどうつくられるのか

一般に、すぐれた比喩は、詩人や小説家の専売特許だと考えられている。詩的な、あるいは文学的な才能があってこそ生まれるものだと考えられている。古代ギリシアの大哲学者、アリストテレスが残した次のことばは、その端的な例だ。

> とりわけもっとも重要なのは、比喩をつくる才能をもつことである。これだけは、他人から学ぶことができないものであり、生来（せいらい）の能力を示すしるしにほかならない。
>
> 『詩学』（アリストテレース著、松本仁助・岡道男訳／岩波書店）

アリストテレスによれば、比喩には「才能」や「生来の能力」が必要であり、それはどうやっても「他人から学ぶことができないもの」なのだという。なんとも困った発言だ。詩的・文学的才能を持たない人間――ぼくなどは確実にそうだ――には、魅力的な比喩などつくれないのだろうか。われわれ凡人はレトリックを諦め、おとなしく白旗を振るしかないのだろうか。

かろうじてアリストテレスは、ヒントらしきものを残してくれている。先の文章に続けて、こう述べているのだ。

「すぐれた比喩をつくることは、類似を見てとることである」

この「類似を見てとる」ということばを頼りに、比喩のつくり方を考えていこう。

① 近くの比喩を遠くに転がす

なんらかの比喩を思いつくこと。目の前のAを、別のBにたとえること。

これ自体は別に、むずかしい話ではない。たとえば「亀のような歩み」とか「光のような速さ」といった、ありきたりな比喩。あるいは「能面のような表情」や「脱兎（だっと）の如く駆け出した」などの慣用表現。このレベルであれば、いくらでも思いつくだろう。

問題はやはり、距離だ。鈍足のたとえとして亀は、あまりにも距離が近い。無表情のたとえとして能面は、いかにも見たまんまだ。もっと「遠くにあるもの」を持ってこないと、比喩はおもしろくなってくれない。けれども、いきなりそれを思いつくだけの発想力、アリストテレスの言う「才能」もない。

だったらもう、「近くにあるもの」からスタートしよう。亀や能面を出発点に、少しずつ比喩を転がしていこう。つまり、「能面のような表情」という比喩を打ち消して別のたとえを考えるのではなく、その隣にある「能面に似ているもの」を考えるのだ。

たとえば、能面に似た表情を持つものとして「仏像」を思いつく。さらにそれを「奈良の大仏」や「鎌倉の大仏」と具体化してみる。巨大な像のつながりから「モアイ像」を思いつく。モアイ像のことを「風化した石像」と呼んでみる。風化のたとえとして「苔(こけ)の生えた石像」と言い換える。苔の生えた石からの連想で「苔の生えた墓石」にまで転がしてみる。最終的には苔を省いて「墓石のような表情」とたとえてみる。ここまでくればオリジナルの、おもしろみを持った比喩だ。

無表情な人を見て、いきなり墓石を思い浮かべることはむずかしい。しかし、身近な比喩を少しずつ、5回、6回、10回と転がしていけば、やがて遠くの比喩にたどり着けるはずだ。もっと遠くへ、もっとおもしろく、もっと的確に。そんな粘り強さをもって「もうひとつ先の比喩」を考えよう。

②微細(びさい)な感情の記憶にふせんをつける

比喩についてぼくは、おおきく3つの領域を考えている。

ひとつは、映像的比喩だ。「能面のような表情」や「バケツをひっくり返したような雨」などはここに分類される。ただ「無表情」と書くよりも、「能面のような」としてあげたほうが、映像が浮かびやすい。「とてつもない大雨」とするよりも、「バケツをひっくり返したような」と添えたほうが、絵が浮かびやすい。なんらかの映像を喚起させることによって、読者の理解を助けているわけだ。

次にくるのが、概念的比喩である。「野武士(のぶし)のような荒々しさ」や「菩薩(ぼさつ)のような慈悲深さ」などがこれに当たる。これらの比喩は、具体的な映像を喚起させるものではない。野武士に象徴されるもの、菩薩に象徴されるもの、つまりは概念をたとえに出している。「コンピュータのような頭脳」「氷のような性格」「ブルドーザーのようなパワー」「ひまわりのような笑顔」などはすべて、映像を必要としない概念の比喩である。

そして最後に残るのが、感覚的比喩だ。
たとえば、「生きたミミズを飲み込んだような気分」という比喩。ここでのミミズは、映像でもなければ概念でもない。総毛立(そうけだ)つほど気持ちの悪い「感覚」のたとえとして、口に含まれ、飲み込まれている。その意味でミミズは、別に「蛾(が)の幼虫」でもいいし、「痰壺(たんつぼ)の中身」でもかまわない。描かれる映像がなんであれ、ゾッとするような「感覚」さえ共有できればそれでいいのだ。痰壺の中身を飲み込むなんて、考えただけでも鳥肌が立つ。

さて、このうち映像的比喩（例：能面のような表情）は、近くから遠くへ転がしていきやすい。アリストテレス風にいえば、類似を見てとることがやりやすい。見た目に似ているものを探していけばいいからだ。

そして概念的比喩のゆたかさは、もうほとんど知識の量と比例する。広範な知識を持っていればいるほど、比喩のバリエーションも増えていく。たとえば「コンコルドのような」という比喩を、スマートな機体の映像的比喩として使うのか、唯一無二の速度をたとえた概念的比喩として使うのか、あるいは埋没費用をあらわす「コンコルド効果」という心理学用語を踏まえた――初期コンセプトに溺れた失敗事例の――概念的比喩として使うのかは、書き手の知識量によっても変わってくる。

問題は、感覚的比喩だ。知識でカバーできるものではなく、近くから遠くへ転がしていくこともむずかしい。遠くの、しかも的確な比喩に、一発でたどり着かなければならない。おそらく、もっとも詩的・文学的才能が求められる領域だろう。

では、どうやって感覚的比喩を磨いていくのか？

――微細な感情の記憶を日々ストックする。それだけだ。

たとえばぼくは、生きたミミズを飲み込んだことなどない。当たり前の話だ。けれど、釣りが好きだった小学生時代、身をよじって逃れようとするミミズのあたまに釣り針を突き刺す気持ち悪さを、よく憶えている。ミミズ特有の、すえたおがくずみたいな臭いについても、よく憶えている。あるいはむかし語られていた「ミミズ肉バーガー」の都市伝説も、よく憶えている。「生理的な嫌悪感」のふせんが、それぞれに貼られている。口に含んだり飲み込んだりは、単なる強調表現だ。才ある人なら、もっとおもしろい比喩を生み出せるだろう。感覚的比喩を支えているのは、あなた自身の生々しい記憶なのだ。

インターネットやスマートデバイスの普及によって、記憶力の価値は大幅に減退した。大化の改新は何年だったのか、浄土宗の開祖は誰なのか、円の面積を求める公式はどういうものかも、検索すればすぐに出てくる。

しかし、「感情の記憶」は別だ。これだけは本から学ぶことも、検索することもかなわない。あなたという人間が、日々をどれだけ真剣に生きているかが問われる領域だ。取材者の意識をもって、「生活者としてのわたし」の微細な感情を観察し、記憶していくようにしよう。

レトリック③　ますます重要になる「類似を見てとる力」

このあたりで、ひとつ疑問が浮かんでくるはずだ。

詩や小説の世界ならともかく、ライターの書くような原稿のなかで、直喩や隠喩を使う機会などあるだろうか？　むしろ中途半端なレトリックはノイズでしかなく、原稿の邪魔にはならないだろうか？

この指摘は、おおむね正しい。

小説の世界でさえ、レトリックだらけの文章はうるさく感じられる。ライターの原稿であればなおのこと、書き手のエゴ（みずからの技巧に酔っぱらった状態）に映りかねない。しかも比喩にはギャグと似たところがあって、滑ってしまうと目も当てられないほど悲惨な結果をもたらしてしまう。

しかし、直喩や隠喩とは別の「たとえ話」はどうだろうか？

人間社会を、集団で生きるアリの生態に見立てて説明すること。基礎の重要性を説くときに、デッサンのたとえを出すこと。永田町の権力闘争を、戦国の世になぞらえ、謀反（むほん）だ下剋上（げこくじょう）だ院政だと語ること。あるいは会話をキャッチボールにたとえ、ディベートをテニスのラリーにたとえること。これらはすべて、直喩や隠喩よりもおおきな単位のたとえ話である。ものごとをわかりやすく、おもしろく、納得感をもって伝えるためには、なんらかのたとえ話が欠かせない。レトリックの根幹にある「類似を見てとる力」は、すべての書き手に必要なものなのだ。

かつて、たとえ話を語ることはいまよりずっと簡単だった。

たとえばあなたが大相撲ファンだったとしよう。そしてある人物について、相撲にたとえてみたとしよう。「彼はすでに関脇クラスの実力を備えていた」と書いたとしよう。昭和の時代なら、おおむね受け入れられたであろう比喩だ。しかし現在、それを読む読者はどれくらい「関脇」の価値を理解しているだろうか？　仮に「小結」「十両」「関脇」「前頭筆頭」と4つの番付をランダムに並べたとき、どの地位がどれくらい高いのか、完ぺきに理解している読者は何割くらいいるだろうか？　横綱や大関ならともかく、その他の番付については、（大相撲ファンの）あなたが思っているほど知られていないのかもしれない。これは大相撲にかぎらず、さまざまな分野に言えることだ。

昭和の時代と違って、いまの日本には国民的スターも国民的アイドルもいない。野球や大相撲は「みんなが観るスポーツ」ではなくなり、かといってサッカーやバスケットボールがその地位に納まったわけでもない。テレビドラマ、人気漫画、ヒットソング、正月映画、ありとあらゆるものが局所的な人気にとどまっている。かつてのように「仕事の肝要を野球にたとえて語ること」や「誰かを国民的映画のキャラクターにたとえて語ること」は、できないのだ。もしも現在、野球のたとえばかりが頻出するビジネス書（1990年代までは、ほんとうに多かった）があったなら、若い読者は失笑するか困惑するかのどちらかだろう。

だからこそ、とぼくは言いたい。

これからのライターはますますレトリック思考を鍛え、つまり「類似を見てとる力」を鍛え、その表現力を鍛え、より多くの人に伝わる「たとえ」を考えなければならない。

引き続き、その「鍛え方」を考えていこう。

レトリック④　文章力の筋力トレーニング

文章力、ということばがある。個人的に、あまり好きではないことばだ。

たとえば理解力や想像力、計算力などの用法は、別にかまわない。理解「する」力であり、想像「する」力であり、計算「する」力なのだと、すぐにわかる。しかし、国語力、英語力、人間力、などの用法はどうだろうか。国語力とは、読む力なのか、書く力なのか、その総合なのか。英語力とはなんなのか。いわんや人間力とは、なにを指したことばなのか。

日本語は、単語のお尻に「力」をつければそれらしく聞こえる特性がある（それゆえ『○○力』のタイトルを冠したビジネス書が量産されてしまう）。文章力も同様だ。ぼくのなかでは「人間力」とあまり変わらない、あいまいなことばに聞こえてしまう。

それでも、ここではあえて文章力の語を使いたい。

文章力を、「おもしろい文章を書く力」と仮定して、その「力」の部分に注目したい。

筋力トレーニングのように、書く筋肉を鍛えていく方法を考えていきたいからだ。スポーツ経験者ならわかるだろう。球技の上達にはセンスが必要だが、筋トレにセンスはいらない。原則として鍛えたぶんだけ結果がついてくるのが、筋肉というものだ。そしてレトリックを含んだ文章表現にも、筋トレに該当するトレーニング方法がいくつかある。書くことに制約を設け、負荷をかけるのだ。ぼく自身が実際に採り入れているトレーニング方法を、いくつか紹介しよう。

①慣用表現を禁止する

辞書的な意味から言うと慣用句とは、ふたつ以上の語を組み合わせたとき、（それぞれのことば本来の意味から離れた）特定の意味をあらわす言いまわしのことを指す。「道草を食う」「襟(えり)を正す」「つむじを曲げる」といった表現だ。

これに対して、ぼくの言う慣用表現とは、辞書に載るほどの慣用句にもなりきれていない「ありふれた表現」や「使い古された言いまわし」のことだと考えてほしい。

たとえば、「脱兎の如く駆け出した」という慣用表現がある。わりと高名な作家でも、この表現を使うことがある。しかし作者は、そして読者は、ほんとうの脱兎（逃げ出すウサギ）を見たことがあるのだろうか？　それよりもたとえば、駆け出す野良猫のほうが、実体験を伴った俊敏さの比喩になるのではないか？

あるいは、プロテニスの大坂なおみ選手の発言を報じるメディア。彼女の発言について、記者たちは簡単に「……と、なおみ節で締めくくった」や「……と、なおみ節を炸裂（さくれつ）させた」などと書く。いったい「なおみ節」とはなんなのか。ユーモアなのか、機知なのか、飾らない発言のことなのか。メディアはなんら説明することなく――そして多くの場合はその中身を考えることもなく――ただ「なおみ節」のひと言で片づける。

このように慣用表現はその便利さゆえ、使っている本人さえもそれがどういう意味なのかわかっていない「雰囲気ことば」であることが少なくない。ライターとして、意味のわからない（正確に説明することのできない）ことばを使うのは、ぜったいに控えよう。

その流れでぼくは、自分に馴染まない新語や流行語を使うことも極力控えるようにしている。いわゆる若者ことばのことではない（そもそもぼくは、若者ことばを使う機会がない）。そうではなく、たとえば深く納得することを「腹落ちする」と言ってみたり、理解の度合いや観察眼の鋭さを「解像度が高い」と言ってみたりするような、主にビジネス系の新語・流行語だ。

もしもその対象が、そのことばを使わなければ説明できないようなもの——あたらしい概念や新種のテクノロジーなど——であるのなら、該当することばもおおいに用いる。けれど、20年前や30年前から存在していることばで説明可能だったなら、ぼくはそちらを選ぶ。なぜか。

新語・流行語はことばの賞味期限が不明で、あっという間に消えてしまいかねないからだ。そしてまた、自分がどこまでそのことばの本意を理解できているのか、かなり怪しいからだ。なんとなく「いまっぽい＝カッコイイ」ことを理由に選んでいるだけだったりするからだ。

対象のことをほんとうに理解できていれば、その本質を「20年前や30年前からあることば」で語れるはずだ。そしてそういうことばで語ってこそ文章は、20年後や30年後の読者にも届く普遍性を獲得するのである。

②オノマトペを禁止する

海外の小説を読んでいると、おもしろい比喩に遭遇する。首相や大統領のスピーチでも、あるいは俳優やミュージシャンのインタビューでも、なかなか日本ではお目にかかれないような比喩に出くわす。

たとえば以前、ある音楽雑誌サイトに、（イギリスのミュージシャン）ポール・ウェラーがジョン・

レノンの魅力を語るインタビューが掲載されていた。ジョン・レノンは声がすばらしかったと語る彼は、そのシャウトについてこう言い添える。「まるで、レコーディングの前にカミソリの刃でうがいしたみたいな声だろ」（NME JAPAN 2015年10月15日）。──こういう比喩は、なかなか日本人からは出てこない。

いったいなぜ、日本人にはこれらのレトリックが縁遠く感じられてしまうのか。

ぼくの暫定解は、オノマトペである。つまり、日本語に豊富な擬音語や擬態語の存在が、比喩の必要を狭めていると、ぼくは考える。

なにかを語ろうとするとき英語話者は、的確な（そしておもしろい）比喩を使って、その場の状況やニュアンスを説明しようとする。比喩というツールで「この感じ」をあらわそうとする。

一方、日本語話者であるぼくたちは、ゆたかなオノマトペによって「この感じ」を説明する。静かに降りしきる雨を「しとしと」の語で表現したり、表面がなめらかなさまを「つるつる」と語ったり、しつこく見つめるさまを「じろじろ」と呼んでみたり、だ。

もちろん豊富で繊細なオノマトペは、日本語の宝石箱であり、おもちゃ箱だ。否定するつもりはまったくないし、むしろ積極的に使いたい。できることなら生み出していきたいくらいだ（有名な話だが、静寂をあらわすオノマトペ「しーん」は、漫画家の手塚治虫が発明したものである）。

しかし、文章力の筋トレという意味にかぎって言えば、安易なオノマトペを禁止してみるといいだろう。たとえば「彼は、じろじろとこちらを見ていた」と書きそうになったとき、その「じろじろ」を別のことば（できれば比喩）に置き換えられないか、考えてみるのだ。「じろじろ」に込められた不快感、無遠慮な感じ、敵対的な感じを、うまくことばにできないか考えてみる。無作法なさまを「土足で踏み荒らすように」としてもいいし、しつこくつきまとうさまを「夏の羽虫（はむし）」や「サバンナの捕食動物」にたとえてもいい。そういう日々の意識づけが、自分だけの表現をかたちづくっていくのだ。

③ 主題のことばを禁止する

これは文芸の世界でよく言われる話だ。

仮に「希望」をテーマにした小説があったとしよう。その際、文中で「希望」の二文字は極力使ってはいけない。ましてや、主人公の口から「希望って、○○なんだよね」と答えを語らせてはいけない。「希望」ということばを使わずして、希望を語る。それが小説であり、文学というものだ。

ある程度の長さをもった原稿を書くときぼくは、全体を貫くテーマをなるべく明言しないよう、心懸けている。「希望」の二文字を使わずして希望を語るような、「成熟」の二文字を使わずして成熟を語るような、文字どおりに隠れたテーマとすることを、心懸けている。それによって、自分の企図したテーマが伝わらないこともあるかもしれない。読者はそこまで、読み取ってくれないのかもしれない。

しかし、明言しないからこそ、読者が「自分だけのテーマ」を読み取ってくれる可能性が生まれる。表現の筋力を鍛えるためにも、そして読み方や解釈を限定しないためにも、主題となることばは明言しないほうがいいのだ。

ストーリー① 論文的ストーリーとはなにか

続いて、ストーリーについて考えよう。

小説には、わかりやすくストーリーがある。魅力的なキャラクターがいて、そこにまつわるストーリーがあるからこそ、読者は「続き」が気になる。いったいどうなるんだと、ページをめくってしまう。

一方、ライターの書く原稿はどうだろうか?

たとえば本書のような読みものにも、ストーリーと呼ぶべきものはあるのだろうか?

ストーリーということばに人は、どうしても「物語」を思い浮かべるものだ。物語とはつまり「お話」であり、「お話」である以上それは、小説的フィクションの専有物だと考えてしまう。きわめて自然な理解といえるだろう。

しかし当然、ライターの書く原稿にもストーリーはある。小説的フィクションとは違ったストーリーが、たとえば本書にも貫かれている。ぼくはこれを「小説的ストーリー」に並ぶものとして、「論文的ストーリー」という枠組みで考えている。その違いについて、簡単に説明しよう。

手品のステージを想像してほしい。

タキシード姿のマジシャンが、胸ポケットから一枚の白いハンカチを取り出す。タネも仕掛けもないことを示すように、ハンカチをひらひらとはためかせる。たしかになにも隠されていない。おどけてみせたり、念力を送るような表情を浮かべつつマジシャンは、軽く握った拳(こぶし)のなかにハンカチを押し込んでいく。

そしてパッと手を開くと、ハンカチの代わりに白い鳩が飛び出す。

観客の拍手が鳴り止まないうちに今度は——まるで鳩が分裂したかのように——もう一羽の鳩が飛び出す。拍手が歓声に変わると、マジシャンは満足げに一礼し、舞台袖からやってきたアシスタントに鳩を手渡す。

これは典型的な「小説的ストーリー」だ。原則としてアクションは、時間軸に沿って起こっていく。これからなにが起こるのか、観客（読者）はいっさい知らされておらず、ひとつずつ、順を追って情報が開示される。それゆえ観客は「次はなにが起こるんだろう？」「あのハンカチはどうなるんだろう？」と期待に胸を膨らませ、飛び出す鳩に心底びっくりする。ネタバレは禁物であり、クライマックスは最終盤にやってくる。

一方、「論文的ストーリー」はまったく違う。

論文的ストーリーにおいて鳩は、手品の冒頭で出てくる。もちろん観客（読者）に一定の驚きはあるが、「これから起こること」へのワクワクは、すでにない。しかし、論文的ストーリーのマジシャンは、観客に向かってこう問いかけるのだ。

「それではこの鳩、どこから出てきたと思いますか？」

小説的ストーリーにあった「これから起こること」への期待が、論文的ストーリーでは「これからわかること」への期待に変わる。前者にあるのは「アクションへの期待」であり、後者にあるのは「インフォメーションへの期待」だ。

論文的ストーリーのマジシャンは、ここから「そもそも手品とは……」と手品の歴史を語りはじめてもいい。鳩のマジックを考案した人物について語るのもいいだろうし、「マジシャンはなぜハンカチを使うのか」からはじめたってかまわない。もちろん最終的には、鳩が出てくる仕掛けを説明する。論文的ストーリーにおけるクライマックスは、「タネを知ること」だ。「なるほど！」「そういうことだったのか！」という得心（とくしん）だ。そのクライマックスに至るまでの話はすべて——手品の歴史を含めて——「タネ明かし」のストーリーラインに乗っている。

さて、この小説的ストーリーと論文的ストーリーを分け隔（へだ）てているものはなにか？

最大の、そして決定的な相違点は「時間軸」だ。

論文的ストーリーでは、時間軸が解体されている。アクションが存在しないのだから、当然のことだ。アクションを描くには時間軸が必要だが、理屈や仕組み（インフォメーション）を理解するのに時間軸など必要ない。いまのことも、過去のことも、そして未来のことも、どんな順番で語ろうとかまわない。この、徹底した「時間軸の解体」こそが、論文的ストーリーの最重要ポイントだと考えよう。

率直に言って、時間軸があったほうがストーリーラインはつくりやすい。

小学生の作文が時系列作文になりがちなのも、時間の流れに合わせて、物ごとを「Aの接続詞」でつないで語っていくほうがラクだからだ。家を出てから帰るまでの出来事を、起こった順に語っていけば、いちおう遠足のストーリーはできあがる。そしてストーリーがあれば、なにが起こったのかはおおよそ理解できる。

けれども、論文的ストーリーに時間軸を持ち込んではならない。時間軸を解体したうえで「これから（彼や彼女の身に）なにが起こるのか？」とは違った、「この議論は、これからどこに向かっていくのか？」への関心をかき立てなければならない。そして当然、最後には「なるほど、そういうことだったのか！」の得心へと着地させるのだ。

いったいどうすれば、魅力的な論文的ストーリーをつくることができるのか。どんなシークエンスを、どんな順番で並べ語ることが求められるのか。タネ明かしのストーリーがすべてではない。一緒に考えていこう。

ストーリー② 時間の流れではなく「論の流れ」を描く

小説的ストーリーは、「時間の流れ」とともに進行していく。

桃から生まれた桃太郎は、すくすくと成長し、やがて家来を従えて鬼退治の旅に出る。待ち受ける鬼たちとバトルをくり広げ、宝ものを持ち帰る。その他のフィクションも同様だ。回想シーンが挟まれたり、時間軸を組み替えて語られることはあっても、基本的には上流（過去）から下流（未来）へと、時間の水が流れている。

一方、論文的ストーリーには、時間そのものが存在しない。時間の流れではなく、「論の流れ」とともに進行していくのが、論文的ストーリーだ。だから、論の流れ（論理展開）に矛盾がなければ、時間や空間はどのように横断してもかまわない。「いまの日本」を語るとき、１００年後の世界から話をはじめようと、鎌倉時代の京都からはじめようと、アメリカや中国の事例からはじめようと、なんら問題はない。展開されるロジックが正しければ、ストーリーになってくれる。

こうして考えると、小説的ストーリーと論文的ストーリーはまったくと言っていいほど異なる概念だ。両者を「ストーリー」のひと言でまとめるのは、いささか乱暴な話に思えてくる。

しかし、ここで原点に立ち返って考えたい。

そもそも、ストーリーとはなんなのか。ストーリーの根幹にはなにがあるのか。いったいなぜ、われわれはこれほどにもストーリーに惹かれてしまうのか。そして小説的ストーリーにおける「時間」と、論文的ストーリーにおける「論」とのあいだには、どんな共通項があるのか。

ぼくの結論から述べよう。

ストーリーとは、「止まることの許されないもの」である。

小説的ストーリーには、「止まることの許されないもの」として、時間が流れている。たとえば静止画めいた情景描写が何ページにもわたって続く小説は、そのあいだアクションが止まり、ストーリーが止まっている。ストーリーが動き出すときにはかならずなんらかのアクションがあり、時計の針が動き出している。登場人物や場面設定を説明することは当然必要だ。しかし、そこで何ページぶんもの時間を止めてしまっては、物語そのものが止まってしまう。塞き止められた川がそうであるように、ストーリー(時計の針)が止まったままの小説は、そこで水を濁らせ、キャラクターを殺してしまう。すぐれた作家たちはみな、アクションのなかで——つまり流れる時間のなかで——人物を描き、背景を描いていくものだ。これは漫画でも、映画でも、まったく同じことが言える。

一方、論文的ストーリーには「止まることの許されないもの」として、論が流れている。「説明」や「描写」に傾きすぎて、論の流れを止めてはいけない。次のシーン、またその次のシーンへと、常に論を、エピソードを、そして読者の思考を展開させ続けてこそ、文章にストーリーが宿る。たとえるなら論は、トロッコだ。説明や描写に終始していてもトロッコは動かず、ストーリーは動かない。エンジンを取り付け、先へと進まなければならない。止まらない論の展開こそが読者のエンターテインを生み、「ページをめくる手が止まらない」状態をつくるのだ。論という名のトロッコを動かし続けること。そして、もしもほんとうに展開すべき論の流れが止まったとしたなら、そこが結論だ。それ以上、余計なことを書き綴ってはいけない。

論理的な文章の書き方については第4章でも述べたし、もう十分に理解できているだろう。ここで問題にしたいのは、「どのように論を展開していけば、より魅力的なストーリーラインが生まれるのか」だ。

ひとつの指針としてぼくは、「距離」を掲げたい。

ストーリー③　起伏より大切な「距離」

ストーリーラインの設計にあたって、「起伏」をキーワードに挙げる人は多い。

物語全体に、ジェットコースターのような高低差を設けるイメージだ。ここで盛り上げて、ここでクールダウンして、ここからもう一度おおきく盛り上げてクライマックスに導く。そんな感じで曲線グラフ（感情曲線）を描いて説明する人も多い。

たしかに小説や映画の世界であれば、感情曲線的な起伏の設計も可能なのだろう。主人公が恋に落ちればグラフが上昇し、恋に破れればグラフが下降する。ライバルとの対決シーンなどは、感情曲線が最高潮に達する場面だ。しかし、感情曲線の起伏は、ほとんどが作中に登場するキャラクターの感情や置かれたシチュエーションとシンクロしている。キャラクターが存在しない論文的ストーリーで感情曲線を語るのは、あまり意味のあることとは思えない。

論文的ストーリーの鍵は、「起伏」ではなく、結末までの「距離」だ。

導入から結末までの距離が、どれくらい離れているのか。つまり、どれだけ遠くから語りはじめ、無事に、また見事に、結末へとたどり着くことができるのか。その展開の妙にこそ、論文的ストーリーのおもしろさが宿る。策を弄して起伏を設けようとするのではなく、とりあえず「導入から結末までの距離」だけを考えておけばいい。結末からなるべく遠いところに始点を置く。本論とはおよそ無関係に思えるようなところから、語りはじめる。指針とすべきは「導入から結末までの距離」、それだけだ。どうしてそこまで断言できるのか、理由を3つ挙げよう。

① 意外性を演出できる

遠いところから語りはじめられた話が、いくつもの場面転換（論の展開）を経ながら徐々に本題へと接近し、見事接続される。

読者からするとこれは、「その話がここにつながるのか！」のサプライズだ。感覚的には、小説や映画でいう伏線の回収に近いのかもしれない。たとえ書き手の主張に賛同できなくても、論の展開そのものがもたらす「なるほど！」「そうきたか！」のよろこびに変わりはないだろう。まさにストーリーをたのしんでいる状態だ。

このとき「導入から結末までの距離」は、意外性の度合いを測る、ほとんど唯一の指標と言ってもいい。おいしいラーメンの話をするのに、カレーライスの話からはじめるよりも（どう展開するのかはともかく）宇宙飛行士の話からはじめたほうが、構造的にはおもしろいのだ。

②描く景色の量が増える

仮にあなたが、仕事の生産性向上をテーマにした原稿を書くとする。

このとき、導入で「毎日の残業に悩まされる姿」を描き、「どうすれば生産性を上げることができるのだろうか？」などとつなぎ、「生産性向上に必要なのは……」と本論に入っていっても、ストーリー的にはなにもおもしろくない。導入から結末までの距離が近すぎて、ずっと「仕事」の枠内で論を展開しているからだ。対象を捉えるカメラが、オフィスの外に出てくれないのである。

だからこの場合、導入はもっと遠く、たとえば子育ての話だったり、イソップ童話やグリム童話のエピソードだったり、ジブリ映画のワンシーンだったりしたほうがいい。「意外性の演出」というだけでなく、結末までに描かれる景色の量が違うからだ。

たとえば、①ジブリ映画のワンシーンから語りはじめ、②日本のアニメーターたちが置かれてきたとされる（ややブラックな）労働環境に触れる。これを③ディズニーやピクサーなど、海外のアニメーションスタジオにおける製作プロセスと比較する。④ふたたび日本に目を向け、「こうした労働環境の違いは、アニメーション業界にかぎった話ではない」と舵(かじ)を切り、⑤「属人的な業務プロセス、慢性化した長時間労働、画一的な評価システムなどは、日本企業全体に横たわる問題だ」とつなげ、⑥「いったいどこに根本原因があるのか？」と問題提起する。そうして本題である⑦「生産性向上」へと論を移していく。

……かなり雑な流れだが、これだけでも読者の目に映る景色の量はまったく違う。「止まらない論の展開」とは、抽象的な概念をこねくり回すことではない。具体的な場面(シーン)を動かし、読者の目に映る「絵」まで動かしていってこそ、ストーリーが動いてくれるのだ。

③ 結末までのルートに正解はない

結末（原稿のゴール地点）がすでに決まっているとしたとき、多くの書き手は「ゴールに至る、いちばんおもしろいルート」を考える。どの道を通っていけば、より魅力的な旅になるかを考える。

しかしこれは、「起伏に富んだストーリー」をあれこれ考えるのと、ほとんど同じ発想だ。目的地までのルートに正解などない。このルートがおもしろくて、こちらのルートがつまらないなんて、客観的な優劣などつけられない。唯一、次善の策として指針にできるのが「距離」だ。「これだけ遠く離れていたら、きっとおもしろい旅になるだろう」という、ある種あてずっぽうな指針だ。移動距離が長ければ、目に映る景色の量も増えるし、エピソードも増える。止まらない論の展開が、猛スピードでの疾走が、きっと読者の旅をたのしいものにしてくれる。「なにをおもしろいと思うか」が個々人の主観に委ねられる以上、「導入から結末までの距離」以外の指針は、ありえないのだ。


さて、すでにお気づきの方も多いだろう。

じつはこれ、ほとんど「起承転結」の話なのだ。起承転結を貫く最大のルールこそ、「なるべく遠くから書きはじめる」なのだ。遠いところからはじまるからこそ、読者は「転」のどんでん返しに驚き、意外な「結」に満足する。

第4章のなかでぼくは、起承転結を「相当な筆力が問われる作文構造」だと書いた。その代替案として、起転承結という独自のスタイルを紹介した。言いたいことを間違いなく伝えるなら、起転承結や「序論」「本論」「結論」の三部構成にしたほうが確実だし、簡単だ。けれど、より魅力的なストーリーラインの設計を考えるのであれば、起承転結もおおいに採り入れていくべきである。

さまざまな4コマ漫画が人気を博していることからもわかるように、起承転結は本来、時間軸を持った小説的ストーリーにこそフィットする作文構造だ。観客をじらして鳩を取り出すマジシャンも、起承転結の流れに沿って芸を披露している。

それをどう論文的ストーリーに組み込んでいくのか。どこに気を配れば、読者を迷子にさせることなく、結末までたのしんでもらえるのか。ストーリーを語る最後に、「論文的ストーリーとしての起承転結」の具体を考えていきたい。

ストーリー④ 起承転結は「承」で決まる

起承転結を扱いづらくしている最大の要因は、「これは四部構成である」という思い込みだ。杓子定規（しゃくしじょうぎ）に「起」「承」「転」「結」の四部に分割して考えるから、話がややこしくなる。四部構成とは考えず、ひとまず前編・後編の二部構成なのだと考えてみよう。「起と承」が前編で、後編は

「転と結」だ。前編で論じきったことを、後編の冒頭でひっくり返す。ほんとうに言いたいことは、後編に持ってくる（図10）。そして振り返ってみれば、結果的に起承転結のかたちになっている。そんな二部構成のイメージを共有したうえで、以下を読み進めてほしい。

起承転結を「四部構成による、ひとつの話」として考えるなら、起から承にかけての前半はただの「前フリ」である。本題に入るまでの準備運動として、文字どおりの序として、前半の話が存在している。

しかし、前編・後編の二部構成だと考えたとき、起承転結は「ひとつの話」ではない。前編でひとつの話を語り、後編ではまた別の話を語る。そんな「ふたつの話」を接続させたものが、二部構成による起承転結だ。つまり前編は、後編のための前フリなどであってはならず、ひとつの読みものとして成立していなければならない。

たとえば先ほど、「ジブリ映画のワンシーン」を導入として、「生産性向上」にまで論を展開していく例を挙げた。二部構成として考えるなら、前編は「アニメーションスタジオの日米比較」に関する話であり、後編は「日本企業の生産性をどう高めていくか」の話だ。

これを実際の原稿として完成させていく場合、アニメーション業界への入念な取材が必要になる。とくにディズニーやピクサーの映画製作システムは情報の希少性も高く、挿入できれば読みものとしての価値を何段階も高めてくれるだろう。そうして読者に「なるほど！」「それはすごい！」と思ってもらったうえで、「転」のくさびを打ち、「生産性向上」という本題を切り出していく。これだけ贅沢な読みもの（アニメーションスタジオの日米比較）が、ほんの序章に過ぎなかったのか、と驚いてもらうのだ。

さあ、ここは「おもしろい原稿」を書くうえでの、非常に重要なポイントである。

原稿の本題は「生産性向上」だ。生産性とはなにか。生産性の向上と業務の効率化は、どう違うのか。なぜ日本企業は生産性が低いのか。どうすれば生産性を高めていけるのか。これらの疑問についてはすでにたくさん取材もしたし、自分なりの考えもまとまっている。早く書きたくて、ウズウズしている。

一方、もしも導入を「ジブリ映画のワンシーン」とするのなら、そこからアニメーションスタジオの日米比較を語っていくのなら、当然あらたな取材が必要になる。本題とはまったく関係ないにもかかわらず、正確で、希少性の高い話を展開するために、別途入念な取材をしていかなければならない。何冊もの資料を読み込み、裏をとっていかなければならない。わずか数行、せいぜい数ページ程度の、前フリにも似た起承転結の「前編」を描くために、だ。

図10　二部構成としての起承転結

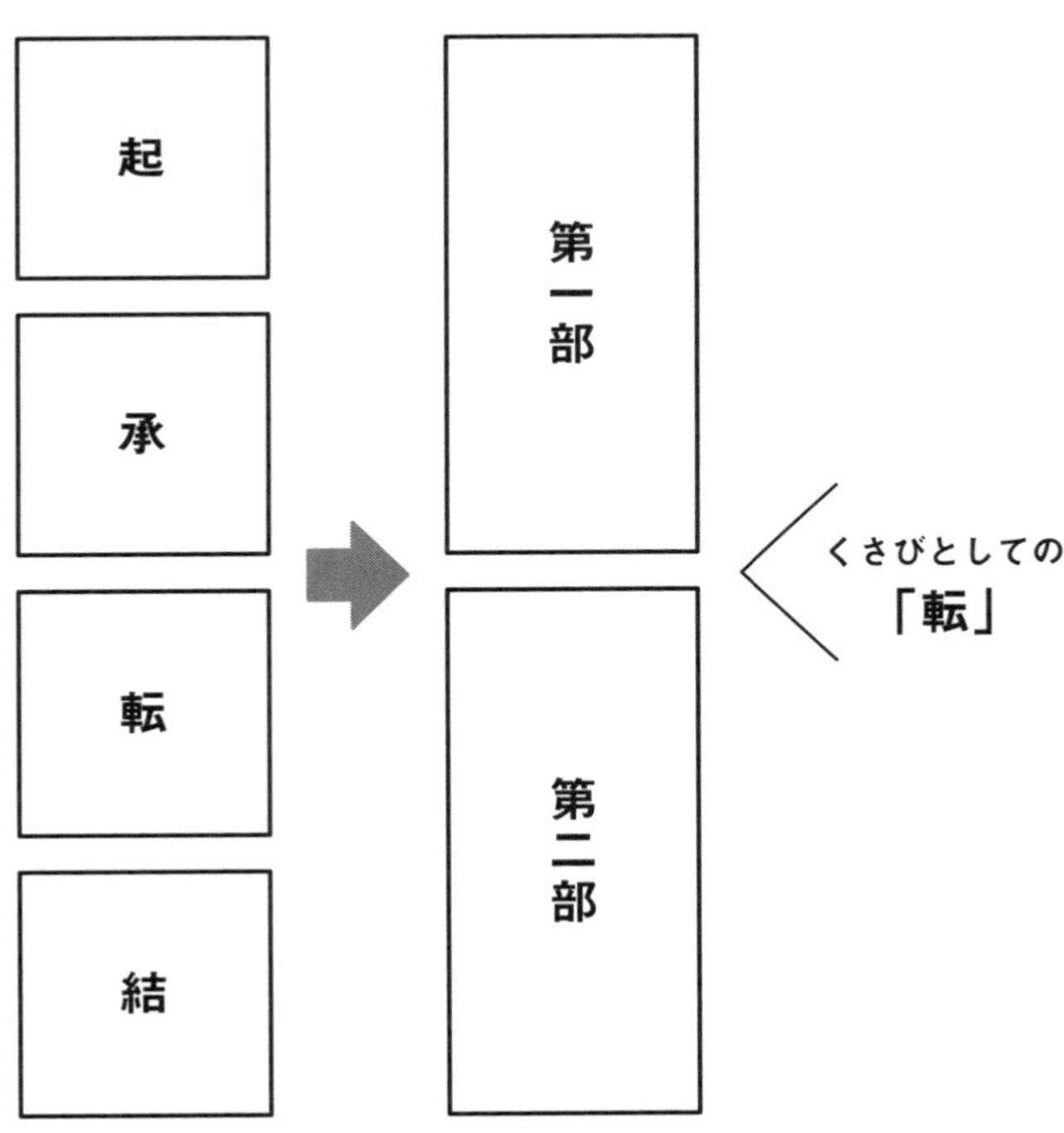

起承転結を四部構成と考えるのではなく、「起と承」「転と結」の二部構成、または二部作だと考えよう

ぼんやりと「起承転結っぽい文章」を書いているライターは、かなりの確率で導入に失敗している。前フリにもならない、取ってつけたような導入をつくり、「導入を描くために別途取材する」との意識を持っていない。たとえ導入の数行だとはいえ、取材なくして読者の「体験」をともなう読みものなど、書けるはずがないのだ。

起承転結で大切なのは、前半だ。はじまりの石（起）を、どれくらい遠くに置くことができるかだ。そしてそこからどれくらい見事な論（承）を展開していくことができるかだ。「転」から先の本論については、それなりに取材もしているし、多くのライターが平均点以上の原稿を書くことができる。問題は前半であり、とくに「承」で展開する論についての入念な取材である。起承転結の成否は「承」がつくるのだと考えよう。

自分の文体をつかむために

ここまで、文章表現の鍵を握る「リズム」「レトリック」「ストーリー」について、ポイントとなる部分を語ってきた。それぞれ長い話にもなったので、一読しただけで全容を理解するのはむずかしいだろう。納得のいくまで、何度でも読み込んでほしい。

そして文章表現といってどうしても避けては通れないのが、文体にまつわる議論だ。たとえばインタビュー原稿を書くとき、ライターは「その人固有の文体」を再現しなければならない。口調や口ぐせのレベルではなく、もっと奥にある取材相手の「声」や「ものの見方」「ものごとの考え方」までも再現しなければならない。

ただし、ここで考えたいのは「わたしの文体」だ。自分が、自分を主語にしてなにかを語るときの文体だ。そもそも文体とはなにか。自分のような人間にも、文体と呼ぶべきなにかがあるのか。それはどうやって見つけ、磨いていけばいいのか。ある意味、文章表現の最終地点ともいえる議論だ。ぼく自身のキャリアを振り返りながら話そう。

キャリアのはじまりにおいてライターは、無私(むし)であることを求められる。たとえば無記名の原稿で「わたし」の存在を押し出すことは、ほとんどルール違反のように考えられている。誰が書いたかわからない、中立的な体裁の原稿で「わたし」の主観が出すぎてしまうと、読者の混乱や反発を招くからだ。もちろんぼくもライターの仕事に就いた当初、「わたし」を消した原稿を求められた。

書きたいことのあふれるなか、「わたし」のいない文章を書くことはむずかしい。どれほどフラットに書いたつもりでいても、どこかに「わたし」が出てしまう。技術の拙さもあいまって、いかにも素人くさい、無手勝流で、洗練とはかけ離れた、「わたし」の介在が見え見えの原稿になってしまう。まわりからの評価はともかく、自分で読み返すと、うんざりするほどよくわかる。「ああ、いかにもおれだ」と、ちょうどレコーダーで自分の声を聴いたときのような気恥ずかしさを感じる。これは当時、おおきな悩みのひとつだった。

そうしてキャリアを重ねるうちに、少しずつ記名原稿を書くチャンスが与えられるようになる。「わたし」を出す機会が与えられるようになり、むしろ「わたし」を前面に出すことを求められるようになる。それまで無色透明な原稿ばかりを書いてきたところに、自分の色を出せ、と言われるわけだ。

すると今度は、見事なくらいに「わたし」が見当たらないのだ。

プロのライターとして、取材相手の文体を読み解き、なぞることはできる。あるいは媒体のトーンやマナーに従い、ふさわしい文体をチョイスすることはできる。総合誌、ビジネス誌、男性ファッション誌、女性ファッション誌、週刊誌、タウン情報誌、あるいは新聞など、さまざまな媒体に応じた文体で書き分けることもできる。

しかし、それらの外的指針（ガイドライン）がなにもない「わたしの文体」となると、なにをどう書けばいいのかわからない。あんなに消したかった「わたし」が、力ずくで蓋をしてきた「わたし」が、書いても書いても見当たらず、行方しれずになっていたのだ。

誰の模倣でもない、自分だけの文体を獲得すること。

これはライターにかぎらず、すべての書き手がぶつかる壁だと思う。ぼく自身、尊敬する書き手の文体をなぞってみたり、なにかのペルソナを演じることによって文体をつくろうとしたり、何年にもわたって試行錯誤した（単著デビュー作の『20歳の自分に受けさせたい文章講義』には、その苦闘の跡が残っている）。

そして現在、ぼくは「自分だけの文体」について、こう考えている。

ライターの文章はやはり、無色透明をめざすべきだ。

下手に個性を出そうとせず、あこがれる誰かの文体をコピーしようともせず、自分の腕前を見せつけようともせず、むしろ数行拾って読んだだけでは誰が書いたかわからないくらいに無色透明な文章を、めざすべきだ。それはまったく、「わたしのいない文章」ではない。

ここは「無色」と「透明」を分けて考えると理解しやすいだろう。

どれだけ無色透明をめざしたところで、文章がほんとうの「無色」になることなどありえない。

書いていればかならず、インクがこぼれ落ちる。ことばで満たされたグラスのなかに、「わたし」

という名のインクがこぼれ落ちる。滴（しずく）はしずかに広がって、グラス全体をうすく染めていく。「わたし」が書いているかぎり、これを避けることはできない。

一方、「透明」であり続けることはできる。ほかの色を、混ぜなければいいのだ。「わたし」以外の色を混ぜるから、水が濁ってしまうのだ。個性的な文章をめざすことも、あの人みたいな文章をめざすことも、技巧を凝らした文章をめざすことも、すべて文章を濁らせる結果にしかならない。そして濁った文章はかならず、読者とのコミュニケーションを妨げる。余計な色を混ぜようとせず、ただただ透明な文章をめざせばいい。

その意味で文体は、筆跡と似ている。

個性的であろうとせずとも、筆跡にはその人の個性があらわれる。自意識、美意識、根気、我の強さ、さまざまなものが筆跡からは見てとれる。そしてどれだけていねいに、無色透明の字を書こうとしても、やはり文字には「その人」が出る。年齢や書く回数を重ねるほど、その人だけの字風（じふう）になっていく。

文章を書くときも同じだ。あなたの文章にはすでに「自分だけの文体」が宿っている。もしも見えないとすれば、文章の色が濁っているからだ。「自分ではない色」を取り払い、自分に嘘をつかず、正確で透明な文章をめざしていこう。

推敲

第8章
推敲という名の取材

第9章
原稿を「書き上げる」ために

原稿とは、書き終えたらそれでおしまい、というものではない。書き終えた原稿に対して、あるいはそれを書いた自分に対して、「なぜ、そう書いたのか?」「なぜ、こう書かなかったのか?」「こう書いたほうが、おもしろいんじゃないか?」とたくさんの問いをぶつけていく作業、すなわち推敲を通じてようやく、原稿は完成する。いったん「書き終えた」はずの原稿が、推敲によって「書き上がる」のだ。書き終えたところで満足せず、むしろここからが本番だと思って推敲に臨もう。

第8章 推敲という名の取材

推敲とは「自分への取材」である

推敲とはなにか。なんのために、なにをめざしておこなわれるものなのか。辞書的な意味に縛られることなく、その定義を明確にしておこう。

いま、あなたの眼前に推敲される前の原稿がある。

自分で書いた原稿のようでありながらそれは、自分の原稿ではない。その原稿を書いたのは、「過去の自分」だ。読み返してみるといい。書きながらなにを考え、どういう理由でそのエピソードを入れ、そう書いたのか。なぜその表現を選び、どうしてこう展開させていったのか。正確なところまではもうわからない。ひとつ確実に言えることは、「いまの自分がもう一度最初から書けば、また違ったかたちの原稿になるだろう」だ。たしかにこれは自分が書いた原稿だ。しかし、いまの自分が最初から書いたなら、少なくとも一字一句同じ原稿にはならない。昨日と今日では食べたいものが違うように、過去の自分といまの自分は、ある意味他人なのだ。

ぼくは推敲の本質を、「自分への取材」だと考えている。

このときあなたは、なにを考えていたのか。なぜこう書いたのか。このエピソードはほんとうに必要なのか。もっと別の話、別のたとえ、別のことばはないのか。赤ペンをたずさえて書き手——すなわち過去の自分——に取材していく。厳しい問いを、容赦なくぶつけていく。それがぼくの考える推敲だ。

そして問いかけるだけが推敲ではない。不要と判断した箇所には、ばっさりハサミを入れなければならない。削るだけではなく、構成を組み替えたり、「あなたはそう書くかもしれないが、わたしならこう書く」の筆も加えていかなければならない。ライターとして、自分なりの「翻訳」をほどこす必要が出てくる。

つまり、こういうことだ。

推敲の段階でライターは、「取材」から「翻訳」までの流れを、今度は「この原稿を書いた自分」に対しておこなっていくのである。推敲は、単なる読み返しでもなければ書きなおしでもない。ましてや間違い探しのように誤字脱字をチェックすることでは、まったくない。推敲とは「自分への取材と、その翻訳」なのである。

さて、この「過去の自分といまの自分は他人である」という視点に立ったとき、推敲の指針として挙げられるのがやはり、映画編集者だ。専門性の高い仕事でもあり「編集技師」と呼ばれることもあるが、ここでは「映画編集者」の名で通そう。

映画の世界において編集は、「撮影されたフィルムを確認し、不要な箇所を捨て、つなぎ合わせて再構築していくこと」を指す。

そしてアメリカでは編集を「エディット」と呼び、フランスではそれを「モンタージュ」と呼ぶ。このうち英語のエディット（edit）は、どちらかというと「不要な箇所を捨てる（edit out）こと」に力点が置かれており、フランス語のモンタージュ（montage）は「つなぎ合わせて、あらたな意味を創出すること」を本義としている。

映画や映画編集を学ぶ本であれば、ここからモンタージュ理論やクレショフ効果などの具体に移っていくのだろうが、本書でそれを述べるのは蛇足というものだろう。ひとまず、映画編集は「不要な箇所を捨てること」と「つなぎ合わせて、あらたな意味を創出すること」のふたつによって成り立っている、と考えてほしい。

さて、映画編集者がおもしろいのは、彼らが「撮影の現場」にいないことだ。現場でどんな苦労があったとか、このシーンを撮るためにどれだけの時間がかかったとか、どれだけのお金がかかったとか、そんなことはなにも知らない。監督や俳優、スタッフたちの思い入れも、まったく知らない。フラットな目でフィルムだけを見て、不要と思える箇所を捨てていく。苦労の結晶であるはずのフィルムに、いっさいの情を交えることなく、容赦のないハサミを入れていく。そして作品にとってほんとうに必要なカットだけを使って、あるべき姿へとつくり上げていく。これは、撮影現場に居合わせなかった赤の他人だからこそ、できる仕事だろう（その点、監督自身が後日編集した「ディレクターズ・カット版」は間延びした作品になることが少なくない）。

これを推敲に置き換えて考えてみよう。

書き終えた原稿を最初から最後まで確認し、不要な箇所を削っていく。そして文章をつなぎ合わせ、場合によってはシーンやシークエンスを入れ替え、ひとつのコンテンツとして構築していく。やるべきことの多くは、映画編集と変わらない。

ただし、決定的に違うところがある。

推敲のなかでは、自分が自分にとっての、赤の他人でなければならないのだ。もう少していねいに言うと、自分で書いた原稿に対して、赤の他人のように容赦なくダメ出しして、ハサミを入れていく必要があるのだ。これは、客観性どころの話じゃない。何日かけて書いた文章であろうと、何冊の資料を読み込んで書いたパートであろうと、コンテンツに不要とあらば容赦なくハサミを入れる。そういう無慈悲な、映画編集者的な態度で推敲に臨まなければならない。

撮影された膨大なフィルム群は、編集を通じて「映画」になっていく。同様に、あなたの書いた文章も、推敲作業を通じてようやく「コンテンツ」へと変貌する。自分の書いた原稿にハサミを入れるのは手が震えるほど怖いことだし、覚悟がいることだ。しかも「つなぎ合わせて、あらたな意味を創出すること」には、また別の困難がともなう。いったいどうすれば映画編集者のような推敲ができるのか。一緒にじっくりと考えていきたい。

自分の原稿をどう読むか

映画編集者のように推敲する。これは、そう簡単にできることではない。

他人が書いた文章については、客観的に読むことができる。赤ペンを渡されれば、的確な添削をすることもできる（実際、ゼロから「書くこと」よりも、添削することのほうが何十倍も簡単だ）。しかし、自分が書いた文章は「客観」がむずかしい。あまりにも自分と馴染み、一体化しているため、ふつうの読者として読むことができない。これは、多くの書き手が抱える悩みだ。

自分の原稿を読み返すとき、大切なのは距離の置き方である。どうやって原稿を自分から引き剝（は）がし、そこに距離をつくるかだ。

距離のつくり方にはおそらく、「時間的な距離」と「物理的な距離」、そして「精神的な距離」の3つがある。順番に説明しよう。

①時間的な距離

これはよく言われる話だ。書き終えた原稿を、ひと晩寝かせる。翌日の、フレッシュな目とあたまでもう一度読み返す。いっそのこと週末を挟んだ月曜日、3日ぶりの目で読み返す。聞き飽きたアドバイスかもしれないが、このひと晩を――とくに十分な睡眠を――挟むだけで、原稿はずいぶん遠くまで離れてくれる。大切な人に送るメールも、書き終えてすぐに送信ボタンを押すのではなく、別の作業を挟むなどしてから読み返すといいだろう。もちろん、ひと晩寝かす時間があるのなら、それに越したことはない。

②物理的な距離

これはシンプルに、原稿の見た目を変えることだ。

たとえば現在、ぼくは本書の原稿を、スクリブナー（Scrivener）というワープロソフトを使って、「横書き」の「明朝体（みんちょうたい）」で書いている。そしてざっと読み返す際には、ワード（Word）に書き出して「縦書き」の「ゴシック体」で表示させる。使用するソフトはなんでもいい。「横書き↔縦書き」の変換と、「明朝系↔ゴシック系」の変換をおこなう。実際にやっていただくとわかるだろうが、これだけで原稿の見た目とその印象は激変するはずだ。原稿と自分とのあいだに物理的な距離が生まれ、当初は気づかなかったミスを発見できる。

そして最終的には紙にプリントアウトし、赤ペン片手に最終チェックをする。紙媒体の原稿だけでなく、ウェブ媒体用の原稿でもかならず、プリントアウトする。この手間を惜しまなければ、かなり客観的に読めるようになるだろう。

吾輩は猫である。名前はまだ無い。どこで生れたかとんと見当がつかぬ。何でも薄暗いじめじめした所でニャーニャー泣いていた事だけは記憶している。吾輩はここで始めて人間というものを見た。しかもあとで聞くとそれは書生という人間中で一番獰悪な種族であったそうだ。この書生というのは時々我々を捕えて煮て食うという話である。しかしその当時は何という考もなかったから別段恐しいとも思わなかった。ただ彼の掌に載せられてスーと持ち上げられた時何だかフワフワした感じがあったばかりである。掌の上で少し落ちついて書生の顔を見たのがいわゆる人間というものの見始であろう。この時妙なものだと思った感じが今でも残っている。第一毛をもって装飾されべきはずの顔がつるつるしてまるで薬缶だ。

『吾輩は猫である』横書き　明朝体

吾輩は猫である。名前はまだ無い。どこで生れたかとんと見当がつかぬ。何でも薄暗いじめじめした所でニャーニャー泣いていた事だけは記憶している。吾輩はここで始めて人間というものを見た。しかもあとで聞くとそれは書生という人間中で一番獰悪な種族であったそうだ。この書生というのは時々我々を捕えて煮て食うという話である。しかしその当時は何という考もなかったから別段恐しいとも思わなかった。ただ彼の掌に載せられてスーと持ち上げられた時何だかフワフワした感じがあったばかりである。掌の上で少し落ちついて書生の顔を見たのがいわゆる人間というものの見始であろう。この時妙なものだと思った感じが今でも残っている。第一毛をもって装飾されべきはずの顔がつるつるしてまるで薬缶だ。

『吾輩は猫である』縦書き　ゴシック体

③精神的な距離

これは、こころのなかで原稿を自分から引き剥がす行為だ。具体的には、推敲前の原稿を一度、編集者に送ってしまうのである。まだ推敲前で、これから最終的に仕上げていくことを断りながら、締切の何日も前にいったん送ってしまうのだ。

原稿を自分ひとりで抱えているうちは、なかなか客観視ができない。しかし、いったん編集者に送って、大事に抱えていた原稿を手放してしまうと、急に客観視できるようになる。「これを読んであの人（編集者）はどう思うか？」を、差し迫った現実として考えられるようになるからだ。もしも編集者がいないタイプの原稿であれば、家族や友だちに読んでもらうのでもいい。「もう自分ひとりのものじゃない」という既成事実をつくることが、精神的な距離を生んでいくのである。

以上、3つの観点から距離をおいていけば、ある程度の客観性が得られるだろう。さらにここから、②の「物理的な距離」に関して、もう少し詳しく見ていこう。

音読、異読、ペン読の3ステップを

推敲というと、赤ペン片手にいきなり「書きなおし」に取りかかるものだと思われがちだ。あるいは紙にプリントアウトすることもせず、つまり赤ペンを使うこともなく、すべてディスプレイ上で完結させてしまうライターも多いだろう。いずれにしても「読み返しながら、気になったところをその場で書きなおす」が、推敲作業の一般的な理解だ。

しかし推敲は、一度かぎりの「読みながら書きなおす」で終わるものではない。ぼくは推敲を、3つのステップで考えている。「音読」「異読」「ペン読」の3つだ。

①音読

まずは赤ペンを持たず、書きなおすこともしようとせず、ひとりの読者として、その原稿を通読する。これが第一段階だ。ここではかならず、音読してほしい。もしも人目が気になるようなら、声に出さず、口をパクパク動かしながら読むだけでもかまわない。

音読は、目と耳を使ってのインプットと、口と喉(のど)を使ってのアウトプットを同時におこなう、きわめて効果的な読書法だ。耳から聴いてはじめて気づくこともあるし、声に出して（あるいは出そうとして）ようやく気づくミスや違和感もある。普段の読書は黙読でかまわないが、推敲にあたってはかならず音読からはじめるようにしよう。

おそらく音読を終えたとき、あなたにはなんらかの違和感が残っている。文体なのかもしれないし、リズムやテンポなのかもしれない。構造的な問題かもしれないし、もっと漠とした「なにか、違う」「なにか、不自然だ」の思いかもしれない。もしもひとつの違和感もなかったとすれば、あなたは書き手として天才なのか、読み手として甘すぎるのか、どちらかだ。少なくともぼくは、自分の書いたどの原稿（第一稿）についても、読み返せばかならず違和感を持つ。

第1章のなかで、ぼくはこんなふうに書いた。

> 悪文とは、「技術的に未熟な文章」を指すのではない。技術に関係なく、そこに投じられた時間も関係なく、ただただ「雑に書かれた文章」はすべて悪文なのだ。だからどれだけ技術にすぐれた作家でも、悪文に流れる可能性はある。悪文読解とは、書き手の「雑さ」を読んでいく作業と言っていい。（中略）一見成立しているようでありながら違和感の残る悪文は、山ほど存在する。その違和感を、素通りしない読者になろう。違和感の正体である「雑さ」を、どこまでもしつこく追いかける読者になろう。書き手はなにを考えて、そう書いたのか。あるいはなにを考えなかった結果、そう書いてしまったのか。悪文に厳しい読者であるからこ

そ、自分の書く文章に対しても厳しくあれるのだ。

（74ページ「ヒントは悪文のなかにある」より）

どれだけていねいに書いたつもりの原稿でも、かならず「雑さ」は残っている。締切もあるだろうし、ほかの仕事もあるだろう。そもそもわれわれは、ひとつの文に何時間も立ち止まって考えることなど、なかなかできない。迷いながらも、書きあぐねながらも、とりあえずことばを与え、次の文に移る。そして迷いながら書いたはずの悪文は、やがて長い文章の波に呑み込まれ、推敲によってしか発見できなくなる。「木を見て森を見ず」にならないよう、まずは森だけを見よう。森全体から漂う違和感、あるいは「後半の流れがちょっと強引だな」とか「導入がわざとらしい」くらいの違和感を察知すれば、推敲の第一段階は終了だ。

②異読

遅読家のぼくは、一冊の本を読みとおすのに、ひと晩以上はかかる。小説だったら数日かかるし、トルストイやドストエフスキーの大長編なら平気で何週間もかかる。しかし自分の書いた本は、数時間で読めてしまう。

文章が読みやすいからではない。「知ってること」しか書かれていないからだ。自分の原稿を読むときわれわれは、文章（具体）を読んでいるのではなく、書かれた内容（抽象）を読んでいる。その段落でなにを述べ、次の段落でなにを述べているか。そこからどう展開して、最後の一文にたどり着くのか。読んでいるのはせいぜいそのくらいで、一文や一文字の単位で読んでいるわけでは、決してない。

しかも、文章読解に慣れきった人間の脳は、文中の誤字脱字を自動補正する機能を持っている。「ベスセトラーの本」を「ベストセラーの本」と補正して読んだり、「はじまめして」を「はじめまして」と補正して読んだりしてくれる。タイポグリセミア現象と呼ばれる、脳の認知特性である。ありがたい機能ではあるものの、推敲にとっては大敵だ。自分の書いた原稿であれば、なおさら意味だけをすくい取って、文章に向き合うことをしなくなるだろう。

そこで、せめて見た目だけでも「はじめて読むもの」に変換しておこなうのが、異読である。先に「物理的な距離」として紹介したように、ワープロソフト内での見た目（縦書き↔横書き、明朝系↔ゴシック系）を変えて読むのだ。

いったいなぜ、見た目を変換するのか。

これは日本語のありがたいところだが、横組みと縦組みでは視線の動きが違う（図11）。横組みの原稿は左から右へ文字が流れ、上から下に行が流れていく。これに対して縦組みの原稿は上か

図 11　横組みと縦組みの違い

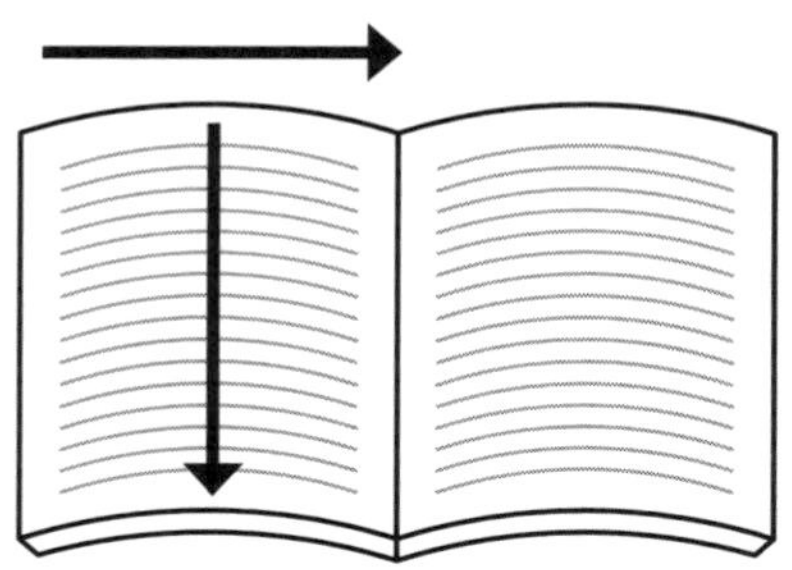

横組みは
「左から右へ」＋「上から下へ」

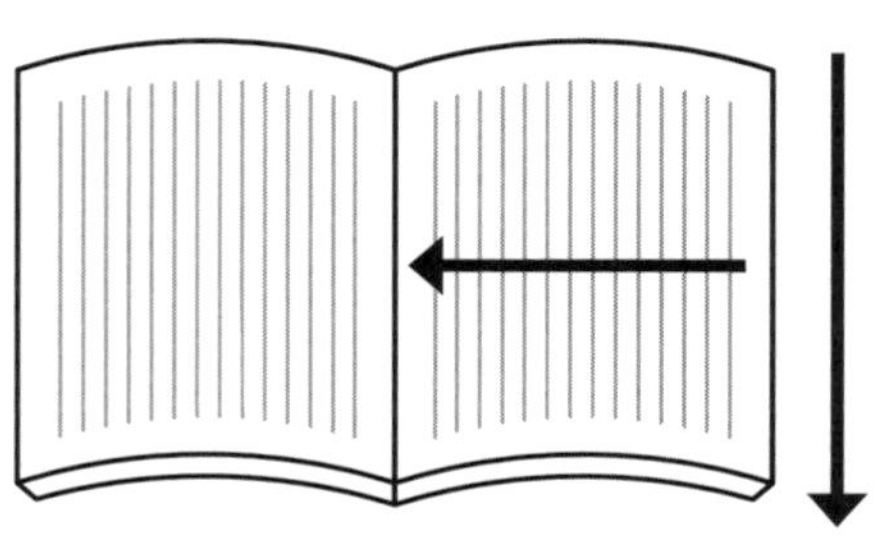

縦組みは
「上から下へ」＋「右から左へ」

ら下に文字が流れ、右から左に行が進んでいく。

原稿全体の見た目が変わり、文字そのものの印象も変わり、読むときの目の動きまで変わる（できればフォントサイズも変更するといい）。この効果は絶大だ。自分の書いた原稿でありながら、かなり「はじめて読むもの」に近づく。音読したときに抱いた漠たる違和感の正体も、「異読」のなかで見極められるかもしれない。気がついたらその場でガシガシ削り、入れ替え、書きなおしていこう。

最近のぼくはワープロソフト上で変換するだけでなく、原稿をスマートフォンに転送して、ちいさな画面上で「異読」することも多い。これもまた、見た目をガラッと変える手立てのひとつだ。

③ペン読

音読、異読を経てようやく、赤ペンの出番である。推敲の第三段階、「ペン読」だ。

これは原稿を紙にプリントアウトして、朱字（あかじ）を書き込みながらおこなう推敲である。プリントアウトするにあたっては、ウェブ用の原稿なら横組みに、書籍用の原稿なら縦組みに、フォントまで含めてなるべく掲載時に近い見た目に揃えておこう（1行あたりの文字数も掲載時と揃えられれば、なおのことといい）。

ペン読が持つ最大のメリットは、「書き込めること」ではない。書いたり消したりするだけなら、ディスプレイ上でもできる。ペン読がいいのは「ひと文字ずつペン先で追いながら読めるところ」にある。印刷された文字を、ひと文字ずつなぞりながら、線を引くように読んでいく。文章の単位でなければ文の単位でさえもなく、「文字」の単位で読んでいく。これは、ペン読によってしかできないことだ。ぼくが紙と赤ペンを使ったペン読を推奨する、いちばんの理由はここである。

料理にたとえるなら推敲は、素材の状態を確認する段階（音読）、大胆に庖丁を入れていく段階（異読）、ていねいに小骨を取り除く段階（ペン読）の3ステップがある。漫然と読み返したところで、それは推敲とは呼べない。音読、異読、ペン読の3つを習慣化しよう。そして2度でも3度でも、そのサイクルをくり返していこう。

書き手と読み手の優先順位

取材（とくにインタビュー）がはじまる前のぼくは、とても気分が高揚している。インタビューしているあいだもたのしいし、取材が終わったあともずっとたのしい。これをどんなふうに原稿にしよう、どんな順番で語っていこう、なにを加えたらもっとおもしろくなるだろう、こんな資料にあたれば、あのときのことばも理解できるのかもしれない。……そんなふうに、これからやることを考えるだけで、わくわくしてくる。

一方、「推敲は、自分への取材だ」などと言いながら、推敲に入る前のぼくはまったくもって気が重い。わくわくする気持ちなど皆無だし、できることなら避けて通りたいくらいだ。実際、仕事の原稿以外の書きもの（たとえばメールやブログなど）では、読み返すことさえしていない。

いったいなぜ、他者に取材することはたのしいのに、自分への取材（推敲）はおもしろくないのだろうか？

ひとつには、既知の情報しか得られない、という構造的欠陥がある。

誰かの本を読んだり、誰かの話を聴くのと違って、自分の原稿からは「すでに知ってること」しか出てこない。結果、驚きも感動も発見もなく、こころが盛り上がらない。これはもう、仕方のない話だ。

それよりも推敲を気が重いものにしているのは、「ダメな自分と向き合うこと」の苦しさではないだろうか。自分の書いた原稿を読み返して、詰めの甘さを実感する。論理破綻を発見する。表現の拙さにうんざりする。手を抜いていた自分にがっかりする。そういう諸々が、推敲をつらくしているのではないだろうか。

でも、こんなふうに考えてほしい。

推敲によって、ダメな自分と向き合う。いいと思っていた原稿の、さまざまなミスを発見する。それは「書き手としての自分」がダメなのではない。「読者としての自分」が鋭い証拠なのだ。

ここは非常に大切なポイントである。

書き手としての自分は、どれだけ修練を積んでも、どこかでかならず壁にぶつかる。むしろキャリアを重ね、年齢を重ねるほど、若いころの感性や勢いが失われる。体力も低下し、集中力も低下し、原稿が粗くなっていく。技術的には向上していながらも、いや一定の技術を身につけているからこそ、パターン化した原稿に逃げ、自分と読者をごまかすようになっていく。ぼくはこれまで、その罠にはまった先輩たち（ときに後輩たちまでも）を、たくさん見てきた。ベテランの域に差しかかりつつあるぼく自身もまた、同じ轍を踏んでいないとはかぎらない。

それに対して読者としての自分は、どこまでも高めていける。いまよりもずっと厳しい読者になれるし、能動的で、創造的な読者になれる。執筆には体力や集中力が不可欠だが、読むことについては経験の重みがそれに勝る。読者であることに関して経験は、プラスにしか働かない。

推敲前の原稿が、一定レベルに達していること。そのまま世に出してもかまわないクオリティであること。編集者から一発ＯＫをもらえるレベルであること。そんなものはプロのライターなら当たり前の話だ。問題は、「読者としての自分」がどう見るか、である。

推敲の手間は、原稿の拙さに起因するものではない。

原稿がうまくなれば推敲も必要なくなるなんて、ありえるはずがない。

むしろ、ライターとしての総合力が高まるほど、推敲作業は難航するのだ。「読者としての自分」が鍛えられていくほど、考えられる領域が増え、書けることが増えていく。浅はかな読者になってはいけないのである。

ぼく自身の話をするなら、「書き手としての自分」に対する自己評価はかなり低い。相当に甘く、不器用な書き手だと思っている。

けれども「読者としての自分」に対する信頼は、絶大だ。世間の評価とはまったく関係なく、こいつ（読者としての自分）がおもしろいと思うのならおもしろいのだし、こいつが感動するのならそれはすばらしいコンテンツなのだと、こころから思っている。もちろんそのぶん、彼の目は厳しい。生半可（なまはんか）なことでは拍手してくれない、非常にシビアな読者である。

そして幾度もの推敲を通じて「読者としての自分」が満足したのなら、それは「書き手としての自分」を超えた原稿だ。推敲なしでは到達しえなかった領域にまで、たどり着いた証拠だ。

推敲をはじめるにあたって気が重いのは、まだ「書き手としての自分」から抜け出せていないからである。苦しくとも推敲に取りかかれば、どこかの段階で「読者としての自分」が優位になる。「書き手としての自分」が赤の他人——推敲作業に準じていうなら「朱の」他人——になり、ダメな自分と向き合うつらさが薄れていく。むしろ、いまよりもずっといいものができていく快感に浸ることができる。

書き手として未熟だから、推敲が必要なのではない。読者としてすぐれているから、推敲ができるのだ。

最強の読者を降臨させる

何度もくり返すように、推敲とは「書き手としての自分」と「読者としての自分」を切り離しておこなうものである。自分が書いたことを忘れるくらい、客観的になること。第三者に徹すること。それがなければ、ほんとうの意味での推敲はできない。「ひと晩寝かせる」や「原稿の見た目を変える」などは、客観を手に入れるための方策である。

しかし、ひと晩寝かせるほどの時間的余裕がないときはどうするのか。先ほどまで「書き手」だった自分を、すぐさま「読者」に切り替えられるものだろうか。どうしても書き手としての感覚が残り、なかなか原稿を客観視できず、厳しい読者たりえないのではないか。結果、推敲が甘くなり、できあがる原稿も詰めの甘いものになってしまうのではないか。これはおそらく、すべての書き手が抱えるジレンマである。

そこでおすすめしたいのが、「最強の読者」を降臨させることだ。

こころから尊敬する作家。その研ぎ澄まされた知性に、いつも唸らされる評論家。あるいは学生時代の恩師。あんなふうになりたいと願う先輩。誰でもいいから「もしも尊敬する『あの人』がこれを読んだら？」と考えるのである。

当然、最強の読者である「あの人」は、あなたの嘘を見抜く。論理矛盾を見抜き、取材不足を見破る。小手先のテクニックも、背伸びした表現も、手を抜いた箇所も、すべてがバレバレだ。どこまでが事実で、どこからが誇張なのか。どこまでが自分のことばで、どこからが借りもののことばなのか。集中力はどこまで持続し、どの段階からサボりはじめたのか。あたった資料の数、引用元の確かさ、剽窃としか言いようのない箇所、論点のすり替え、なにもかも見破ってくる。

しかも恐ろしいことに、ダメな原稿を書いたあなたは、最強の読者から「きみは、こんなものを書くのか。こんな原稿を『よし』としているのか」と落胆され、軽蔑されてしまう。――そういう、最強にして最恐の読者を複数人、自分のなかに用意しておくのだ。できれば故人ではなく、ほんとうに読まれる可能性のある、現役の「あの人」たちを。

取材の手を抜いたり、剽窃をしたり、推敲をサボってしまう人の多くは、こころのどこかで「バレない」と思っている。これくらい大丈夫だろうと、高をくくっている。つまりは読者を馬鹿にしているのだし、自分よりも下に見ている。それはもう、人格や品性に関わる問題だ。技術でカバーできる話ではなく、ぼくがあれこれ口を挟む問題でもない。

ただ、「すべてを見破ってしまう読者」は、確実にいる。

たとえあなたの視界に入っていなくても、ぜったいにいる。何人も、何十人も、何百人もいる。そしてあなたの書く原稿は、彼ら・彼女らの目に触れる可能性が、かならずある。ソーシャルメディアへの投稿ひとつでも、その可能性はある。

だからいつも、最強の読者の目を想定して書くのだ。それだけで——人格や品性に関係なく——自分を律することができるだろう。

たとえばぼくも、この『取材・執筆・推敲』という本について、幾人もの「尊敬するあの人」に読まれることを想定して書き、推敲をくり返している。直接の知り合いもいれば、ファンとして一方的に尊敬するばかりの作家さんも、「あの人」のなかには含まれている。背中越しに感じる彼らの視線について、萎縮(いしゅく)しないと言ったら嘘になる。もちろん怖い。どう読まれるか、想像をリアルにするほど怖じ気づく。

でも、「あの人」の視線があるからこそ最後まで手を抜かず、自分の尻を叩くことができるのだ。彼ら・彼女らの目と存在を忘れ、ほんのひと欠片(かけら)でも「これくらい、バレないだろう」の思いが混ざってしまえば、原稿は途端に崩れていくだろう。

その意味でいうと、こころから尊敬できる先輩を身近に持ったライターは強い。「あの人に読まれる可能性」を身近に、皮膚感覚として感じとめながら、「あの人」の目に恥じない原稿を書こうと踏ん張ることができるからだ。若いころ、そういう先輩を身近に持てなかった（めぐり逢うだけの力を持ちえなかった）ライターのひとりとして、心底うらやましく思う。

客観の目を持って読むこと。それは「あの人」の目を持って読むことである。こころから尊敬できる「あの人」を、たくさん持つようにしよう。そして「あの人」の目を、徹底的に使いこなそう。

論理の矛盾をどう見つけるか

推敲するなかで、誤字脱字を見つけること。

接続詞や形容詞、副詞、語尾などの重複表現を見つけること。

これらはなんら、むずかしい作業ではない。見ればわかる、『ウォーリーをさがせ！』レベルの話だ。推敲でもっともむずかしいのは、「ことばの間違い」を見つけることではなく、「論理の間違い」を発見することである。

建物にたとえるなら、論理とは骨格だ。家を支える柱だ。論理がおかしければ本来、建物は傾いてしまう。人の住める場所ではなくなってしまう。

しかし、実際に建物ができあがってしまうと、柱（骨格）の不具合を発見することは困難を極める。柱は壁や天井の裏側に隠れ、直接目にすることができないからだ。壁が塗り固められたら最後、住んでみるまで構造の欠陥は見抜けない。

文章もまったく同じである。論理的に多少おかしなところがあっても、ことば巧みに語れば、その欠陥を覆い隠すことができる。論の飛躍、すり替え、さらにはレトリックの力によってごまかすことができる。よくよく考えればおかしいはずの詐欺（さぎ）やマルチ商法、情報商材などの被害があとを絶たないのは、そのためだ（実際、情報商材まがいの本は、うんざりするほどたくさん出回っている）。

そして、たとえ自分に読者をだますつもりがなかったとしても、つじつまの合わない論をことば巧みにごまかし、結果として欠陥住宅のようなコンテンツを提供している書き手は、大勢いる。いや、ぼく自身もよほど注意しなければ論理的におかしいことを言い出しかねない。分厚く塗り固められたことばの向こうで、柱が歪（ゆが）んでいるのかもしれない。

では、どうすればみずからの論理矛盾を発見できるのか。壁の向こうに隠れた構造的欠陥を、どう見抜いていけばいいのか。

レントゲン撮影するしかない。

ことばの装飾をないものとし、柱（論点）だけを書き出していくしかない。つまり、そのパートで語られている論点を、箇条書きにして抜き出していくのだ。たとえば、ひとつ前の「最強の読者を降臨させる」というパート。これをただ読み返すのではなく、箇条書きにして論点整理する。およそ次のような感じだ。

①推敲にあたっては「書き手の自分」から離れ、客観に徹しなければならない。
②しかし、書いたばかりの原稿を客観視することはむずかしい。
③そこで「最強の読者」を降臨させよう。
④すべての嘘やサボりを見抜く「あの人」が読むと考えよう。
⑤そもそも、嘘やサボりの根底には、「バレない」の思いがある。
⑥「バレない」の背後には、読者を馬鹿にする気持ちがある。
⑦だからこそ、こころから尊敬する「最強の読者」を降臨させるのだ。
⑧実際ぼくもそうしている。
⑨尊敬できる先輩を身近に持つライターは強い。
⑩尊敬する「あの人」の目を使いこなそう。

論点だけを抜き出してみた結果、かろうじてロジックは成立している。

ただし、導入の①はここまで何度もくり返してきた話でもあり、しつこく感じられる。また、②から③への展開が少し強引だ。このあたり、もたもたした導入をカットし、もっと切れ味鋭い定義から入れば、引き締まった原稿にできるだろう。こんな具合である。

①推敲は、自分自身の嘘やサボりを見抜く作業だ。
②嘘やサボりの根底には、「バレない」の思いがある。
③そして「バレない」の背後には、読者を馬鹿にする気持ちがある。
④そこで、ぜったいに馬鹿にできない「最強の読者」を降臨させよう。
⑤すべての嘘やサボりを見抜く「あの人」が読むと考えよう。
⑥顔の見えない読者よりも、顔の見える「あの人」を想像するのだ。
⑦実際ぼくもそうしている。
⑧尊敬できる先輩を身近に持つライターは強い。
⑨尊敬する「あの人」の目を使いこなそう。

今回は推敲の事例として、あえて前者のまま先の原稿を残してみたが、普段のぼくだったら、後者の流れに従って書きなおしていったはずだ。文章全体がスッキリするし、導入での定義づけもこちらのほうが勢いがあり、おもしろい。ロジックのつながった原稿であっても、このように整えていくことはいくらでも可能だ。

一方、論理矛盾（構造的欠陥）を抱えた原稿の場合はどうか。

箇条書きにしていくと、どこかにかならず「つながらない箇所」が出てくる。つながらないはずの箇所を、強引に接着剤（論点のすり替えやレトリックなど）でつないでいる。文章として読んでいるうちは、漠とした違和感にしか気づけない。なにか気持ち悪いと思いつつも、具体的にどこをどうなおせばいいのか、よくわからない。それはもう、構造が間違っているのだ。箇条書きで論点を整理しなおしたうえで、一から書きなおそう。細部を整えるのではなく、一から書きなおす。壁を塗り替えたところでどうなるものでもないのだ。

また、長めの原稿を書くときには、まずは箇条書きで流れを定めてから書きはじめるといい。あらかじめ論点を整理し、骨格を組み立てたうえで文章を肉付けしていくのだ。書くときに1回、推敲段階でもう1回、原稿を（その論点を）箇条書きにする。いわばこれは、論理のレントゲン撮影だ。隠れた骨折や脱臼（だっきゅう）のあとが発見できるはずである。

すべての原稿には過不足がある

構造レベルの推敲に続いて、文章表現レベルでの推敲を考えていこう。

前提としてぼくは、「すべての原稿には、過不足がある」と考えている。少なくとも推敲のフィルターをくぐる前の原稿は、どんなベテランの、どんな大作家が書いたものであっても過不足がある、と考えている。過不足があるとはつまり、原稿のなかに「余計なもの」と「足りないもの」とがあるわけだ。

集中して原稿に向かっているとき、ライターはその世界に没頭する。

外界の雑音は意識の彼方に追いやられ、空腹も感じないまま、時が経つのも忘れてしまう。ある種、「ライターズ・ハイ」とでも呼ぶべき躁状態に導かれる。それ自体は、とてもいいことだ。没頭せずしていい原稿など書けない。冷静に、淡々と、作業として書かれた原稿は、平時の自分を超えてくれない。平々凡々たる自分を、超越してくれないのだ。

ただし、没頭して書かれた原稿にはかならず「盛り」が出て、「漏れ」が出る。過不足が、出てしまう。

まずは「盛り」から説明しよう。

対象への思いが強ければ強いほど、書き手のことばも強くなる。よりおもしろく、より刺激的で、より耳目を集めるものにしようと、筆圧が強くなる。ほんのワンフレーズ、あるいは1文字や2文字の単位で、表現を「盛る」。盛られた文章はやがて、その筆圧がデフォルトになる。もっと強調したいところでは、さらに力を込めて書く。いや、書かざるをえなくなる。文章自身が、さらなる「盛り」を要求してくるのだ。技術のある書き手ほど、その要求にうまく応え、表現はどんどん強くなっていく。

しかし、真夜中に書かれたラブレターがそうであるように、ライターズ・ハイのうちに盛られた原稿は著しく客観性を欠いている。嘘や誇張、扇情が混ざっていたり、勢いばかりで内実をともなっていなかったり、ロジックがおかしかったり、構造に穴があったりする。表現がインフレを起こし、強調が強調として成立していなかったりする。

だからこそ、推敲だ。

ライターズ・ハイの熱が冷めた身体で、氷の目をもって読み返し、容赦なくハサミを入れ、赤ペンを入れていく。勢いを殺すことは避けつつも、ていねいに「盛り」を省き、読者に対しても、自分に対しても、そして取材に協力してくれた人たちに対しても、誠実な原稿に引き戻していく。

たとえば、「〇〇することは、絶対に避けなければならない」という一文があったとして、その

「絶対に」は正しいのか、正しくないのか、必要なのか、不必要なのか、そんなレベルでみずからを厳しくチェックする。文意とは、表現が強ければより伝わりやすくなる、というものではない。大声で叫ぶことよりも、正しく発話することのほうが重要なのだ。

一方、「漏れ」とはどういうものか。

もしも取材が足りないせいで抜け漏れが出るとするなら、それは推敲以前の問題だ。第1章に引き返し、追加取材してもらうしかない。

そうではなく、十分すぎるほどに取材を進めた結果として生じてしまう「漏れ」について、ここでは考えたい。

たとえばあなたが、日本の少子化対策について、専門家に取材したとする。取材するまでは少子化問題にさほど関心もなく、漠たる知識しか持っていなかったとする。前取材、本取材、後取材と進んでいくなかで、「これは大変な問題だ」と気がつくだろう。ほんの半年前まで入門書を読みとおすのにも四苦八苦していたのに、いまでは専門書や厚生労働白書の内容まで、するする理解できるようになっていくだろう。いや、真剣に取材を重ねていけば、かならずそうなる。

こうしてすべての取材を終えたライターは、もはやその分野の「素人」ではなくなっている。専門家のことばを理解し、専門家の問題意識を共有する取材者だ。知識の面でも、気持ちの面でも、ずいぶん専門家に近づいている。

ここで生まれるのが「漏れ」だ。

いくつもの前提知識が必要なはずの議論を、一足飛びに語り出す。一般読者にはまったくついていけないほど高度な話題を、さも常識であるかのように語りはじめる。読者がなにを知っていて、なにを知らないのか、どこから話をはじめるべきか、わからなくなってしまう。結果、一見さんお断りの不親切な原稿になってしまう。

これはライターの存在意義にも関わるおおきな問題だ。

ライターは、なぜそこにいるのか。どんな理由があって、そこに居場所を与えられているのか。文章が上手だから、ではない。ぼくやあなたよりも文章が上手な人なんて、世のなかにはいくらでもいる。ライターが他と替えがたいのは、「わからない人の気持ちがわかる」からだ。読者と同じ（非専門的な）立場の人間として、ライターは貴重なのだ。そんなライターが読者に寄り添えなくなってしまったら、もはや用はない。どれだけ取材を重ねようと、軸足は最後まで読者の側に置いておかなければならない。

推敲は、「からっぽの自分」に立ち返る最後のチャンスである。わかったつもりの自分に、冷水を浴びせかけてやろう。

「迷ったら捨てる」の原則

編集者と話していると、こんな悩みを聞かされることがある。

「ライターさんの原稿に、なおしの指示を入れて戻しますよね。ここがわかりにくいとか、ここはロジックがおかしいとか、ここを詳しく書いてほしいとか。でも、それを受けてライターさんから返ってくる原稿が、ぜんぜん変わってないんですよ。ことば尻をちょっとなおした程度で、ほとんど変わってない。結局、そのやりとりを何度かくり返しても変わらないようなら、締切もあるし、こちらで書きなおすしかないんです」

編集者からのフィードバックにどう向き合うか。その具体については、次章で詳しく語っていく。ただ、フィードバックとは関係なく、自分の原稿をなおせないライターは多い。これはほんとうに、多い。おそらく「なおすべき」だとは、わかっている。でも、なおすべき原稿をじっと睨んでいても、あたまがフリーズしてしまってどこをどうなおせばいいのかわからないのだろう。

これに関してはもう、「迷ったら捨てる」だ。

原稿に「手を加える＝なおす」のではなく、まず「捨てる」。映画編集者が膨大なフィルム群を精査していくように、「どこを捨てるか」の目で読んでいく。段落ごと捨てることもあるし、１ページまるごと、本であればひとつの章をまるごと捨てることだって、おおいにありうる。捨てていったん、目の前を（目に映る景色を）真っ白にする。中途半端に文字が並び、文章が並んでいるから、思考がフリーズするのだ。目の前のことばに縛られ、あたらしいことばが浮かんでこないのだ。

もちろん、「せっかく書いたのに、もったいない」と思うだろう。あんなに苦労して書いたのに。あれだけ調べてまわったのに。あんなに時間をかけて考えたのに。書き手のひとりとして、その気持ちはよくわかる。

しかし、推敲に「もったいない」は禁句である。読者はあなたの「苦労」を読むのではない。そしてあなたに支払われる原稿料は、「苦労」の対価ではまったくない。そこに投じられた時間や労力に関係なく、読者はただ「おもしろいコンテンツ」を読みたいのだ。こんなにがんばったとか、こんなに苦労したとか、これだけ時間をかけたとか、そんな書き手側の事情はどうでもいいのである。

また、ページや段落単位の「捨てる」とは別に、単語レベルでの「削る」もある。

文章に贅肉（ぜいにく）はいらない。やわらかな文章であることと、贅肉だらけの文章であることは、まったく違う。やわらかな文章を書く名エッセイストたちも、その筋肉がしなやかなだけで、贅肉を蓄えているわけではない。贅肉をまとった文章はどうしても身が重たくなり、冗長になる。軽やかなステップなど、踏みようがない。

では、文章にとっての贅肉とはなにか？

ひとつは「かさ増し」である。

たとえば1万文字の原稿を書かなければならないのに、書くべきことがせいぜい5000文字ぶんしか思いつかない。書いてみたら、4000文字にも満たなかった。こういう場合、本来であれば原稿の構成自体を組みなおす必要がある。シーンを足し、シークエンスを足し、具体的にはエピソードや視点を足していくことによって、全体を再構成する必要がある。

しかしそこに考えが及ばなかったり、その手間を億劫（おっくう）がる人の多くは、「いまの構成」のまま、ことばだけを足していく。あたりさわりのないことばを足し、くどくどとウンチクや前口上（まえこうじょう）を語り述べ、ひたすら冗長な「かさ増し」に着手する。たとえば一神教について語ろうとするとき、「そもそも広辞苑（こうじえん）によると、一神教とは……」と辞書の引用から入る文章などは、かさ増しの典型的な例だ。誰にだって書ける話であり、なによりおもしろくない。おそらくこのあたりは、多くのライターが心当たりのある話だろう。

そして、「かさ増し」よりもずっと深刻な贅肉が、「隠し味」である。

自分の腕前を見せようと、自分の感性を見せようと、自分の博識(はくしき)を見せようとして挿入する、隠し味的ななにかだ。

たとえば、カレーの隠し味としてケチャップが有効だったとしよう。レシピどおりにつくっても十分おいしいけれど、ほんの少しだけケチャップを入れると、さらにおいしくなるとしよう。ところが料理に不慣れな人――つまりは経験に乏しいライター――にかぎって、山盛りのケチャップを入れてしまう。極端な話、カレーが赤く染まるくらい、ケチャップを入れてしまう。なぜか。「気づいてほしい」からだ。ふつうのカレーとはひと味違うことに、気づいてほしい。ケチャップの酸味と甘味に、気づいてほしい。それを入れた自分の腕前に、気づいてほしい。こうしてせっかくのカレーを台なしにしてしまうのである。

オリジナルの表現は、もちろん大切だ。的確なレトリックを考えることも、やはり重要だ。けれどもそれは、過剰であってはならない。隠し味は表から隠れていてこそ、隠し味なのだ。原稿をケチャップ色に染めるような隠し味は、贅肉にほかならない。

原稿をさまざまな角度から読み返して、過剰な隠し味を削っていこう。気の利いた言いまわし、小手先のテクニック、聞きかじりの知識。これら、自分で「うまいこと言えた」と思える箇所ほど、読者を興醒めさせる贅肉だったりするものだ。ためらうことなく、削ぎ落としていこう。

そして、まずはレシピどおりにつくる地力をつけること。同じ味を安定的に再現できる力をつけること。隠し味を加えるのは、そのあとで十分である。

読まれたくない文章を書かないために

オリジナルの話が出たついでに、剽窃についても触れておこう。剽窃、つまりパクリやコピーについての考え方である。

剽窃はおおきく、ふたつの種類に分けられる。意識的な剽窃と、無意識的な剽窃だ。

このうち厄介なのは、無意識のうちにおこなわれる剽窃だろう。

たとえば、誰かから聞いた話を、いかにも自分が考えた話であるかのように語る人。どこかで読んだ話を、みずから発明・発見したことのように語る人。彼らの多くは、剽窃の自覚を持っていない。ほんとうに自分のアイデアだと考えている。「ほかの誰かも似たようなことを言っていた」とか「なにかの本にも同じ意見が書いてあった」と思うことはあっても、オリジナルはあくまでも自分だと信じている。

ある意味これは、避けようがない話だ。

たとえば本を読んで、なにかを学ぶ。学んだ知識を誰かに語る。ある人から見ればこれも「盗んだ」ように映るだろう。本来、「学ぶこと」と「盗むこと」の境界線はきわめてあいまいなものである。ぼく自身のことを振り返ってみても、「学んだ自覚のあること」と、「学んだ自覚のないこと＝結果的に盗んでいること」、そして「自分のあたまで考えたこと」の線引きは、かなりあやふやになっている。

できることがあるとすれば、「誰が」「どこで」語っていたことなのか、しっかり記憶し、記録していくことだけだろう。実際、学びに真摯で、ことばに誠実な人ほど「これは夏目漱石が『虞美人草』のなかで書いていたことだけど」「これは○○さんに教えてもらったことなんだけど」というように、出典をともなった発言をおこなうものだ。これは記憶力の問題であるというより、先人への敬意に関わる問題だと、ぼくは思っている。

一方、正真正銘の剽窃、意識的な盗用・盗作も存在する。ぼく自身も過去の著作について、剽窃や盗用としか言いようのない被害をたくさん受けてきた。

「あの本に書いてあったことだけど、おれの意見として書いてもバレないだろう」

「あの人から聞いた話だけど、自分が思いついたことにしておこう」

「言いまわしを少し変えれば、パクリにはならないだろう」

どんなにちいさなレベルであれ、これはぜったいにやめたほうがいい。バレるとかバレないとか、著作権を侵害するとかしないとか、そういう実務的なトラブルと関係なく、やめたほうがいい。なぜか。

剽窃、取材不足、知ったかぶり、あるいは嘘。これら自分に後ろ暗いところのある原稿は、書きながらどこかに「あの人（パクリ元の人）に読まれたらどうしよう？」「バレちゃったらどうしよう？」の恐怖が混じる。そして誰かに読まれることを恐れたまま書かれた原稿は、結果的にたくさんの人には届かない。原稿自身がどこか身を硬くし、すべての人に読まれることを拒否してしまう。言霊（ことだま）めいた言説に聞こえるだろうが、これは事実だ。

徹底した取材者であれ、とぼくは言う。

自分のあたまで理解できたことだけを書け、とぼくは言う。

自分のことばで考えろ、とぼくは言う。

それはひとえに「すべての人に読まれたい原稿」をつくるためだ。

たとえ直接的に剽窃した相手でなくとも、「あの人には読まれたくない」「あの人に読まれるのは怖い」と思ってしまう誰かはいるだろう。しかし、取材や執筆の過程に後ろ暗いところがなければ、その迷いは突破できる。自分に嘘さえついていなければ、それは「すべての人に読まれたい原稿」になりうる。ここはもう、完全に自分との勝負だ。

せっかく苦労して書くのだ。「読まれたくない原稿」だけは書かないようにしよう。

書き上げるとはどういうことか

推敲を語ると言いながら本章では、ひとつの重大なポイントに触れないまま、話を進めてきた。推敲の意義は、わかった。原稿の読み方も、わかった。どこに注意して、なにを見抜き、なにを捨てたり削ったりすればいいかも、理解できた。

しかし推敲は、捨てたり削ったりで終わるものではない。

足りない箇所を補うこと。もっとおもしろい展開を考えること。もっと的確な比喩を考え、よりすぐれた表現をめざしていくこと。いまある原稿を、もう二段も三段も高いところまで押し上げていくこと。つまり、第二の翻訳や創作(リライト)に踏み込むまでが、推敲なのだ。

読む、捨てる、削る、そして「書く」。

推敲にあたってライターは、みずからの読者(取材者)になり、編集者にもなり、最後にはもう一度、翻訳者（書き手）に立ち返らなければならない。

第1章を思い出してほしい。

ライターならではの読み方を語るなかでぼくは、「そこに書かれなかったこと」を考える、という読書法を紹介した。誰かの書いた文章を読むとき、「作者はなぜ、こう書いたのか？」を考えるだけではなく、「作者はなぜ、こう書かなかったのか？」までを考える読書法だ。

推敲の基本姿勢も同じである。

うまく書けていない箇所について「過去の自分はなぜ、こう書いたのか？」を考えたところで、情けない思いに駆られるだけだ。過去の自分からは「そう書きたかったから」「これしか思いつかなかったから」「取材でこう聞いたから」「なんとなく」など、つまらない答えしか返ってこないだろう。

そうではなく、いまの自分から過去の自分に「なぜ、こう書かなかったのか？」の案を突きつけるのだ。こう書いたほうがわかりやすいじゃないか。こっちのほうが的確じゃないか。おもしろいじゃないか。いまの自分だったら、こう書くぞ。そんなプランを提示しながら読んでいくのだ。――ぼくはこれを「提案型の推敲」と呼んでいる。（能動的な読書を通して）普段から読み手としての自分を鍛えておけば、さまざまな「なぜ、こう書かなかったのか？」が浮かんでくるだろう。

こんなふうに考えよう。

原稿を「書き終えること」と、それを「書き上げること」は、まったく違う。

誰の書いたどんな原稿であっても、推敲を経ればもっとよくなる。もっとおもしろくなる。書き終えただけの原稿には、その余地が残されている。そして原稿とは、「書き上げる」ものだ。ブラッシュアップ、グレードアップ、磨き上げ、もう一段高いところまでの押し上げ。そこまでやってこそ、完成なのだ。書き上げたと言えるまで、つまり推敲を終えるまで、ぜったいに気持ちを切らせてはいけない。

最終章となる次章では、「書き上げる」ところまで話を進めていこう。推敲の最終段階についての話であり、単純に「もっとおもしろい原稿を書く」ための話でもある。

第9章

原稿を「書き上げる」ために

プロフェッショナルの条件

ライターにとって、プロフェッショナルの条件とはなにか。なにが揃ったときライターは、自他ともに認めるプロになるのか。

たとえば医師や弁護士と違ってライターには、国家資格など存在しない。「ライター」と書かれた名刺をつくったその日から、誰もがライターを名乗ってかまわない。文章を書くことなんて誰にだってできるはずだし、実際みんな——メールやソーシャルメディアなどを介して——毎日なんらかの文章を書いている。

ぼくがこの仕事に就いた１９９０年代、プロの条件は簡単だった。「文章を書いて、対価を得ていること」や「それでメシを食っていること」こそがプロの証だった。自分の書いた文章が活字になり——つまり印刷され——それで報酬を得られるなんて、夢のような話に感じられた。原稿料をもらうことはもちろん、「活字になる」こと自体が、ごく一部のプロにかぎられた特権だった。

しかし、個人ブログが普及しはじめた２０００年代以降、状況が変わってくる。アフィリエイト型（成功報酬型）の広告システムを通じて、誰でも個人ブログ内の文章から、対価を得ることができるようになったのだ。影響力の強い「アルファブロガー」と呼ばれる人びとのなかには、ベテランライター以上の収入を稼ぐ書き手も現れるようになった。さらには有料メールマガジンからメディアプラットフォーム「ｎｏｔｅ」に至るまで、広告収入ではなく、自分の文章そのものを個人販売できるサービスも生まれ、活況を呈している。「文章を書いて、対価を得ていること」や「それでメシを食っていること」をプロの条件とするなら、ライターとブロガーの境界線は溶けてしまったに等しい。

とはいえ、ライターとブロガーは違う。たとえ毎日ブログを書いて多額の報酬を得て、生計を立てていたとしても、それはプロのブロガーであって、プロのライターではないし、プロの作家でもない。

では、作家やライターにとっての「プロの条件」とはなにか。文章のうまさか。名刺に書かれた肩書きか。書いている場所（媒体）の問題か。すべて違う。

——編集者だ。

わたしという書き手に、プロの編集者が寄り添ってくれていること。わたしの書く原稿に、プロの編集者が介在してくれていること。編集のプロフェッショナルとして、わたしという書き手を見つけ、「あなたにこれを書いてほしい」とオファーし、その力を全面的に信じて、原稿を待ってくれていること。

もしもそういう編集者がいるのなら、そのライターは間違いなくプロだ。原稿料が微々（びび）たるものであっても、それで生計を立てることがむずかしくても、堂々とプロを名乗ってかまわない。ぼくは、そう考えている。

これを推敲の文脈で考えよう。

あなたがプロのライターであるのなら、原稿を「書き上げる」過程には、かならず編集者が介在する。原稿は、ただ編集者に「渡す＝納品する」ものではない。編集者と一緒につくり上げ、ともに磨き上げてこそ、原稿は最終的な完成をみる。少なくとも、理想としてはそうだ。推敲を、とりわけ「書き上げること」を考えるのなら、編集者との関係についても触れていかざるをえないだろう。

編集者は、あなたの雇い主ではない。クライアントとも、少し違う。伴走者というほど、ともに走っている実感もない。書いているのはやはり、自分ひとりだ。当たり前のこととしてあなたが原稿を書いているあいだ、編集者は別のことをしている。飲みに行ったり、デートをしたり、海外ドラマを観たり、経費の精算をしたりしている。常に伴走しているわけでは、まったくない。

いったい編集者とは何者なのか。

ライターにとって編集者とは、どういう存在なのか。

そして推敲にあたって編集者のフィードバックは、どの程度参考にして、どう反映させていけばいいのか。これらを入口に最終章では、「原稿を書き上げること」を考えていきたい。

編集者とは何者なのか

編集者という仕事を定義づけするのは、なかなかむずかしい。

たとえば雑誌編集者と書籍編集者では、あり方がまったく違う。あるいは同じ本でも、文芸書と実用書と児童書とでは、求められる編集者像にさまざまな違いが出てくる。漫画編集者、という人たちもいる。さらにウェブメディアの編集者・ディレクターともなれば、紙媒体とはまったく異なる指針や職能があるだろう。「編集者とは、〇〇である」とひと言で言い表すのは、いかにも強引だ。

しかし、書き手の立場から見た「編集者にはこういう人であってほしい」であれば、はっきりと言える。「ほかの部分はどうだっていいから、ここだけは備えておいてほしい」という職能が、明確にある。おそらくそれは、編集者の定義とも結びつくはずだ。

ぼくは編集者に、「プロの読者」であってほしいと考えている。これは読解力や読書量の問題ではない。ぼくの定義するプロの読者――すなわち編集者――とは、「自分の読みたいものが、見えている人」である。

読みたいものの姿が見えているから、編集者は企画を立て、その陣頭指揮を執る。誰が、なにを、どう語るのか、コンテンツのパッケージを設計する。ほとんどの場合コンテンツは、編集者の「こういうものが読みたい！」から出発する。読みたいものがあるからといって、編集者みずからがそれを書くことはしないし、できない。編集者は「書きたい人」ではなく、「読みたい人」なのだ。「書ける人」ではなく、「読める人」なのだ。

そして読みたいものの姿が見えているから、編集者は原稿に朱字（修正の提案・指示）を入れることができる。「自分の読みたいもの」と「いまの原稿」とのギャップを、指摘することができる。そこに筆力は、まったく必要ではない。

もっとも、誰にだって「こういうものが読みたい！」はあるだろう。

とにかく泣ける本が読みたいとか、極上のクライムサスペンスが読みたいとか、ブッダの教えをわかりやすく解説した入門書が読みたいとか、あの人の新作が読みたいとか、いろいろあるだろう。しかし基本的にそれは、書店や図書館に行けば解決する話だ。

すぐれた編集者のプロたる所以(ゆえん)は、みずからの「読みたいもの」が、「まだこの世に存在しないもの」である点だ。まだこの世に存在しないにもかかわらず、なんらかのリアリティをもって「それ」が見えている。誰に協力を仰げば実現するかも見えている。「こういう読者から、こういう反応があるだろう」まで、見えている。予言者的に見えているのではない。空想や妄想の延長として、いわば幻視者的に見ているのだ。

その前提に立って考えれば、編集者に対するステレオタイプな先入観が生まれた理由も明らかになるはずだ。一般に編集者は、トレンドに敏感な人たちだと考えられている。いまなにが流行っていて、これからなにが流行るのか。そうしたトレンドの趨勢(すうせい)を見極めたうえで、いま求められるコンテンツをかたちにしていく。……おそらくこれが、編集者に対する世間的なイメージだ。いたるところにアンテナを張り巡らせ、「ヒットの芽」を見つけ、おおきく育てるというわけである。

しかし、ぼくが直接的に知るすぐれた編集者たちは、ヒットの芽など探していない。彼ら・彼女らはいつも「ここにないもの」を探している。いま、ここにはなにが「ある」のか。そしてここには、なにが「ない」のか。それはなぜ「ない」のか。自分がつくることはできないのか。つくるとすれば、なにが足りなくて、誰の協力が必要なのか。どんな掛け合わせがあれば、それは完成するのか。……トレンドに敏感なのも、フットワークが軽いのも、ヒットの芽を探すからではない。彼ら・彼女らは、ただ「空席」を探しているのだ。「ここにないもの」を探すために、「すでにあるもの」を集め回っているのだ。

さらにここから、厳しい現実が見えてくる。

流行の後追いをして、どこかで見たような二番煎じの企画を立てる編集者やウェブディレクターはたくさんいる。そして二番煎じのコンテンツでも、うまくつくればある程度の数は売れる。数字を稼ぐことができる。傾向と対策を踏まえた、いいコンテンツだと評価されることだってある。でも、その二番煎じのコンテンツは、「自分の読みたいもの」なのだろうか？　一読者としてのあなた（編集者）は、ほんとうにそれを——お金を払ってでも——読みたいと思っているのだろうか？

ジャンルを問わず編集者は、「つくる人」である前に、「読む人」でなければならない。「自分はなにをつくりたいのか」ではなく、「自分はなにを読みたいのか」から出発しなければならない。そして自分の読みたいものが、読みたいかたちで存在していないからこそ、編集者はコンテンツづくりに着手する。「誰が、なにを、どう語るのか」のパッケージを設計しつつ、作家やライター、専門家（取材対象者）たちに声をかける。「誰が、なにを、どう語るのか」の三角形はあくまで、「これまでになかった組み合わせ」でなければならない。以下、まとめておこう。

編集者とは、「プロの読者」である。

そしてプロの読者とは、「自分の読みたいものが、見えている人」のことを指す。

さらにそこでの「自分の読みたいもの」とは、「まだこの世に存在しないもの」でなければならない。「すでにあるもの」ならば図書館に行けば読めるのだし、それの二番煎じなど、ほんとうの「読みたいもの」ではないはずだからだ。

いま、自分はなにを読みたがっているのか——。編集者の方々にはプロとして、誠実に、この一点だけを見つめてほしい。「自分の読みたいもの」をつくるのが、編集者の仕事なのである。

ライターに編集者が必要な理由

いま述べた編集者の定義を、今度はライターの側から考えてみよう。

ライターにしてみれば、コンテンツの本則とは「自分の書きたいもの」であるはずだ。たとえ編集者が立てた企画であっても、原稿を書くにあたっての起点は「わたし」にある。他の誰でもない「わたし」がなにを感じ、なにを考え、どう理解したのかによって、原稿の姿は変わってくる。ところが、編集者が「自分の読みたいもの」をつくろうとしているのだとした場合、ライターの仕事は「編集者の『読みたいもの』をかたちにすること」になってしまう。まるで下請け業者のような立場になってしまう。これを、どう考えればいいのだろうか。

ライターは、「編集者の読みたいもの」をかたちにするために雇われた、下請け業者ではない。みずからを下請けととらえるような発想は、百害あって一利なしだと考えよう。

なぜなら、作家やライターに求められているのは、「編集者の読みたいもの」を超える原稿だからだ。軽々と超えたうえで、「まさに、これが読みたかったんだ！」と思ってもらえる原稿だからだ。下請けの意識が少しでも残っていると、編集者の想定以下の原稿にしかならない。編集者の期待を上回ってこそプロのライターなのだし、「この人の期待を上回ろう」と悪戦苦闘する行為が、すなわち共同作業（コラボレーション）なのだ。

そのためライターと編集者は、互いの「書きたいもの」と「読みたいもの」を、あらかじめ擦（す）り合わせておく必要がある。ここが乖離・対立しているようでは、共同作業の前提が成立しない。執筆を依頼する段階はもちろん、取材を終えて執筆に入る直前の段階でも、しっかりと打ち合わせの時間を設け、おおまかな方向性を一致させておこう。もしも「編集者の読みたいもの」がつまらなかったら、こちらからもっとおもしろいプランを提案しよう。編集者に従うばかりではなく、自分の考えを押しつけるのでもなく、両者が同じ方向を向くことが大切だ。

この打ち合わせの席での、よくあるパターンを紹介しよう。

原稿のテーマはもう固まっている。必要な取材も、すでに終えている。原稿のボリューム（文字量）も決まり、締切も確認できた。あとは構成を練って、書いていくだけだ。このとき多くのライターは、「自分の書きたいもの」よりも、「いまの自分に書けるもの」を起点に考える。取材を通じて得た情報、インタビュー中に出てきたことば、そして締切までのスケジュール。さまざまな条件を勘案（かんあん）しつつ「いまの自分に書けるもの」の範囲で、コンテンツの姿を考える。プロとして当然の、現実的な発想だ。

これに対して編集者は、「自分の読みたいもの」を考えている。書けるとか書けないとかの話はさておき、ただ「こういうものが読みたい！」に基づいて、あれこれリクエストしてくる。思いつきレベルの無茶なリクエストも、多々ある。とはいえ、無茶振りをしているつもりなど、当人にはまったくない。ゼロから書くことをしない人（編集者）には、それを実現するために書き手がどれだけ苦労するかなど、ほんとうのところまでは理解できないのだ。

編集者とタッグを組む意義は、ここにある。

編集者は、書き手の苦労を知らないからこそ、無責任な理想を語る。こんなふうにしたい、あんなふうにしたい、と無茶を言う。結果として編集者は、「いまの自分に書けるもの」でまとめることに傾きかけたライターの意識を、企画の原点へと引き戻してくれる。もっとできることがあるんじゃないかと、考えなおすきっかけを与えてくれる。

みずからの立ち位置において、実際に書くことをしない編集者はロマンチストであり、それを書くライターはリアリストであるべきだ。編集者とは無責任な大ボラ吹きであり、ライターは嘘を禁じられた人間だ。そんな両者が手を結ぶからこそ、いいコンテンツが生まれるのだと理解しよう。

フィードバックもまた取材である

ライターと編集者の意思疎通がもっともむずかしく、同時にもっとも大切になる場面が、フィードバックである。

どうにか書き上げた第一稿を、編集者に送る。それを読んだ編集者から、なんらかのフィードバックが返ってくる。「もっとこうしてほしい」「あの話も入れてほしい」「この部分がわかりづらい」など、具体的なフィードバックが返ってくる。指摘を踏まえ、もう一度原稿と睨めっこして、あれこれと手を加えていく。ときにこのやりとりは、何度もくり返される。

一般的な話としてライターは、編集者からのフィードバックを疎(うと)ましく思うものだ。納得のいかない指摘もあるだろうし、落ち込むこともあるだろう。「もっとこうしてほしい」や「この部分がわかりづらい」の話はリクエストのようでありつつ、要するにダメ出しである。すべてのフィードバックを気持ちよく受け入れるのは、むずかしいところもある。ただし、ここにはライターの側にいくつか誤解があるのも事実だ。編集者との良好な共同作業を遂行するためにも、それぞれの立場と役割を明確にしておきたい。

編集者とは、「プロの読者」である。そして編集者は、読者としての「わたしはこう読んだ」に基づき、フィードバックを返してくる。「読者としてのわたしは、まだこの原稿に満足できていない」「読者としてのわたしは、こんな話やこんな展開を望んでいる」を返してくる。

一部のライターが編集者からのフィードバックに反発するのは、編集者のことをプロの読者だと捉えず、「アマチュアの書き手」だと考えているからだ。

書くことのアマチュアであるにもかかわらず、偉そうに「こう書きなさい」と命令している。書くことのむずかしさや苦労も知らず、そこを書き換えれば全体のバランスが狂うこともわからず、あれこれ指示を出してくる。そんなふうに感じるから、反発したくなるのだ。この認識はもう、100パーセント間違っている。編集者は、あなたに「書き手としての意見」を言っているのではない。ただ「読者としての感想」を伝えているだけだ。たとえるなら編集者は、あなたのつくった料理を味見している、パートナーである。「甘い」や「しょっぱい」の感想に反発したり、意気消沈したりする理由はまったくない。

では、フィードバックとどう向き合えばいいのか。

編集者からの指摘には、おおいに納得できるものもあれば、首を傾げたくなるものも当然ある。いずれにせよ、それが「味見」をした編集者の、率直な感想だ。いったいなぜ、この人(編集者)はこんなリクエストをしてくるのか。どうしてあの話を入れようと提案し、この部分に引っかかりを感じているのか。フィードバックをていねいに読み解いていけば、かならず編集者の「こういうものが読みたい」が見えてくる。打ち合わせの段階で共有するには至らなかった、今回の原稿に求めている方向性、質感、情報量、読みごたえ、読後感などが見えてくる。もちろんそれが、従うべき正解とはかぎらない。でも、フィードバックを読むにあたっては、一度「書き手」としての自分を離れ、「取材者」の自分に立ち返り、「この人は、どんなものを読みたがっているのか?」「どうして、こんなふうに読んだのか?」と編集者を取材していく意識を持とう。

そして編集者の意図を汲み取ったうえで、できれば編集者からの提案とは違ったやり方で――つまりはその提案を超えるやり方で――「自分だったらこう書く」の翻訳をほどこしていく。それが、編集者との理想的な共同作業だ。

どんなにすぐれた編集者も、客観的な「正解」を持っているわけではない。編集者の「こういうものが読みたい!」は、一から十までその人の主観だ。

そしてライターもまた、みずからの主観に従って書く。取材を通じて知り得たことについて、「わたしは、こう理解しました」「わたしだったらこんなことばで、こんなふうに書きます」を書いていく。これもまた、客観的な「正解」というわけではない。

そんなふたり(編集者とライター)の主観と主観がぶつかり合うからこそ、原稿に化学反応が生まれる。編集者の声を絶対的な「正解」だと受けとめ、なにも考えず従っているだけでは、化学反応など起きようがない。同時にまた、自分の考えだけにしがみついて編集者の声にまったく耳を貸さないようなら、化学反応は起きえない。「こういうものを読みたい」と「こういうものを書きたい」がせめぎ合う、最終決戦の場。それが推敲であり、編集者からのフィードバックなのだ。

とくにぼくの場合、本をメインに仕事をしている。1冊の本を書き上げるような長丁場にあって、ライターはひとり孤独なマラソンを強（し）いられる。そして陸上競技場が視界に入る40キロ過ぎのあたりでようやく、隣を併走するランナーが現れる。編集者だ。応援するのでもなく、ペースメーカーとして伴走するのでもなく、競争者（ライバル）の立場で、編集者は隣を走る。こちらを抜き去ろうと、おのれの主観をぶつけてくる。それがぼくにとってのフィードバックだ。この段階での編集者は、間違いなくライバルだ。

そして腕が触れあうくらいの隣を、本気で抜き去ろうとしてくるライバルがいるからこそ、こちらも最後のスパートをかけられる。もう一度自分に活（かつ）を入れて、「こいつにだけは負けるものか」と駆け出すことができる。そしてデッドヒートの末、自己新記録でゴールのテープを切る。それがライターと編集者の理想的なコラボレーションの姿だ。沿道からの応援なんか、してもらいたくもない。こちらを抜き去る勢いで挑みかかってもらってこそ、限界を突破できるのだ。

編集者に遠慮してはいけないし、編集者のほうも作家やライターに遠慮は無用だ。最後の最後まで、ゴールを競い合い、主観をぶつけ合おう。

推敲に「if」はある

たとえば編集者から、「全体的になにか物足りない」とのフィードバックがあったとする。自分で読み返しても、そう思ったとする。悪い原稿ではないけれど、なにか物足りない。具体的に、どこをどうなおせばおもしろくなるのか、編集者にはわからない。あなた自身もわからない。わかっているのはただ、「なにか物足りない」という率直な感想だけだ。――これは、わりとよくあるシチュエーションである。

前章でぼくは、推敲作業にあたるコツとして、映画編集者を例に挙げた。映画編集者のようにバッサリと、赤の他人として原稿にハサミを入れていく。そんな推敲の心得を紹介した。けれども、映画編集と推敲にはおおきな違いがある。

映画の編集作業において「撮影」は、もう終わっている。目の前にあるフィルムがすべてであり、それをどう構築していくかが、映画編集者の腕の見せどころである。

一方でライターは、これから再び書きなおすことができる。いまある原稿を修正することはもちろん、ゼロから書きなおす——映画でいえば撮りなおす——ことができる。脚本そのものを変更し、当初まったく予定になかったシーンを追加し、あるいは主演俳優さえ変更することができる。原理的にいえば、書き終えた一冊ぶんの原稿をゼロから書きなおすことだって可能なのだ。

どこをどうなおせばいいのかわからなくなったとき、（部分ではなく）原稿全体に違和感が残るとき、「このままではいけない」とわかっていながら具体的方策がわからず、まるで迷子のような気分になったとき、ひと呼吸おいて自分にこう問いかけよう。

「もしも締切を1か月先まで延ばせるのなら、自分はどうするだろう？」

「もしもこの原稿をゼロから書きなおすとしたら、自分はどうするだろう？」

「もしも企画段階からやりなおすとしたら、自分はどうするだろう？」

もちろん、締切は延ばせない。実際には、今週いっぱいで書き上げなきゃいけなかったりする。けれど、いったん締切の制約を取っ払って、無限の時間があるものとして「もしも最初からやりなおすとしたら、自分はどうするだろう？」と考えるのだ。

なにをどうすればいいかわからなくなったとき、ほとんどのライターは締切までの時間を前提にして、「これからできること」を考える。だから「できること」の範囲がかぎられ、発想が小手先レベルになり、全体像も把握できなくなる。そこでいったん締切を横に置いて、もう一度設計図から引きなおしてみよう。そこにかかる時間、そして労力を、度外視したうえで「この原稿にとってのいちばんいい姿」を考えるのだ。

ライターは、時給労働者ではない。

ひとつの原稿を10日かけて書こうと、1日で書いてしまおうと、読者にとってはどちらでもいい。「こんなにがんばって書いたのに、評価されない」や「こんなに時間をかけたのに、読んでもらえない」の事例は、いくらでもある。逆にまた、締切間際の2時間で書いた原稿が絶賛されることだって、当然ある。あなたがそこに投じた時間に関係なくライターは、原稿のおもしろさだけが問われる仕事だ。

10日かけて書いた原稿に10日ぶんの評価と報酬を求めるのは、タイムカードを手にした時給労働者の発想だ。時間や労力に応じた評価・報酬を求めることもまた、時給労働者の発想だ。時給に生きていないかぎりライターは、「時間」と「労力」から自由であらねばならない。さあ、この考えを極限まで突き詰めると、どうなるか。ぼくの結論はこうだ。

ライターは、そこに投じた「時間」や「労力」をカウントしてはならない。

つまりライターにとっての時間と労力は、本質的にゼロであり、「タダ」なのである。自分自身の雇い主になったつもりで考えよう。いくらこき使っても、どんな無理難題を押しつけても、最後の最後にちゃぶ台をひっくり返しても、一向に気を遣う必要がなく、追加の賃金を支払う必要さえない労働者。それが「わたし」というライターなのだ。時間や労力をカウントしないとは、そういうことだ。

だからぼくは、たとえ1か月かけて書いた原稿でも、躊躇（ちゅうちょ）なく捨てられる。ほとんど全面改稿レベルの推敲にも、踏み込んでいく。書き手としての自分にどんどんダメ出しができる。世界でいちばんわがままな読者として、あらゆる無理難題を突きつけられる。これは「それくらいの気概を持て」という根性論ではない。そこに投じた時間や労力は事実として、タダであり、無価値だからだ。そしてタダだからこそ労力は、「使い放題」なのである。

歴史に「if」はない。しかし、推敲に「if」はある。たとえば締切を（破るのではなく）延ばすことさえ、その「if」には含まれている。

締切とは、プロとして交わす重い「約束」だ。その大事な約束を破ることは、端的に言って契約違反であり、職業倫理に反する行為だ。くり返していれば周囲からの信頼を失うばかりか、自分との約束も守れない不誠実な人間になっていく。締切を守り、約束を守るのは人間として、当たり前のことだ。しかし約束が約束であるかぎり、それを——双方が合意したうえで——あらたに結びなおすことは、大いにありえる。

ここまでに費やしてきた労力、そしてこれから費やすであろう労力さえ度外視できてしまえば、全面改稿のリライトだってできる。根性論にも聞こえかねない無茶な話をしているのは、承知のうえだ。でも、なんらかの「無茶」を経由せずして原稿を書き上げることなどできないと、ぼくは思っている。

やる気が出ないほんとうの理由とは

執筆中であれ、推敲中であれ、どうしても気分が乗らないことはある。

書くこと（書きなおすこと）に行き詰まって、なにもかもが面倒くさくなることは、誰にでもある。書くべき文章が浮かんでこず、アイデアも浮かばない。気分が沈んで、なにもしたくない。多くの人はこれを、「やる気」の問題だと考える。そう、たしかにやる気が出ないのだ。

しかしやる気は、執筆や推敲の前提にあるものではない。つまり、やる気があるからおもしろい原稿が書けるのではなく、「おもしろい原稿にならないから、やる気を失っている」のだ。もしも原稿がおもしろければ、食事をとることさえ忘れるくらい、没頭するだろう。

だから、やる気の出ないときに（行き詰まった）原稿と睨めっこしてあれこれ考えても、あまり意味がない。コーヒーブレイクを挟んでも、散歩に出てみても、結果は同じだ。しばしばクリエイティブの現場では、「散歩中や入浴中に浮かんだ、すばらしいアイデア」の存在が語られるが、それで改善するのは「もともとおもしろかった原稿」だけだ。おもしろくない原稿に必要なのは、すばらしいワンアイデアではなく、設計図レベルでの見なおしである。

ぼくは、どうしてもやる気が出ないとき、つまりいまの原稿がおもしろくないと無意識下で感じているとき、こう考えることにしている。

「ほんとうは、もっとおもしろかったんじゃないか？」

この企画を考えていたときの自分は、もっとおもしろい姿をイメージしていたんじゃないのか。夢中で取材していたときの自分は、もっと高揚していたんじゃないのか。あの人からあの話を聞いたとき、もっと感動していたんじゃないか。これだけはどうしてもみんなに伝えようと、こころに誓ったんじゃないのか。そして原稿を書きはじめるにあたっても、「これはめちゃくちゃおもしろい原稿になるぞ！」とひとり興奮していたんじゃなかったか。

メモ、企画書、インタビュー音源、メールのやりとりなどを頼りに、原稿を書くのがたのしみでたまらなかったときの自分を思い出そう。そして「あのときの自分」がこの原稿を読んで、どう感じるのかを考えよう。きっと根本的なダメ出しが返ってくるはずだ。

そして「あのとき」の感情を思い出したら、こう自分に問いかけよう。

「自分はもっと、おもしろいものが書けるんじゃないか？」

ライターであれば誰だって、自分の最高傑作を持っているはずだ。

過去に書いた原稿（あるいは個人的な習作）のなかで、これはおもしろかった、これだけは自信を持って人に見せられる、という大傑作がいくつかあるはずだ。まずはそれを読み返そう。自分の力が１００パーセント発揮された原稿を、ていねいに読もう。

当然ながらその原稿は、（行き詰まっている）いまの原稿よりも、おもしろい。題材のおもしろさもあるにせよ、いかにも気持ちよく、のびのびと書かれていて、書き手のよろこびや興奮が伝わってくる。読んでいるだけで、この原稿を書いていた当時の高揚感、万能感がよみがえってくる。

やがて、いまの自分がいかに身を硬くして書いているかが理解できる。あのときの自分にここまでできたのなら、いまの自分にもきっと同じことができるはずだ。あのときの自分と同じようにのびのびと、誰の目も気にすることなく自由に、確信を持って筆を進めることができるはずだ。——自分にとってのささやかな最高傑作を読み返すたびにぼくは、そう考える。これは、下手なコーヒーブレイクや散歩より何倍も効果のある気分転換であり、自問自答だ。

この企画は、もっとおもしろかったはずであり、自分はもっとおもしろいものが書けるはずである。うぬぼれではなく、これは事実なのだ。

推敲の最終段階でなにを見るか

設計図を引きなおすレベルでの修正は不要でも、「どうもしっくりこない」とか「もっとおもしろくなりそうな気がする」という原稿がある。かなり完成に近づいているけれど、こころから「できた！」と思えない原稿だ。こういう場合はもう、音読・異読・ペン読をひたすらくり返していくしかない。

ある程度の長さをもった原稿であれば、自分なりに「うまく書けた箇所」と「苦労しながら書いた箇所」とがあるだろう。そして推敲ではふつう、苦労しながら書いた箇所に目を向けて表現を見なおしていく。苦労した箇所にはやはり、表現のぎこちなさが残っているし、論の展開が強引だったりするものだ。

けれど、推敲の最終段階でぼくは、「うまく書けた箇所」にこそ、意識を振り向けるようにしている。われながらうまく書けたと気に入っているところ、すらすらと筆が進んだところ、編集者からもなにひとつフィードバックが返ってこなかったところを、重点的に見る。

なぜならそこは、何度となく推敲を重ねていながら、無意識のうちに素通りしていた可能性が高いからだ。もっとよくなる余地が残されていながら、真剣に読み返していない。しかもくり返された推敲によって全体の流れやテンポ、文体が変わっているのに、そのパートだけ「そのまま」に残されている可能性が高い。うまく書けているにもかかわらず、全体から浮いてしまっていることも多いのだ。

また、すらすらと書けた箇所は、ことばに迷っていないぶん、ありふれた表現に終始している可能性が高い。そしてライターの場合、ことばに苦しむことなくスピード重視で書かれた原稿は、ただの書き起こしになっていることも多い。これは、筆の速い人ほど注意したいポイントだ。もっと別の表現はないか、別の事例を挿入できないか、これまで自分が使ったことのないことばを入れられないか、ひたすら考えよう。

推敲で追い求めたいのは、「ゆたかな文章」だ。

語彙がゆたかであり、展開がゆたかであり、事例がゆたかであり、レトリックがゆたかな文章。一本調子で書かれておらず、さまざまな表現が盛り込まれた文章。言い換えるなら、「表現の希少性」にすぐれた文章だ。ありふれた表現に頼っていては、読みやすくはあっても、ゆたかな文章にはなりえない。

たとえば逆接の接続詞ひとつをとっても、「しかし」や「ところが」ばかりになっていないかチェックする。「にもかかわらず」や「とはいえ」など、別の接続詞のほうが適切でないか考える。あるいは、「しかし、ほんとうに人類が火星に移住する日など、やってくるのだろうか?」という文の冒頭を、「しかし、である。ほんとうに人類が火星に移住する日など、やってくるのだろうか?」と変えてみる。リズムの変化をつけてみる。ほんのちいさな修正だが、こうした磨き上げを通じて、文章はゆたかになっていくものだ。

原稿の「よくないところ」をなおすのは、推敲の初期段階である。

推敲の最終段階では、原稿の「いいところ」に目を向け、磨きをかけ、もっとよくしていくことを考えよう。くり返すが推敲は「間違い探し」ではないのである。

よき自信家であれ

誰にとっても推敲は、気の滅入(めい)る作業だ。

編集者からのフィードバックを含め、「うまく書けなかったところ」と向き合い、原稿に手を加えていくうちに、段々とこころが沈んでいく。手を加えるたびに原稿がよくなっている実感があるならまだしも、もはやそれさえわからない袋小路に入り込むこともしばしばだ。ベテランの域に差しかかったぼくでさえ日々それを感じているのだから、若いライターはなおのこと推敲に迷うだろう。そこでこの最終章を締めくくる前に、一度「こころ」の問題を述べておきたい。精神論と映ってもかまわないので、「こころ」について語りたい。

何度も述べてきたようにぼくは、自分に文才があるとは思わない。世代を問わず、自分よりも文章の上手なライターさんはたくさんいる。さまざまな人たちと知り合うたびに、自分は平凡な人間なのだと気づかされる。これは嘘偽りのない本心だ。

自分の力量はどの程度なのか。自分にはなにができて、なにができないのか。尊敬するあの人と自分は、どれくらい差があるのか。これら「自分の現在地」を見極める落ち着きは、当然必要だ。しかし、たとえ根拠があろうとなかろうと、自分という人間に自信を持つこと——自分という人間を信じること——はなによりも大切なものだと、ぼくは思っている。ライターにいちばん必要な力だとさえ、と思っている。

自信と虚勢は違う。他者や世間に向かって大口を叩くのはただの虚勢であり、弱さの裏返しだ。自信とは本来、自分ひとりのなかで静かに醸成されるものであり、公言や宣言を必要としないものだ。自分が思っていれば、それでいい。

技術的なことを抜きにして言うと、ぼくは「いい原稿」や「おもしろい原稿」は、自信の有無によって書かれるものだと思っている。幾度にもわたる推敲（つまりはダメ出し）に、打ちのめされてはいけない。推敲で最後の拠(よ)りどころとなってくれるのは、自信なのだ。

藤子不二雄Ⓐさんの名作『まんが道』のなかに、こんなシーンがある。漫画の神さまである手塚治虫さん、そして圧倒的才能を誇った石森章太郎(いしもりしょうたろう)（のちの石ノ森章太郎）さん。ふたりの共通点は、絵のうまさと、その絵を描くスピードの速さにある。いったいなぜ、あれだけの絵を、あのスピードで描けるのか。藤子不二雄Ⓐさんの答えはこうだ。

「まんがを描くスピードには、大きな個人差がある！」

「1ページ平均1時間で描く人もいれば、1ページに何時間もかかる人もいる」

「しかし、総体的にいって、速い人は先天的に速い！」

「もちろん、絵の密度によってもスピードはちがう」

「手塚先生や、石森章太郎の絵は、密度も濃いのに速いのだ！」

「その差は、どこでつくのだろう⁉」

「結局、速い、遅い、の差は、線を引く時の自信の差なのだ！」

「自信と集中力を持って引く線は、速くて、きれいなのである！」

「迷って引く線と、自信を持って引く線のちがいが、スピードの差となって表われるのだ！」


これは漫画にかぎった話ではない。執筆中の不安や迷いは、そのまま文章にあらわれる。漫画の線がブレてしまうように、文章にもブレが生じ、説明的で冗長なものになる。技術と関係なく文章は、自信満々に、一筆書きくらいの姿勢で臨んだほうがいいのだ。書きはじめるまでは熟考に熟考を重ね、書きはじめたら一気に、が基本である。

そして推敲の段階でぼくは、自分に向かってこう問いかける。

「お前なら、もっとできるだろ？」

『まんが道』（藤子不二雄Ⓐ／小学館）第24巻より

「お前の力は、こんなもんじゃないだろ？」

いまの原稿でも十分なクオリティに達しているけれど、「お前＝自分」ならもっとできることがあるはずだ。ほかのライターはここで筆を擱くかもしれないけれど、編集者はこれで満足してくれるかもしれないけれど、「お前＝自分」はもっと高みをめざし、もうひと踏ん張りするはずだ。なぜなら、「お前＝自分」なのだから。──これは自分の技術や才能に対する自信ではなく、自分という人間に対する信頼だ。こんなところで満足するお前じゃないと、自分を信じているのだ。

ガイダンスからここまでの話を読んできて、自信を失ったライターもいるかもしれない。むずかしすぎると感じたり、考えることが多すぎると感じたり、自分には無理だと投げ出したくなったり、これまでの自分を否定されたような気持ちになったライターもいるのかもしれない。でも、思い出してほしい。あなたはなぜ、ライターになったのだろうか。あるいはなぜ、現在ライターをめざしているのだろうか。どうしてわざわざ、なにかを書こうとしているのだろうか。

書くのが好きだったから？

本が好きだったから？

国語の成績がよかったから？

クリエイティブな仕事に就きたかったから？

違う。ぜったいに違う。

あなたはなんとなく、これといった根拠もなしに、「自分にもできそう」と思ったのだ。だからライターをめざし、ライターになったのだ。ピアニストや画家、外交官やプロ野球選手など、他の職業については「自分にもできそう」とは思わなかった。けれどもライターについては、なんとなく「自分にもできそう」だと思った。なんの根拠もないままに、なぜかそう思えた。ぼくだってそうだ。なんの実績もなく、前職はメガネ店の店員だったにもかかわらず、「自分にもできそう」と思った。いい意味でライターを舐めていたし、だからこそ、この世界に飛び込むことができた。そう、ライターをめざしたり名乗ったりしている時点ですでに、あなたは根拠なき自信家なのだ。


文章を書くのは、孤独な作業だ。

どんなに苦しくても誰も手伝ってくれないし、手伝えるものでもない。潜水夫となって、意識のずっとずっと深いところまで、潜っていかなければならない。冷たく、光も音も届かない、誰もいない漆黒(しっこく)の海だ。あきらめて、さっさと光のある海上に引き返したくなるだろう。陸地に戻り、あたたかな食事をとりたくなるだろう。

このとき、ひとつだけ「限界のもう1メートル先」まで潜らせてくれる命綱がある。自信だ。根性でも、才能でも、編集者でもなく、みずからを信じる気持ち、自信だ。自分なら大丈夫、自分ならもっと先まで行ける、深淵（しんえん）のなにかに触れられる、という根拠なき自信だけが「限界のもう1メートル先」まで潜らせてくれるのだ。

よき自信家であろう。迷いのない文章を書き、自分を信じて推敲に臨もう。ぼくが保証する。あなたはすでに、不遜（ふそん）すぎるほどの自信を持っている。まったく図々しく、見当違いの自信ではあるが、それこそがもっとも大切な、最後の拠りどころなのである。

原稿はどこで書き上がるのか

さて、本書を締めくくるときがやってきた。入念な取材を重ね、構成を考え、ひと文字ずつ原稿を書き進め、幾度にもおよぶ推敲を経て、ついに「書き上げる」ときがやってきた。いったいなにをもって、書き上がったと言えるのか。その見極めについて、述べて終わろう。

推敲魔として知られるトルストイは、最晩年のアンソロジー『文読む月日』をまとめるにあたって、序文だけでも100回以上の推敲を重ねたという。日本語に翻訳された文庫版にして、わずか2ページ分の序文だ。最初の原稿、30回の推敲を重ねた原稿、70回の推敲を重ねた原稿、そして100回以上の推敲を重ねた最終稿と、具体的にどれくらいの変化があったのかはわからない。ほとんど変わっていないことも、十分ありえる。ただ、原理的にいえば推敲は「やればやるほどよくなる」ものだ。そして、トルストイほどの回数はともかく、5回や10回の推敲であれば、ぜったいに10回やったほうがいい。ついでに15回、やったほうがいい。さらにもう1回、プラスしたほうがいい。推敲とは、そういうものだ。

じゃあ推敲は、どこまで行けば終わるのか。

どんな状態になったとき、「書き上げた」と言えるのか。

入れるべき朱字が見当たらなくなったときか。編集者からこれ以上ないほどの賛辞とともにOKが出たときか。あるいは入稿スケジュールの限界、「ほんとうの締切」がやってきたときか。

ぼくの答えは、原稿から「わたし」の跡が消えたときだ。

つまり、原稿を構成するすべてが「最初からこのかたちで存在していたとしか思えない文章」になったときだ。

苦しんで書いた跡、迷いながら書いた跡、自信のないまま書いた跡、強引につないだ跡、いかにも自分っぽい手癖(てぐせ)の跡などがすべて消え、むしろ「これ、ほんとにおれが書いたんだっけ？」と思える姿になったとき、ようやく推敲は終わる。原稿が、書き上がったといえる。

ガイダンスのなかでぼくは、ライターを「からっぽの存在」だと書いた。そしてライターは取材を通じてようやく「書くべきこと」を手に入れる、取材者なのだと書いた。さらに取材者にとっての原稿とは、取材を助け、取材に協力してくれたすべての人や物ごとに対する「返事」なのだと書いた。

「わたしは、こう理解しました」
「わたしには、こう聞こえました」
「わたしはこの部分に、こころを動かされました」
「わたしだったらこんなことばで、こういうふうに書きます」
「なぜならあなたの思いを、ひとりでも多くの人に届けたいから」

これこそが、取材者たるライターにとっての原稿だ。この定義を揺るがせるつもりは、まったくない。

しかし、考えてほしい。

ライターの原稿が「返事」だとした場合、宛先にある名前は「取材に協力してくれたあなた」である。書き手である「わたし」は、取材に協力してくれた「あなた」に宛てていま、返事を書いている。あなたのことばを、こんなふうに理解した。こんなふうに受け止めた。わたしだったらこんなふうに書きます。そんな返事を書いている。ある意味これは、私信だ。コンテンツとして公開するには少し微妙な、プライベート・レターだ。

だからこそライターは、原稿から「わたし」の跡が消えるまで推敲する。わたしが書いたとは思えない、「最初からこのかたちで存在していたとしか思えない文章」になるまで、原稿を磨き上げる。

そうして書き上げられた原稿は、もはや「わたしからあなたへ」の私信ではない。「わたしたち」から読者に宛てて書かれた、大切な手紙である。なぜか。原稿から「わたし」の跡が消えるということ。それは、ライターであるわたしと、取材に協力してくれたあなたが「わたしたち」として溶け合い、ひとつになったことの証左（しょうさ）だからだ。つまり、ここでついに「わたしからあなたへ」のプライベート・レター（返事）は、「わたしたちから読者へ」のコンテンツ（手紙）として完成をみるのである。

作家は、自分ひとりで「わたしから読者へ」の手紙を書く人間だ。

一方のライターは、「わたしから読者へ」の手紙を書くことができない。からっぽで、言いたいことも、訴えたいことも持たないからだ。

しかし、取材を通じてライターは、伝えたいことを手に入れる。「わたし」個人に言いたいことはなくとも、「わたしたち」として伝えたいことが、どうしても生まれる。だからこそ、自分ひとりではない「わたしたち」のことばだからこそ懸命に、真摯に、嘘のない翻訳をほどこしてそれを伝えようとする。

肝に銘じてほしい。ライターは、作家に満たない書き手の総称などでは、まったくない。「わたし」を主語とせず、「わたしたち」を主語に生きようとする書き手の総称が、すなわちライターなのだ。ぼくはその価値を、これからも強く訴え、証明していきたい。

あとがきにかえて

あとがきのことばを述べる前に、本書の執筆過程について触れておきたい。

ライターを「取材者」だと定義した場合、本書の立ち位置が若干あいまいになってしまうからだ。本書の執筆にあたってぼくは、どこかの誰かにインタビューしたわけではない。資料として読んだ本のほとんども、あらたに取材したというよりは、自分の記憶のなかにあった本を引っぱり出してきたに過ぎない。「取材者」を名乗っておきながら、なんの取材もなしに自分の思いつきを書き殴った本に映るかもしれない。

しかし当然、それは違う。

今回ぼくは、ひとりの取材者として「ライターの古賀史健」に取材していった。

彼の考える「取材・執筆・推敲」に耳を傾け、たくさんの質問をぶつけ、理解につとめた。抽象的な話には具体を求め、他との類似を見てとり、理の軸を通しつつ、その翻訳にあたった。たとえて言うならそれは、アナログ的に長針と短針で把握していた時間を、デジタル——つまりは言語と論理——に置き換えていくような作業だった。

取材対象がたまたま自分だっただけで、構造的にはまったく普段どおりに(取材者たるライターとして)書き進めたものだ。慣れない作業に足かけ3年近くの時間を要したものの、あらためて自分の考えがわかったし、勉強になることも多かった。

続いて、執筆の動機についても触れておこう。

簡潔に述べるなら今回、ふたつの「不在」が、ぼくを執筆へと向かわせた。動き出せば相当な苦労が待っているとわかっていながら、その「不在」に気づいた者の責任として、書かざるをえなくなった。ひとつは「先輩の不在」であり、もうひとつは「教科書の不在」である。

本文中でも触れたように、ライターとしてのぼくは、決して先輩に恵まれてきたわけではない。取材・執筆・推敲の実際を手取り足取り指導してもらった記憶はほとんどなく、無手勝流に、見よう見まねで、実践のなかで学び考えるしか道がなかった。そして現在、編集やライターの仕事に従事する人たちの多くも、あのころのぼくと同じように「先輩の不在」を嘆(なげ)いているのではないかと想像する。

これは出版にかぎらず、さまざまな業界に共通する構造的な問題だ。

一般的な話として言うと、優秀なクリエイターほど組織を離れ、フリーランスの道を選ぶものだ。優秀な人ほど、上司も先輩も部下も後輩もいない、自分ひとりの道を選んでいく。そしてほんとうに優秀であれば、それで十分——組織に属していたとき以上に——食っていけるし、いい仕事ができる。一国一城の主（あるじ）として、自由に生きていける。

一方、その人が長い時間をかけて築き上げてきた知識、経験、技術、ネットワークは、どうなるだろうか?

誰にも継承されないまま、一代かぎりで、いわばレシピ不明の「秘伝のたれ」のまま、腐り果てていくしかない。だってそうだろう、知識や技術を継承すべき部下も後輩もいないのだ。そして継承(後進育成)の必要に迫られなければ、その人はみずからの仕事を言語化・体系化することもしないはずだ。

結果、ほとんどのクリエイターは立派な花を咲かせながらも、種を残さないまま枯れ消えてゆく。すばらしい知識や経験を、自分一代で終わらせてしまう。あちらこちらで「秘伝のたれ」が腐っていく。これは、あまりにもったいない話だ。

そこでぼくは、2015年に株式会社バトンズという組織をつくった。出版社とも、編集プロダクションとも違う、ライターだけが所属する「ライターズ・カンパニー」である。そこにさまざまな世代のライターが所属し、また出入りすることで、先輩たちの知見を継承し、「バトン」をつないでいけるはずだ。そう考えてバトンズの社名を選んだ。

さらにその3年後、もっとたくさんの出会いを創出すべく、多くのライターを育成する「学校」をつくろうと考えた。私塾のような場でもかまわないから、学校をつくろう。そこで企画から取材、編集、執筆、推敲までのすべてを伝えていこう。「文章の学校」ではない、「ライターの学校」をつくろう。そんなふうに意気込んだ。

もっとも、ライターや編集者の育成を謳う学校は、すでにいくつもある。著名な作家、名物編集者、売れっ子ライターなど「豪華講師陣」を擁するスクールだ。ぼく自身、いくつかのスクールに講師として招かれ、定期的に講座を受けもったこともある。けれど、そうしたスクールがどれだけ受講生の力になっているのか、ぼくにはよくわからなかった。もっと正直に言えば、思い出と人脈づくり以上のなにかを提供しているとは思えなかった。カリキュラムがあいまいで、講義内容も講師任せで、当然その質もバラバラで、学校としての「編集」がうまくなされていないように感じられた。いったいなぜ、これらの学校は機能していないのか。

——ぼくの行きついた答えは、「教科書の不在」だった。

もしも本気で学校をつくるのなら、そこには教科書が必要だ。いま、各種スクールが自己満足と人脈づくりの枠内にとどまっているのは、そこに教科書が存在しないからだ。軸となる教科書が存在しないからこそ、カリキュラムがまとまらず、講義内容にもバラつきが出る。学校よりも先に、教科書をつくろう。

そう決意してぼくは、本書の構想に取りかかった。次代のライターたちにとっての教科書になるような本を、しかも読みものとしておもしろさを兼ね備えた本を、つくろうと決心した。ちょうど3年前、２０１８年4月のことである。

異様に長い執筆期間からわかるように、執筆は難航した。

ある分野の教科書をつくるということは、それを「科学」の目でとらえなおし、修学可能な学芸（リベラルアーツ）として確立（普遍化・体系化）させることでもある。「ライターの教科書をつくる」という身の丈（たけ）を超えたコンセプトに縛られるあまり、のびのびと書けない時期がしばらく続いた。そして「ライターの教科書」ではなく、「もしもぼくが『ライターの学校』をつくるとしたら、こんな教科書がほしい」をコンセプトとしたとき、つまりみずからの主観に従って考えたとき、一気に筆が進みはじめた。

だから本書は、中立的な教科書とは言えない。

ましてやバイブルなどでは、まったくない。

本書は、ぼくからの「バトン」である。このバトンには、ぼくの考える「取材・執筆・推敲」

の原理原則が、すべて詰まっている。これ以上書くべきことはない、と思えるところまで書き尽くした。10年後に読み返しても、20年後に読み返しても、ぼくはこの本の内容にこころから同意するだろう。悔いのない、生涯誇りにできる本になったと、自分でも思っている。

本書のなかでぼくは、たくさんの「技術」や「方法」を紹介した。しかし「テクニック」については、ひとつも紹介していないつもりだ。ぼくにとっての技術とは、考え、磨き、高めていけるものであり、テクニックとは身につけたらそこで終わるものである。

だからぼくは、この『取材・執筆・推敲』が、これからなにかを書こうとする人たちにとって、「考える手間」を省く助けになることを、まったく望まない。できることなら本書をきっかけに、これまで以上に多くのことを、自分のあたまと自分のことばで考えていってほしい。そしていつか、あなたが誰かの「先輩」になったとき、握りしめたバトンを次の走者へとつないでいってほしい。バトンは、つながれるために存在する。本書もまた、何世代にもわたってつながれることを目的に書かれている。それこそが「本」本来の姿であり、この本をバトンにしてくれるのは、あなたなのだ。

最後に、本書の完成にたずさわったすべての人に感謝を申し上げたい。

３年近くの長きにわたって最大の理解者（ライバル）として支えてくれた編集者の柿内芳文さん。適切なアドバイスとともに温かく見守ってくれたダイヤモンド社の今泉憲志さん。端正な、１００年の時間（とき）にも耐えうるブックデザインに仕上げてくれた装幀家の水戸部功さん。すばらしい情熱と理解力で応えてくれたイラストレーターの堤淳子さん。企画当初から協力を名乗り出て、最後の最後まで粘り強く支えてくれたフォントディレクターの紺野慎一さん。そして決して短くないこの本を最後まで読んでくださった読者のみなさん。

ほんとうにありがとうございました。

２０２１年３月　古賀史健

［著者］
古賀史健（こが・ふみたけ）
ライター。1973年福岡県生まれ。九州産業大学芸術学部卒。メガネ店勤務、出版社勤務を経て1998年にライターとして独立。著書に、31言語で翻訳され世界的ベストセラーとなった『嫌われる勇気』『幸せになる勇気』（岸見一郎共著）のほか、『古賀史健がまとめた糸井重里のこと。』（糸井重里共著）、『20歳の自分に受けさせたい文章講義』など。構成・ライティングに『ぼくたちが選べなかったことを、選びなおすために。』（幡野広志著）、『ミライの授業』（瀧本哲史著）、『ゼロ』（堀江貴文著）など。編著書の累計部数は1100万部を超える。2014年、ビジネス書ライターの地位向上に大きく寄与したとして、「ビジネス書大賞・審査員特別賞」受賞。翌2015年、「書くこと」に特化したライターズ・カンパニー、株式会社バトンズを設立。次代のライターを育成し、たしかな技術のバトンを引き継ぐことに心血を注いでいる。

取材・執筆・推敲――書く人の教科書

2021年4月6日　第1刷発行
2021年5月21日　第4刷発行

著　者――――古賀史健
発行所――――ダイヤモンド社
〒150-8409　東京都渋谷区神宮前6-12-17
https://www.diamond.co.jp/
電話／03･5778･7233（編集）　03･5778･7240（販売）
装幀――――――水戸部功＋北村陽香
イラスト・図版制作―堤淳子
フォントディレクター―紺野慎一
校閲――――――鷗来堂
製作進行――――ダイヤモンド・グラフィック社
印刷――――――勇進印刷
製本――――――ブックアート
編集担当――――今泉憲志／柿内芳文（STOKE）

ISBN 978-4-478-11274-8